红十字人道事业：改革与发展管见

张立明　著

合肥工业大学出版社

原国务委员、全国人大常委会原副委员长、
中国红十字会原会长彭珮云同志为本书的题词

张立明同志从事红十字工作20年来，勤于学习，敏于思考，敢于直言。《管见》一书汇集了他在工作中的体会和见解，相信红十字工作者将从中获得启示。建设中国特色红十字事业任重道远。衷心希望广大红十字工作者努力学习，勇于实践，不断总结经验，为这一崇高而伟大的事业矢志奉献，做出无愧于时代、无愧于人民的贡献。

彭珮云

2013年8月28日

业精于勤成于思

（代　序）

世界红十字运动历经一个半世纪，既有风雨如磐，也有阳光灿烂。红十字运动在中国，更是既有曲折艰辛，也有大道坦途。此皆缘于这项运动的契合人性、坚韧顽强的生命力。其生命力既源于人道的感性、更源于人本的理性。运动靠实践，实践出真知，真知靠思辨。实践加思考，方能把对红十字事业的执着情怀、责任感和自信心建立在科学理性的扎实基座上。追索与思考既是艰辛的、更是快乐的，一旦融会贯通、顿觉豁然开朗，其快意非亲历者难以言传……

立明同志毕业于医学院校，先从事医疗卫生事业，其职业生涯的后廿年一直在省红十字会，其间做了大量实务与管理工作。同时，难能可贵的是他对理论学习与对问题的探究与思考也颇有兴趣，并勇于直言护卫圣洁的红十字事业。一路走来，他将自己所思所得的著文汇集成册，以期与他人，尤其是红十字工作者、志愿者分享。其盼甚切、其望甚殷。读者诸君又尤为红十字会系统的后来者抑或甚有需要。相信著者、读者在此一书面交流中定会各有所获，更相信会对红十字事业有利、对弘扬人道主义理念与“人道、博爱、奉献”的红十字运动崇高精神有利。

是为序。

吴瑞林

2013 年 8 月 27 日

前　言

在有的同志、朋友鼓励下，选取一些自己发表过的文章汇编成小册子，可能对他人用处不大，但算是给自己留个纪念吧。原拟书名《管见》，然而苏州大学社会学院教授、省红十字运动研究基地负责人池子华建议改成了现在这个书名。之所以谓之《管见》，是因为这些文章在当时就比较肤浅、幼稚，甚至有谬误，随着时间的推移则更显出许多错漏之处。但毕竟它反映了自己在当时的认识水平，而且一定程度上留下了当时社会对某些问题认识的印记。这些文章在编入本书时，除对个别错别字、标点符号作了些修改外，在文字、内容上未作大的改动。

十分荣幸的是，原国务委员、全国人大常委会原副委员长、中国红十字会原会长彭珮云，江苏省政府原副省长、省红十字会会长吴瑞林分别为本书题词、作序，对我是莫大鼓舞和鞭策。彭会长是国家领导人，但她平易近人、和蔼可亲、虚怀若谷，对红十字事业满腔热忱、殚精竭虑、呕心沥血；在各种会议上，她都自始至终仔细听、认真写，所以她的讲话高屋建瓴、剖毫析芒、情真意切；她非常注意并善于了解和倾听各地红十字会干部的想法和意见，主动给他们排忧解难，帮助解决了不少实际问题，为红十字会的改革和红十字事业发展作出了巨大贡献，归根结底是给了困难群众以更多的帮助。广大红十字会工作人员在彭会长身上感受到了党的优良传统和巨大的人格力量。吴瑞林会长博闻强记、胸罗星宿、腹有诗书，他做报告或谈笑之间，是那样咳唾成珠、生动形象、引人入胜；他任省红十字会会长不久，就对红十字事业提出了许多令人耳目一新的重要观点（如：三个地位、道德制高点、本土化、管理体制改革四要点、组织建设和事业发展五字要素，等等）；凡听过他报告的人都有口皆碑，认为是一种精神上的莫大享受、感受到了理论思维的力量。这两位尊敬的领导的许多重要讲话、文章中深邃的思想和精辟的观点，使我受到极大教益，值得我终身学习但却永远只能望尘莫及。

我很感谢省红十字会第五、六、七届理事会会长吴锡军，我在她领导下工作达16个年头。这16年，是江苏省红十字会组织机构和事业发展取得重要转折和显著成绩的时期。我从理顺体制前任秘书长到机构独立设置后任第一任党组书记和专职副会长，处于负责机关日常工作的位置，因而也更多地感受到了吴锡军会长高层领导的经验智慧、与时俱进的创新思维、严谨规范的科学态度、博爱奉献的人道情怀、不辞劳苦的务实作风，更给了我不断学习提高、尽可能做好工作的前进动力。她2008年荣获“中华慈善特别奉献奖”是当之无愧的。

从事红十字会工作后，幸运的是有机会多次接触和联系到国家级领导人如彭珮云，部省级领导如顾英奇、王立忠、江亦曼、张连珍、张桃林、王湛、何权、赵龙、朱龙生、许仲梓等，还有多年来直接指导或领导我工作的陆慧丽、刘洪祺、周加才、陈萍等同志，他们对我省红十字工作给予了大量的关心、指导、支持或直接参与，使我省红十字会多方面工作能位于全国前列，同时对我个人也给予了巨大的帮助。我在他们的指导和直接领导下做些工作，只是在履行自己职责上尽了点绵薄之力，却分享了不少事业发展的喜悦，更从中感悟和学习了许多终身受益的精神财富。

我还要感谢南京弘惠医药公司总经理胡传良的支持。他是个善于学习、重视科研、敢于创新、规范管理的企业领导。2001年初，在该公司陷入困境的情况下，他接任了弘惠公司总经理，并迅速扭转了局面，使公司走上了良性循环的发展大道，现在公司已跻身于国内新特药生产销售知名企业的行列。胡总带领公司上下秉承红十字会宗旨，造福民众健康、热心公益事业，对省红十字会捐献造血干细胞、救灾救助、扶贫帮困等人道公益活动，多次给予无私援助和积极参与。这种主动履行社会责任的价值观和企业文化为公司增加了不断发展壮大的凝聚力和竞争力。

给过我关心和帮助的同学、同事、朋友、战友、领导实在太多太多，不能一一列举，我永远感谢他们。

到了这个年龄，更痛感自己学识太浅、文字太差，还需“秉烛之明”的学习。这本小书的出版，既是我多年来工作之余的一些思考和总结，亦可视为自己今后进一步加强学习的新起点，恳请各位领导、同事批评指正。

目　录

【红十字会建设与改革】

【红十字精神和文化建设】

【红十字会和社会建设】

【出访考察报告】

【思想政治和党建工作】

【医德医风和医院管理】

【医疗卫生改革】

【其　他】

人道主义伦理原则和实践

从真诚的人道主义者到伟大的共产主义者

——试述白求恩的人生道路

“我相信，中国人民一定会获得解放，遗憾的是我不能亲眼看到新中国的诞生！……努力吧，沿着伟大的道路，勇往直前！”这是白求恩同志在生命最后时刻对同志们留下的断断续续的遗言，它展示了一个伟大共产主义者的崇高理想和坚定信念。白求恩的伟大精神曾激励千千万万的革命战士为新中国的诞生而浴血奋斗。时隔半个多世纪，环境和任务发生了根本的变化，我们重温和学习白求恩的事迹，心灵仍然受到强烈的震撼。一个出身于宗教家庭、在资产阶级社会颇有地位的名医，竟然抛弃十分优裕的条件，来到战火纷飞的中国战场，投身于中国人民解放事业，并无私地献出了自己的生命。这是为什么？看看白求恩人生道路的轨迹，不仅对白求恩精神的产生发展能有具体深刻的理解，而且对当前加强社会主义精神文明建设、培养“四有”科技队伍，也有很现实的教育意义。

一、扶危济困、治病救人，年青时代的白求恩是个真诚的人道主义者

白求恩自幼就喜欢追求科学的先进思想，中学时代就用达尔文的进化论向父母信奉的创世纪说进行挑战。因家庭经济拮据，他在城乡当过多种临时工，以支持学习。他报名参加“工人教师”队伍，在严寒风雪中与伐木工人一起劳动，晚上教工人识字、唱歌。这些既锻炼了体魄，更培养了他正直、勤劳、善良和热爱生活、为他人服务的品格。

白求恩在美国底特律挂牌行医时，目睹了无数劳苦群众无

钱治病的悲惨状况。后来，许多富人慕名到白求恩诊所求医，金钱源源而来，而他仍将诊所留在原处，以保持和穷人的联系，不但经常免费为穷人治疗，有时还解囊资助贫困者。有些医生只想赚钱，对付不起钱的病人不肯出诊，白求恩痛斥这些同行："什么维护人类健康的医生，简直是商人、现金交易的市场，应当把他们从我们队伍里淘汰掉。"他极力主张把医药送到最需要的贫民中去，当他的妻子问到哪里去找这样的同行时，他说："如果有人能放弃一切世俗的物欲，响应教会的号召，按照虚无缥缈的上帝的意志去普度众生，那么我也一定能够找到愿意抛开个人利益、为人们健康服务的志愿医生，组织起来，到贫民中去，到最需要治疗的人们中间去。"这些言行，体现了白求恩助人为乐、舍己为人的思想。

年轻的白求恩医生，真诚地宣传和实践医学人道主义原则，是他先进的人生道路的思想起点。他成为共产主义者后，把人道主义伦理原则和无产阶级革命事业联系起来，在更高层次和更真实的基础上实践着革命人道主义。因此，他的一些朋友，尽管不是共产主义者，但出于对帝国主义、法西斯屠杀人类的残暴行径的痛恨，出于对中国人民争取独立、民主、自由的解放斗争的同情，因而很理解、钦佩白求恩参加八路军医疗队的行动，有的冒险帮助他购买医药器械（如传教士荷尔小姐），有的和他一起战斗（如布朗大夫），体现了这些人道主义者对正义事业的支持。

二、对穷人的同情和对社会的不平，使白求恩成为资本主义制度的否定者

白求恩面对社会上众多的肺结核病人，致力于结核病的研究，他越是以虔诚的热情进行探索，越强烈地感觉到一种比结核菌更顽强、更致命的细菌，这就是"贫穷"。许多早期感染结核菌的人，因为经济贫困而不得不继续在飞转的机器面前承受着从肉体到精神的折磨，所以，白求恩不知道在这些病人的诊断书上是注明"肺结核"还是"贫困"。他发现自己防治肺结核的方法，一走出手术室就变得无能为力。因此，他认为肺结核的病理学和社会学、经济学是紧密联系的，"治疗这种病

的任何方案，如果不把人看作一个整体，看作是环境的种种压力之下的产物，就非失败不可”。白求恩看到机器文明背后是劳动人民的辛酸，那些包括医学在内的科学技术和现代化设施，都是为有钱人提供的。而贫民区的人们，不但享受不到这一切，而且在经济萧条的年头失去工作，挣扎在死亡线上，他为此感到不平、愤慨和同情。白求恩认识到，光靠医学和医生的善良，解救不了这些穷苦病人，他对朋友、对妻子说：“医学有一大部分已经走进了死胡同”，“我们矫正一条腿、一只胳膊，就像缝补一件旧衣服，无济于事。这个社会每个城市、每个街道都有卫生设施，但是穷人有享受健康生活的权利吗？没有。这仅仅是医学和医生的过错吗？不是，整个都错了”。“不改变这种制度，医生要献身于人民的健康事业，不可能！”在白求恩得出这个结论时，马克思主义科学理论早已诞生，苏联十月革命已经胜利，但是，白求恩还没有接触到马克思主义理论和无产阶级的斗争。因此，他对资本主义制度的批判和否定，还不是出于对资本主义社会基本矛盾运动和社会发展客观规律的认识。他是出于对劳动人民的同情、对贫富悬殊的困惑和不平，是在为病人解除痛苦的善良愿望和无情的社会现实的矛盾中，看到了资本主义制度的不人道、不合理性，从医学人道主义的伦理角度，对资本主义制度做出了否定的结论。白求恩这种寻求新的社会理想制度的强烈愿望，为他研究社会、参加工人斗争、接受马克思主义奠定了思想基础。

三、学习马克思主义理论、参加工人阶级斗争，使白求恩转变为共产主义者

白求恩在寻找社会贫富对立根源的过程中，感到所有医学都不够用，转而向经济学、社会学寻找答案，以一个医生的严谨彻底的精神，去探索社会病态的种种因素。他寻找并阅读许多进步书籍，按政治、经济、哲学等加以分类，做了大量学习笔记，逐步认识了资本主义社会的阶级和阶级斗争，了解了社会主义和共产主义理论，并产生了做“共产主义者”的愿望。他不再仅仅是同情工人阶级的苦难，而是看到了工人阶级的力量和使命。白求恩和工人协会建立了联系，和他们一起学习马

克思主义理论，讨论社会问题，参加他们的斗争活动，他们的理想是列宁领导创立的第一个社会主义国家。白求恩不再像以前那样去寻找愿意跟自己走的同行，而是决心和工人阶级一起奋斗，当工人协会称他为“同志”时，他认为是十分光荣的称号，“觉得已经踏上了一条新的道路”。1935 年夏天，他利用到苏联参加生理学大会的机会，认真考察了苏联各方面的情况，收集了大量的资料。回国后，针对有些人对社会主义的谩骂、嘲笑和怀疑，他向人们宣传苏联的巨大变化和成就，赞扬苏联正呈现着“人类的进化、新生和英雄气概的最令人兴奋的景象”，坚信“共产主义制度在俄国的实践，将对全世界人们的生活方式产生深远的影响”。白求恩抱定这个信念，于当年 11 月加入了加拿大共产党，并庄严宣告：“我信仰马克思主义，并决心为这个伟大信仰而斗争到生命的最后一刻。”他从一个著名的外科大夫、一个真诚的医学人道主义者，转变为一个以改造旧世界为己任的共产主义者，这是他人生道路上最主要的飞跃和升华。

四、无私奉献、鞠躬尽瘁，白求恩同志是共产主义事业的努力实践者

成为共产党员的白求恩，更加关注时代的重大问题，关心和支持各国人民的革命斗争和民主运动，他说：“说一打空话，不如采取一个行动。”当西班牙法西斯集团发动反人民的内战时，白求恩毅然辞去职务，放弃了社会化医疗的实施计划，并立下遗嘱，带领一支医疗队去帮助西班牙人民的正义斗争。1937 年中国抗日战争爆发，他不能容忍法西斯对地球上近 1/4 人口的进攻，同时也从斯诺的《西行漫记》中了解到以毛泽东为代表的中国共产党人进行的伟大斗争，他坚决要求到中国去，到延安去，“因为我觉得那儿是最需要最迫切的地方，那儿是我最能发挥作用的地方”。他到延安后的第一件重要的事，就是亲手把党证交给毛泽东同志，他为成为中国共产党领导下的八路军的一名战士而无比荣幸。八路军卫生部为照顾他这个年近半百的外国人，不准备让他上前线，他气得暴跳如雷：“我不是为生活享受而来的，什么咖啡、嫩牛肉、冰淇淋、软

绵绵的钢丝床，这些东西我早就有了，但为了理想我都抛弃了！需要特别照顾的是伤员，而不是我!”他认为，时间就是生命，多抢救一个伤员，胜过消灭十个敌人，因此他到前线后，总是把手术站设在离火线最近的地方，在十分危险的环境和简陋的条件下，白求恩不分昼夜、废寝忘食地抢救伤员。有多少次，敌人的炮弹在附近爆炸，人们劝白求恩转移，他回答：“如果考虑个人安危，我就不到中国来了，更不到晋察冀来了。”他用自己的鲜血抢救伤员生命，让同志们在他自己身上做试验以教大家掌握医疗技术，他利用点滴时间编写教材，培训了一大批八路军医务骨干。白求恩靠对伤员的满腔热忱、极端负责和精湛的技术，使多少危重伤员死而复生，把腹部创伤死亡率降低到 20% 以下，而当时在欧洲却高达 80% 以上，这一奇迹是在极端困难、简陋、危险的情况下创造的。他担任军区卫生部顾问后，坚决谢绝党中央给他每月 100 元的津贴，他在日记中写道：“我没有钱，也不需要钱，可是我万分荣幸，能够来到这些人中间，和他们一起工作。对于他们，共产主义是一种生活方式，而不是想一套、说一套。”

在物质匮乏、消息闭塞的山沟里，白求恩的精神财富很充实。他随手带着一本《马克思主义手册》，有时间就学。毛泽东的《论持久战》等著作传到晋察冀，他迫不及待地请翻译给他译述。这就是他对中国革命和共产主义事业充满必胜信心的原因。在被丹毒感染、高热、手指和胳膊肿胀的情况下，他要求大家把他当作一挺机关枪使用，仍坚持上火线，检查伤员和开展手术。在高热 40℃ 多、经常昏倒、实在支持不住时，还吩咐：凡是腹部、胸部、头部受伤的战士，一定要把他叫醒，让他察看。在生命危重时写下的遗嘱中，白求恩请组织上转告他在加拿大和美国的家人、朋友们，他十分快乐，唯一的希望就是多作贡献。在中国的两年是他生命最愉快最有意义的日子。在生命最后时刻，他还在安排和考虑八路军医疗队的工作和今后的建设，甚至到何处买药能更省经费都想到了。真是鞠躬尽瘁、死而后已，他实现了自己和中国人民“一起工作和战斗到生命为止”的誓言。白求恩从加入共产党到以身殉职，才短短 4 年时间，但却是他人生道路最光辉、最有价值、作出最多贡献的 4 年。对马克思主义的坚定信念、对中国人民的无限忠诚，以及知、言、行一致的努力实践，形成了永远激励和教育后人的白求恩精神，这就是毫不利己、专门利人的无私奉献精神。

白求恩的人生道路，使我们看到了马克思主义理论和无产阶级革命斗争，对一个人从正直善良到崇高伟大的重要作用，同时能更正确地认识人道主义伦理原则和共产主义道德之间的关系。人道主义伦理原则要求尊重人、关心人、爱护人，救死扶伤、助残济困。尽管不是每一个人道主义者都会成为共产主义者，但是，一个连人道主义伦理原则都做不到的人，绝不可能成为全心全意为人民服务的共产主义者，而一个共产主义者，必定会以更科学的思想基础和更高的道德境界，模范地实践人道主义伦理原则。然而，即使是一个有高尚品格的、真诚的人道主义者，如果没有马克思主义的指导和武装，也绝不可能自发地成为一个有科学信念和远大理想的共产主义者。在我国，知识分子已经成为工人阶级的一部分，但是，如果不学习马克思主义，不在和工农结合的实践中学会应用马克思主义立场、观点和方法，同样不可能自发地成为又红又专的工人阶级的先进分子。在当代资本主义出现了一些新的现象、世界社会主义运动遭遇严重挫折的情况下，更需要认真学习和掌握马列主义、毛泽东思想的基本原理，才能透过历史表象、认清历史规律、坚定革命信念。社会主义取代资本主义是历史的必然趋势，但它不会自然而然地实现，需要一代又一代的共产党人带领人民群众去努力奋斗，才能成为必然，才会早日实现。每个有远大理想并愿为此而奋斗终生的共产党员，都要像白求恩那样，言行一致、脚踏实地、廉洁奉公、艰苦奋斗、锐意进取、无私奉献，使自己的人生道路更有意义，在社会主义现代化建设的伟大实践中，实现自己的价值。

（本文是于1991年12月在中国友协、全国卫生政研会、中国卫生宣教协会、白求恩医科大学联合举办的“白求恩精神研讨会”上的交流发言，全文收入研讨会论文集）

人道主义在我国的实现和发展

人道主义的思想渊源，在我国可追溯到几千年前的春秋战国时期。孔子提出了“仁爱”为最高道德标准，孟子主张“仁政”的政治思想，唐朝韩愈更明确提出“博爱之谓仁”，这是我国历史上许多思想家提倡的道德原则和政治理想。我国历史上也确实涌现出不少仁爱救人、舍己为人、扶危济困、助人为乐的动人事迹，也出现过“爱民如子”的清官。到近代，“人道主义”的概念及其学说传入我国，并建立了红十字组织，人道主义得到了较为系统、广泛的传播，并且从一种思想变成一种有组织的行动，形成一种运动。红十字会在战乱年代为救护伤员、赈济难民做了大量善事，有许多真诚的人道主义者为此贡献了自己的心血乃至生命。然而，在没有独立和主权、外受列强侵略、内有阶级剥削的半封建半殖民地的旧中国，纵然政府某些要人和知名人士疾呼、宣传、倡导人道主义，红十字会及志士仁人竭力实践，但广大民众的生活、生命、健康、尊严和权利，仍然不可能得到真正的保护，人道主义在很大的范围内，只能是难以实现的愿望和空话。

新中国成立以来，从根本上改变了不合理的、不人道的社会制度。尽管曾经错误地把人道主义作为资产阶级的专利品加以批判，甚至“文革”动乱中发生过许多严重违反人道的行为，但这并不是社会主义社会本身的问题，而正是对社会主义的误解、曲解，并违背了科学社会主义原则所造成的。因为就基本制度和发展方向来说，社会主义是最符合人道主义原则的制度，是为人道主义在全社会范围内实现并逐步提高实现程度提供基础和保障的制度。新中国成立以后，共产党和人民政府在解除人民群众疾苦、保障和提高人民群众生活水平、建立人民民主和民族平等政治制度、保障和扩大公民的自由权利等方面做了巨大的努力。在全社会大力倡导全心全意为人民服务的宗旨，弘扬“我为人人、人人为我”“助人为乐”“先人后己”的道德准则和社会风尚，表彰和树立这方面的先进人物作为社会之楷模；在为保护广大公民利益而对少数犯罪分子依法制裁的时候，对他们仍予以人道的待遇。这一切无不体现了人道主义在我国实现的广泛性和真实性。特别是经过对“左”的错误教训的总结和反思，在改革开放、建设文明富强民主的中国特色社会主义的进程中，人道主义在我国，无论在理论上还是在实践中，都得到了前所未有的发展。

在理论上，以马克思主义理论为指导对人道主义进行了广泛、深刻的研究，对人道主义有了新的、客观的、科学的认识。主要是：

——在批判和摈弃以人道主义来解释历史发展的唯心史观的同时，明确肯定并大力宣传人道主义的伦理原则和道德规范，指出在我国宣传和实行人道主义具有重要而迫切的现实意义。

——在社会主义社会生活伦理道德的总体要求中，处于最高层次、最高要求和指导地位的是共产主义道德，人道主义则是最基本的具有最广泛意义的道德要求，能够为绝大多数人所接受，而具有共产主义道德的先进分子则应更模范地实践人道主义的道德原则。一个人只有首先是真诚的人道主义者，才有可能升华、发展为共产主义者；一个连人道主义道德都没有的人，绝不可能成为真正的共产主义者。

——人道主义伦理原则的实现程度，受到社会经济、政治建设的制约，因而必须联系社会主义的经济、政治建设来宣传和实行人道主义。

——科学地认识和处理社会、集体和个人的关系，才能正确理解和实现人的价值和自由。科学社会主义的目标是人的全面发展和彻底解放，是建立“每个人的自由发展是一切人自由发展的条件”的高级社会，这无疑是人的价值最充分的实现。但是，社会、集体是个人的前提，个人只有在社会和集体中才能获得全面发展自己才能的条件和手段，才可能有个人的自由。因而，我们在注重社会对个人的尊重和满足的时候，首先强调的是社会上最大多数人的价值，个人只有在为社会、为集体的贡献中才能充分实现其自身价值，这和那种把个人利益放在首位、以个人主义为核心的“人的价值”观相比，更具有人道主义的意义。

在实践方面，我国宪法和有关法律、政策规定以及司法、行政的实践，使人道主义原则更具体化。改革开放、两个文明建设的发展和红十字会的活动，使人道主义在更大的范围内、更丰富的内容上得以实现。

——我国宪法中明确规定公民享有大量的公民权利、政治权利以及经济和文化等各方面的权利，又制定、实施了《行政诉讼法》和《国家赔偿法》，为维护公民的自由和实现公民的权利提供了强有力的法律依据和保障。

——集中力量发展生产力，繁荣经济、消灭贫穷，并以先富带后富，防止两极分化，逐步实现共同富裕。我国经过多年的努力，以占世界7%的耕地，基本解决了占世界22%的人口的温饱问题，并正在向小康和世界中等发达国家水平的目标前进。在发展中，政府非常注意对贫困地区的扶助，帮助发展少数民族地区经济、文化、卫生、教育事业。在建立和完善社会主义市场经济体制过程中，把建立失业、待业保险和改革、完善医疗、养老等社会保障体系作为重要环节。制定了“提供最基本的社会保障”的目标、任务和“实行保障城镇困难居民基本生活的政策”。我国的这些政策、措施、实际成效和发展目标，虽然都是在把马克思主义科学原理同中国实际相结合的过程中制定和产生的，但由于我们党和政府的出发点是为全国各族人民服务的，因而这些方针、政策、措施必然在更广阔的背景上更科学、更真实地实践着人道主义。

——通过多种形式和途径，在全社会宣传和实行人道主义，建立平等、团结、友爱、互助的人际关系。中共中央在关于社会主义精神文明建设的决议中提出：“在社会公共生活中，要大力发扬社会主义人道主义精神，尊重人、关心人，特别要注意保护儿童，尊重妇女，尊敬老人，尊敬烈军属和荣誉军人，关心帮助鳏寡孤独和残疾人。”并分别制定了维护、保障这些群体合法权益的法规、条例，成立了专门团体，开展专项活动，还确定了某些特定的纪念日，在一些公共场所和乘坐交通工具等方面，有对他们的优先或免费等照顾政策。如妇女、儿童、残疾人保护法，老人节，儿童福利基金会，残疾人基金会等等，建立各种福利院、敬老院、老年公寓等，供养、照顾孤残儿童和孤寡老人。在精神文明建设中，城乡以村规民约、市民守则等形式，倡导邻里、人际新风。同时，以见义勇为基金会等形式，奖励那些敢于和违反人道的各种犯罪行为做斗争的先进人物。

——为保障全体公民的自由和合法权益、维护社会秩序，依法惩罚少数犯罪分子。这种对公众的保护本身就具有人道主义的性质。同时，对罪犯的人格、服刑期间的各项权利，同样予以尊重、保护和保障。在司法实践中，严禁刑讯逼供，对死刑作了极为严格的限制性规定，并创造了死刑缓期执行制度。由于对罪犯实行劳动改造和思想教育相结合的方针，进行人道主义和科学文明的管理，收到了显著成效。绝大多数罪犯回归社会后成为守法公民，有许多成为企业骨干。我国刑事案件犯罪率和罪犯重新犯罪率在世界上是最低的。

——根据我国人均资源不足、经济文化落后的状况，政府制定了严格控制人口增长的政策，取得了举世公认的巨大成就，对提高人民生活水平和全民族素质起了重要作用。这也是对世界人口发展计划的重大贡献。我国如果不实行计划生育政策，全体公民的温饱乃至最基本的生存条件都难以保障，更谈不上发展、改善、提高。从社会伦理的角度看，计划生育是对全体公民和子孙后代的生存、生活质量负责的人道主义的正确选择。

——共产党和人民政府重视和支持以人道主义为宗旨的红十字事业。在和平建设时期，中国红十字会将国际红十字运动的人道主义宗旨和七项原则同我国实际情况相结合，工作范围已远远超出“战时行善”“保护弱者”“通过人道获致和平”的内容。在备灾救灾、卫生救护训练、群众现场救护、无偿献血、社会服务等方面做了大量卓有成效的工作，特别是在对青少年进行社会公德教育、引导青少年全面健康成长、台湾事务服务、国际民间交流、促进世界和平事业等方面，更发挥了政府和其他团体不可替代的作用。共产党和人民政府注意发挥红十字会人道工作助手的作用，大力支持红十字会独立自主开展工作，并在机构、编制、经费、人员上予以一定保障。各级政府和政府有关部门负责人担任红会领导和理事，有利于在全社会内协调、支持红十字会工作及其事业发展。1993 年 10 月全国人大常委会通过了《中华人民共和国红十字会法》，对红十字会的人道主义宗旨、职责、责任、合法权益、与政府的关系、政府和有关部门支持红十字事业的义务等等，作了明确规定。1994 年 4 月召开全国红十字会第六次代表大会，国家主席江泽民出任名誉会长，体现了党和政府的高度重视，大大提高了红十字会在我国社会生活中的地位，也将在国际人道主义事业中发挥更大的作用，标志着我国人道主义事业开始了一个更新、更高的阶段。

（本文发表于《博爱》1998 年第 4 期）

有难更显人间情

——省红十字会接受捐赠的几个侧面

1998年抗洪救灾以来，江苏省红十字会接收到省级机关职工和社会各界抗洪救灾捐款人民币696万多元、日元66万元，各种物资价值566万多元。许许多多的感人事迹，令省红十字会机关人员深受教育。这些事迹所体现的人道主义和无私奉献、团结互助的精神，是建设有中国特色社会主义的宝贵精神财富，也是发展以人道主义为宗旨的红十字事业的社会基础。下面反映的仅是我们接触到的几个侧面。

水利专家的心愿

省红十字会于8月12日下午向新闻媒介宣布接受社会各界抗洪救灾捐赠之后，河海大学就打电话过来说要捐赠。姜弘道校长讲，我们本身就是搞水利工程研究、教学的大学，师生员工更加牵挂抗洪一线，个人捐款达到和超过万元的就有4位。年过八旬的中国科学院院士、工程院院士严恺，科学院院士徐芝纶每人捐款1.2万元。徐芝纶院士经历过20世纪30年代、50年代的抗洪，对水利事业和抗洪斗争有着特殊的深情。顾淦臣教授、王跃农副研究员也各捐了1万元；一直奋战在湖南湖北抗洪一线的吴中如院士，一回学校就捐款8000元，河海大学先后3次捐款达59万多元。在9月1日开学的第一天，河海大学又发起向灾区捐赠御寒衣被的活动，当天下午就送往省红会14000多件，这批衣被已于9月3日发往内蒙古灾区。

困难企业职工的情怀

8 月 17 日，省级机关各单位收到省级机关工委和省红会共同发出的倡议书，各单位广泛发动，干部职工纷纷响应。18 日一天就有 8 个单位、26 位个人到省红会捐款，一天就达 162 万多元，其中建设银行江苏省分行的职工捐款就达 102 万元。华东地质勘查局政治部主任李卫国送到省红会的职工捐款，虽然只有 18801 元，而且许多票面是 1 元、2 元、5 元的人民币，但却聚集了干部职工凝重的深情。因为该局及下属单位人数很少，有的因效益不好已 3 个月没发出工资，但广大职工仍然心系抗洪一线和受灾群众，主动捐款，表示自己的一份义务和心意。江海集团下属新华工业公司，因效益较差，五分之四的职工下岗，总公司只要求新华工业公司领导个人捐款，不要求职工捐款，然而职工听说后仍然自发地到公司工会捐款。有些单位职工的爱人或子女下岗待业，生活不宽裕，仍纷纷慷慨解囊。省检察院康其华同志，爱人下岗多年且身患癌症，生活拮据，但也出现在捐款行列中。家中并不宽裕的韩继光同志到银行取款时，见一些老人拄着拐杖到银行为抗洪捐赠取款，为之感动，毅然捐款 1000 元。

离退休干部的风范

离退休老同志都有俭朴的好传统，但在国家和灾区群众有困难时，他们毫不吝惜地解囊。8 月 16 日是星期天，一位老同志前来省红会捐款 500 元，再三询问，他才讲自己是省科协的离休干部邓克。省教委退休干部李文霞，全家都在美国，她通过新闻媒介得知国内发生特大洪水，当即打电话到南京，让她的朋友到省教委替她捐款 500 元。省人民医院离休干部张淑媛，三个子女下岗、一个儿子患肝癌，经济很困难，仍冒着炎热、拄着拐杖到医院捐款 200 元。省检察院离休干部崔诚，夫人前年病故，两个儿子尚未成家，本人又患病住院，在他一再坚持下，老干部处同志只好到医院病房接收他 200 元捐款。据捐赠单位同志讲，不少离退休老同志捐款都在 500 元以上。本人直接到省红会捐款达到500元以上的离退休老同志还有省卫生厅原副厅长盛天任，南京军区干休所杜方平、唐炎、段桂安、薛华、吴华典等。

领导干部的表率作用

8月14日下午，省级机关工委书记卢万良出差回来，在机场就与省红十字会同志研究倡议和发动募捐的问题。工委领导个个带头捐款。省科委主任王永顺捐款400元。省对外科技交流中心党支部书记蔺东带头捐款2000元。省植物研究所庞自洁副所长捐款1000元，其他领导每位捐款500元。省环保局各级领导带头，285人共捐款63866元，人均达到224元。省卫生厅党组书记刘洪祺、厅长周珉每人捐款700元。所有这些，都起到了“不令而行”的号召和榜样作用。

超越国界的关爱

至9月10日止，省红会还接到4位日本朋友66万日元的捐款。省纺织品测试中心石庆同志，1988年曾在日本学习过半年，她收到日本名古屋市工业研究所神谷茂女士来信及1万日元。神谷茂女士来信讲：“我从电视中看到中国正遭受大洪水，很担心。看到解放军奋勇抗洪，真了不起。委托您转赠1万日元，表示一点微薄心意。”江苏省国际交流中心办公室主任宋莉莉交来了日本石田流华道会会长石田秀翠先生和名古屋市国江机械株式会社会长国江喜太郎先生分别捐赠的30万和5万日元。他俩的捐款是委托前不久去日本的省国际交流中心的同志捎来的。日本爱知县铃村有限公社代表董事铃村至社长也给我省国际交流中心来信和电话，并汇来30万日元捐赠。

写不完的真情爱心

8月21日，南京大学高级工程师缪鸿达到省红会转交了北京灵山生态研究所徐凤翔教授5000元捐款。今年67岁的徐教授在信中写道：“我是江苏人，现在北京，对长江流域大水深感忧患。我是工薪阶层，积蓄很少，只能表达一点心意，托返宁的朋友带上5000元转交灾区，请不要声张。”听缪工介绍，徐凤翔教授到西藏进行生态科研、野外考察先后达18年，这5000元原是她为儿子考博士生准备的，现捐款给江苏抗洪救灾，以表乡土之情。华银证券公司送来8700元职工捐款的同时，还送来了徐劲松等6位股民主动捐的810元钱。有两个4岁的小朋友，一个叫谭成吾、另一个叫蒋菲凡，嚷着要捐款，由妈妈、爸爸带来，分别捐了34.42元和1500元。还有一些通过邮电局或银行汇来的捐款，徐州的江笔军汇了1000元。更有一些捐赠者怎么也不肯留下姓名，省红会只能在收据的交款人一栏写上“未名者”。有一位女士捐了2200元，只说是尽了些心意，不要问姓名单位。省红会共收到未名者捐款3500多元。

上述这些，仅仅是捐赠热潮中的几朵浪花，但却是中华民族自强自立、团结互助精神和患难之际强大凝聚力的一个缩影。她留给我们的思考是深刻的，给我们的教育、启迪是长远的，而激发我们继续做好各项工作的精神动力是永恒的。

（本文发表于《工作与学习》1998年第10期）

社会全面进步和人的全面发展

江泽民同志在“七一”重要讲话中鲜明地提出了“不断推进人的全面发展”这一重要概念，这使人们既感熟悉又觉新鲜。讲熟悉，是因为我们多年来，对学校教育目标都提出要使学生“德、智、体”或“德、智、体、美、劳”全面发展；说新鲜，是因为这是我们党第一次明确地把“人的全面发展”作为建设中国特色社会主义的一个重要目标。这是我们党站在历史和时代的高度，对马克思关于新社会本质要求重要论述的重新认识和发展创新，在理论和实践上都有着深远而重要的意义。社会进步是人的全面发展的重要条件，人的全面发展是社会全面进步的必然要求和必然结果。

一、历史的回顾：从人道主义者的美好愿望到马克思、恩格斯的科学论述

“人的全面发展”，顾名思义，是指人的各个方面都得到发展。具体讲，就是物质和精神需要、身体和智力、才能和潜力、人格和道德、兴趣和爱好等各个方面都能得到丰富而充分的发展。“人的全面发展”曾经是人道主义者的愿望和目标，在欧洲文艺复兴过程中，人道主义思潮针对中世纪“以神为中心”和神学对人性的压抑、束缚，提出了以“人为中心”的思想，提倡个性解放和自由，主张用人的知识来造福人生。卢梭提出要使人在肉体和精神上都达到全面发展；康德指出历史发展将指向一个充分发挥人的全部才智的美好社会；席勒则寄希望于通过审美的自由活动把人从严重的局限状态中解放出来，成为一个“全面的完整的人”。美国学者D. 霍吉斯曾指出：人道主义传统的中心就是关于“人格的全面发展”。人道主义学

说在历史上曾起过巨大的进步作用，但是由于其幻想通过“泛爱”等说教，靠“理性的力量”来实现人的全面发展，因而不可能找到实现的道路。

马克思、恩格斯一生都始终关注“人的全面发展”，在《德意志思想体系》（又译《德意志意识形态》）《共产主义原理》《共产党宣言》《资本论》《社会主义从空想到科学的发展》等著作中曾有多次论述。他们把“人的全面发展”看作是社会“目的本身”和“基本原则”。他们和以往的人道主义者的根本区别，不在于是否承认人的价值和追求人的全面发展，而在于出发点是抽象的人还是社会的、现实的人，实现的途径是靠唯心主义的说教还是改变旧的社会关系、发展生产力、消灭私有制、建立新的社会制度。马克思指出，人的全面发展首先是人的体力和智力相结合的全面发展，而且“只有在集体中，个人才能获得全面发展其才能的手段”，而社会分工直接造成了劳动者的片面发展。在前资本主义阶段，生产力的低下和社会分工的落后，人的活动局限于狭小领域，奴隶主和地主决定着奴隶和农民的命运，形成了制约人们行为的人对人的依赖关系。而在资本主义阶段，则因整个社会的商品化，商品和物统治人，形成了人对物的依赖关系，人的发展同样受到异己的社会关系的严重制约。这种少数人统治、剥削多数人的集体是“冒充的”“虚幻”的集体。只有通过革命的形式，以新的生产关系和社会关系取代旧的生产关系和社会关系，才能逐步形成“各个个人的自由联合”的“真实的集体”。恩格斯则指出，生产力的发展必然要求将生产资料的私人占有变革为“社会占有”，只有这样，社会生产才“不仅可能保证一切社会成员有富足的和一天比一天充裕的物质生活，而且还可能保证他们体力和智力获得充分的自由的发展和运用”。因此，共产主义革命“本身就是个人自由发展的共同条件”，而未来的新社会是以“每个人的全面而自由的发展为基本原则的社会形式”，“将是这样一个联合体，在那里，每个人的自由发展将是一切人的自由发展的条件”。可见，马克思主义不仅指出了“人的全面发展”是社会发展的必然趋势和新社会的本质要求，还科学地揭示了实现这个愿望和目标的正确途径。

二、科学的道路：社会主义社会为人的全面发展开辟了广阔的前景

社会主义制度的建立，改变了少数人统治压迫多数人的状况，从根本上改变了不人道的、制约人的发展的、不合理的社会制度。邓小平同志指出，社会主义的本质就是解放和发展生产力、消灭剥削、消除两极分化、共同富裕。就我国来说，新中国成立前处于半殖民地半封建的落后状态，山河破碎、战乱不断、积贫积弱，人民饥寒交迫，连生存都面临威胁，更谈不上发展和全面发展。新中国成立后，政府把解决人民温饱问题、实现生存权和发展权作为最紧迫的任务。恩格斯曾指出，历史唯物主义一个最简单、最显见的道理，就是“人们首先必须吃、喝、住、穿，然后才能从事政治、科学、艺术、宗教等等”。我国在一穷二白的基础上，经过几十年的努力，用占世界7%的耕地，基本解决了占世界22%人口的温饱问题，并初步达到了小康生活，中国人的平均预期寿命也从新中国成立前的35岁提高到72岁。如果不是优越的社会主义制度，不是政府全心全意为人民服务的宗旨，是不可能创造出这样举世公认的奇迹的。我国政府在大力发展经济、普遍改善全国人民生活的同时，采取立法和行政等多种措施，利用有限的财力，动员各种力量，发展教育、文化事业，满足广大群众不断增长的文化生活的需要，也为公民的多方面能力和兴趣爱好在现有条件下最大限度地发展创造了良好的条件。如果仅仅追求物质上的充裕，而没有高尚的理想信念和道德情操，只是满足于物质享受、纸醉金迷，精神空虚、浑浑噩噩，甚至见利忘义、损人利己，这并不是人的全面发展。

我国改革开放以来，党和政府在总结经验教训的基础上，更加明确地把改善人民物质文化生活作为经济建设、社会发展的根本目的，确定了“富强、民主、文明”三位一体的奋斗目标和“两个文明一起抓”的战略方针，强调社会的全面进步和发展，实际上已包含“人的全面发展”的内容。通过经济体制、政治体制改革，加快经济科技发展，使广大劳动者能在竞争择优中充分发挥与施展自身的能力和才干；扩大民主渠道，

不断提高人民群众参政议政的能力和水平；坚持惩腐倡廉、勤政为民，密切干群关系，解决群众疾苦；注重提高全民族思想道德和科学文化素质，培养“四有”新人；在全社会宣传和发扬人道主义，建立团结互助、和睦友爱的人际关系；等等。可以说，改革开放以来是新中国成立以来经济发展最快的时期，也是为人的全面发展创造更多现实条件的时期。江泽民“七一”讲话提出“人的全面发展”这一战略目标，是我国在继续改革开放、走向世界的历史背景下，中华民族实现伟大复兴的必然趋势；是我国在全面建设小康社会的情况下，党和政府代表广大人民群众根本利益的必然要求；是我们党解放思想、实事求是、与时俱进、敢于创新，对社会主义本质的认识深化的必然结果。“七一”讲话还指出在我国现阶段条件下，推进人的全面发展的现实措施和途径：一是物质文明，坚持富民政策，实现共同富裕；二是政治文明，人民当家作主，实现自己的愿望和利益；三是精神文明，实现全民族思想和精神生活全面发展；四是环境文明，促进人和自然的和谐、生态良好、持续发展。这在实践上将为人的全面发展提供更加广阔、更加现实、更加有利的条件，是对马克思主义理论的重大丰富和发展。

三、长远的目标：人的全面发展是伴随社会全面进步不断提高实现程度的历史过程

尽管社会主义社会使社会生产能力成为社会财富、开辟了使社会个体摆脱对人的依赖和对物的依赖关系、有利于人全面发展的道路，但是实现人的全面发展仍要经过漫长的历程。马克思曾指出，人的全面发展是以人的彻底解放为条件的。人的彻底解放就是摆脱一切奴役和束缚人的各种关系。不仅要从私有制、专制统治下解放出来，还要从自然界的奴役、各种宗教、旧式分工以及作为人的沉重负担的劳动中彻底解放出来。可以想象，如果没有社会各方面的全面进步和高度发展、发达，那是绝不可能实现的。就我国来说，社会主义初级阶段是一个相当长的历史阶段，要使科技、社会生产力赶上世界先进水平，在经济上达到世界中等发达国家的水平，基本实现社会

主义现代化，还需要几十年的艰苦奋斗。即使基本实现了现代化，那也只是才摆脱了生产力不发达的状态，后面道路还很长。过去，我们曾把实现共产主义的条件概括为两个“极大”（即社会物质财富极大丰富、人的觉悟极大提高）和“消灭三大差别”（即工农差别、城乡差别、脑力劳动和体力劳动的差别）。要使生产力和劳动生产率达到物质极大丰富、可以各取所需（按需分配）的地步，要消灭三大差别，彻底改变使人的发展不平等和片面化的物质条件和社会关系，不知需要多少代人的漫长奋斗。人的精神生活和道德素养、个性、才能的充分提高和全面发展，则需要更漫长的时间。因为，社会存在决定社会意识，社会意识又有相对的独立性。尽管在任何历史条件下，都会有先进道德、文学艺术的存在，但是在总体上，道德、哲学、宗教、文学、艺术等等的发展、变化往往滞后于物质条件和社会关系的变化。直到社会全面进步到了这样的阶段，每个人自由而全面的发展与他人及整个社会发展完全一致，并把他人的发展当作自己个性、能力、爱好的充分发展的条件，才能使每个人通过全面发展充分实现自身的价值和在社会中的主体地位，同时通过能动的、自觉主动的活动，使人的全面发展不断达到更高的水平。也只有到了这样的阶段，人类才实现了从必然王国到自由王国的飞跃。江泽民在“七一”讲话中还指出了社会生产力和经济文化同人的全面发展是互为前提和基础、相互促进、永无止境的历史过程。尽管达到人的自由而全面的发展是那样遥远，但我们今天的每一个努力、社会的每一个进步，都是向这个目标前进，都是在提高人的发展的程度。建立社会主义市场经济、改革开放、加入WTO、进一步融入世界经济潮流，都将加快我国科技和经济的发展。同时，要加强精神文明建设，广泛开展各种形式的“服务他人、奉献社会”的群众性创建活动，加快培养和造就“四有”新人，使人的发展与经济社会同步协调发展。

（本文发表于《博爱》2002年第1期）

传播国际人道法的现实意义

根据国际联合会工作意见和我国政府的承诺，中国红十字会将传播国际人道法作为四项核心工作之一。各地红十字会以多种形式向不同层次、不同对象的群体传播国际人道法，对促进和平进步事业有着深远的意义。

一、中国加入日内瓦公约和两个附加议定书及其在本国法律中的体现

我国全国人大常委会于 1956 年 11 月 5 日批准加入日内瓦公约，这是中华人民共和国成立后正式批准加入的第一个国际公约。1983 年 9 月 2 日，全国人大常委会又批准加入 1977 年的两个附加议定书。直至 1989 年苏联批准加入两个附加议定书前，中国是联合国安理会五个常任理事国中唯一加入这两个法律文件并独自承担其中所规定义务的国家。国际法院院长贝加韦 1986 年客观评论道："值得注意的是：在所有联合国安理会五个常任理事国中（这些国家同时也是核大国），只有中国已经批准加入了这两个附加议定书。"（见朱文奇《国际人道法概论》，香港健宏出版社 1997 年版，第 36 页）这充分说明了我国政府在国际人道法方面的积极态度。我国国内立法也体现了对国际人道的遵守，《中华人民共和国惩治军人违反职责罪暂行条例》中规定：在军事行动地区掠夺、残害无辜居民的，根据不同情节，可分别处以七年以下、情节严重的处七年以上有期徒刑，特别严重的处无期徒刑或死刑；虐待俘虏情节严重的，判三年以下有期徒刑。《中华人民共和国红十字会法》《中华人民共和国红十字标志使用办法》等其他法律中，也有许多履行国际人道法内容的条款。这些都表明了中国政府对国际人

道法的尊重，以及切实履行其义务、维护和平进步事业的真诚态度。

二、红十字组织与国际人道法的关系

第一，红十字组织是国际人道法的倡导者和发起者。从国际人道法的起源、制定、修改的程序和环节看，都离不开红十字国际委员会、各国红十字会和国际红十字大会的重要作用。

第二，红十字组织在日内瓦公约中具有特殊的地位和作用。红十字会的财产不受侵犯、红十字会执行人道救助任务时应得到充分尊重和保护、交战双方可请红十字国际委员会执行保护国的任务、红十字国际委员会的代表在武装冲突中的特殊作用、红十字标志的使用规定等等，都说明了红十字组织在国际人道法中的特殊地位。正因为如此，一个国家要建立红十字组织并得到国际委员会的批准，该国必须首先批准或加入日内瓦公约正式成为缔约国，因为只有承认日内瓦公约，红十字会才能不受限制地开展战地救护服务活动。

第三，红十字组织是国际人道法的实践者和宣传者。起源于战地救护的红十字会自诞生之时起就确定了人道、中立、公正这样一些基本原则指导它的全部活动，并逐步形成了国际红十字运动七项基本原则。红十字会战时不加歧视地帮助受难者，同时努力防止并减轻人类在战争等各种情况下的疾苦，已被近140年的历史所证明。国际红十字运动规定各国红十字会的重要职责之一是传播国际人道法，我国的《红十字会法》在赋予红十字会的职责中也有明确规定。

三、传播国际人道法的现实意义

充分认识传播国际人道法的现实意义，才能认真开展这一工作，并引起政府和有关方面的重视。现在面临的一个最大难题，就是国际上没有一个强制的机构来保证人道法的实施、惩治违反人道法的行径。冲突双方不论是否恪守人道法，结果往往总是战胜方制裁战败方，国家之间更是如此。对自恃武力强大、公然无视和践踏国际人道法的国家或军事集团，国际社会甚至联合国都显得无能为力。面对这种情况，怎样理解传播国际人道法的作用？斯坦尼斯罗·E. 纳利克在《国际人道法纲要》一书中指出："在任何法律体系中，违法现象都不能证明该法规本身并无存在必要。相反，正因为人类并非尽善尽美，法规才是必不可少的。若想知道某项法规被违反了，首先该法律规范必须存在。""法规存在的本身就具有双重意义。首先，总会有一些人知法并努力守法；其次对于违法者，至少有了追究其法律责任的坚实基础。尽管目前违反人道法的人实际上只受道义上的谴责……"从历史上看，国际人道法在减少战争的残酷性、保护战争受难者和平民上还是起了重要的作用。红十字国际委员会指出，传播国际人道法的重点对象是政府官员、武装部队的成员和大、中学校的学生。政府官员和武装部队成员的决策和行为，直接关系到国际人道法的实施。所以，传播国际人道法对促进和平进步事业既有现实意义，更有长远影响。艰苦而长期的传播工作，必然会产生积极的效果。

（本文发表于2002年5月31日《中国红十字报》）

大灾有大爱

四川汶川大地震发生后，全省各地爱心如潮涌向灾区。至7月2日，江苏省红十字会系统接收社会各界支援抗震救灾捐赠款物已达13.187亿元（其中现款10.34亿元、物2.847亿元），省红十字会直接接收1.7908亿元。可以说是创了江苏红十字运动100多年历史之最、省红十字会建会50多年之最。这是在省委省政府领导和倡导下全省各界爱心涌动无私奉献的生动体现，是中华民族“一方有难、八方支援”强大凝聚力的一个缩影。

强烈救灾意识做出的第一反应

5月12日下午，江苏省红十字会救灾应急培训班在扬州市举办，休息时得知汶川发生了大地震，强烈的救灾意识使红十字会迅速行动起来。当晚6时多，省红十字会在扬州通过省新闻媒体发出支援灾区呼吁，公布热线电话和接收捐赠账号，决定24小时值班；同时联系铁路系统，于当晚9时多将第一批5万多元救灾物资通过中铁快运发出；13日早上一上班，从紧急备用金中向四川省红十字会汇出第一笔20万元救灾款，并通过短信向他们表示慰问和致敬；向各市红十字会发出紧急通知，吴锡军会长通过电视等媒体号召各界向灾区伸出援助之手；为便于群众捐款，将设在苏果超市连锁店的400多个募捐箱全贴上支援地震灾区的捐赠标志；主动与总会和四川省红十字会联系，了解灾区急需物资的状况；主动与四川省红十字会和江苏省卫生厅联系，希望组派医疗队和其他志愿服务人员，以便统筹安排……这些都是在地震发生后的24小时之内做的，因而赢得了宝贵的时间，取得了很好的效果。5 月 13 日，全省红十字会系统就已经收到款物 2986 万元，向灾区汇款和发运物资 1265 万元。

党政机关的榜样作用

地震发生后，省委省政府立即拨款和派出救援队伍支援灾区，同时号召各地各部门、社会各界全力支援抗震救灾。省委书记、省人大常委会主任、省红十字会名誉会长梁保华，省长罗志军，省政协主席张连珍等省领导和副省级以上老同志带头解囊捐款。省委、省人大、省政府、省政协机关干部群众捐款达 40 多万元。省委组织部、宣传部、机关工委，省财政厅、公安厅、交通厅、水利厅、民政厅、卫生厅、新华日报社、群众杂志社等省级机关、省直单位争先恐后到红十字会捐款。省安全厅、体育局、检察院等单位一而再、再而三地前来捐款。省编办、人事厅的许多干部除在本单位捐款外，还数次到省红十字会再次捐款。至 5 月 15 日，省级机关广大干部群众向省红十字会捐款就达 400 多万元。省演艺集团、昆剧院、省电视台综艺频道、省教育电视台、南京交通广播电台、南京市委宣传部等单位，在地震第二天就主动与省红十字会联系，在三四天内举办多场义演、晚会等募捐活动，共向红十字会捐赠款物近千万元。全国政协委员、中国书法家协会副主席、省文联副主席言恭达个人捐款 2 万元后，又义卖自己的作品 112.8 万元捐给红十字会。党的十七大代表黄孝慈、孙晓云除自己在多个场合向红十字会捐款，还影响和带动周围人员到红十字会捐赠。中国冶金设备有限公司（大地集团）集团副总裁朱炳安、工会主席蒋学藩等同志受总裁和员工的委托，从江宁赶到省红十字会捐款 18.64 万元。朱总讲："我们捐款并不多，但这是全体员工的一片心意，员工们催我们赶快交到红十字会。我们公司 90 多人，平均每人 2000 多元，相当于一个月的工资。"江苏银行尽管成立时间不长，也向省红十字会捐了 300 万元，同时还发动员工个人捐款 200 多万元直接支援了灾区。

超越时空的无私大爱

地震后10多分钟，南京市皇后大道残疾人网络培训中心负责人邵建波就与省红十字会联系，个人拿出5万多元购买食品、饮料等支援灾区。南京黄埔公司董事长、省红十字会副会长陈光标当天下午就调集60台重型机械车，开往灾区全力救援，另外还向灾区捐了2810多万元款物。13日上午，扬子江药业公司捐赠1005万多元灾区急需药品，连夜送往灾区。省红十字会爱心大使孟非个人捐款10万元，省红十字会理事、苏果集团总裁马嘉梁个人和单位多次向省红十字会捐款达310多万元。南京雨润集团先后向南京市红十字会捐款物达3000万元。

1976年8月作者（后排左二）参加抗震救灾医疗队在唐山的留影

在大的灾害危难面前，人心向善的光明面得以充分发挥和展现。社会各界出于对红十字会的高度信任，络绎不绝到红十字会捐款捐物。省红十字会机关最多一天接收捐赠达1174笔

1728 万元（其中单位 403 笔、个人 771 笔）。省红十字会机关同时设立 6 个接收捐款组仍应接不暇，以致许多人排队等待。对其中无数感人肺腑、动人心弦的故事无暇细问，蕴涵其中的同胞情谊和无私大爱，深深感动和震撼着红十字会工作人员和志愿者。从 96 岁的耄耋老人到幼儿园小朋友、从党政领导机关干部到普通市民、从专家教授到进城务工人员、从演艺家体育明星到残疾人，无不慷慨解囊、倾献爱心。有从几十里外冒雨赶到红十字会捐款的老人、残疾人和农民，有自己患白血病将报销的 1.5 万元药费都捐出的病人，有将礼金都捐给红十字会的新郎新娘，有患肿瘤晚期在病榻上捐款 5000 元的老人，有结伴摸到红十字会捐款的盲人，有在 5 月 26 日生日当天到省红十字会捐款 26 万元作为纪念的夫妇，有将 1 万元生日礼金捐给红十字会的 106 岁的无锡老寿星徐长卿，有捐了 10 万元不肯留下姓名的“市民”，有个人捐款 100 万元的联创董事长孙力斌，有 5 月 13 日上午就到省红十字会捐款 2 万多元的正在南京旅游的台湾新竹妇联会的同胞，有一笔向苏州市红十字会捐款 500 万元的台资企业“名硕电脑”，有美国、英国、瑞典、澳大利亚等国的外籍人士到红十字会捐款，还有专程从日本赶到苏州向红十字会捐款 20 万元人民币的日本友人，甚至还有以拾废品和乞讨为生的生活困难人员……这是中华民族“扶危济困、仁爱助人”的传统美德和“一方有难、八方支援”的强大凝聚力的集中表现，也是人类在同一蓝天下“风雨同舟、休戚与共、患难与共”的人道、博爱、奉献精神的最好诠释。

高度负责的规范操作

即便忙得不可开交、焦头烂额，红十字会工作人员和志愿者们仍以对捐赠者和灾区人民都高度负责的精神，严格按规范程序操作。省红十字会及时制定了接收捐赠工作流程，对每笔捐赠都记录了单位、姓名、地址、数额、联系电话、是否定向等等，并且都开具捐赠收据（即使捐赠者不留姓名或不要收据，包括通过银行、邮局汇款没署姓名、地址的也一定开出收据入账）。省红十字会对每位捐赠者都给一张感谢信；个人超过 1000 元、单位超过 1 万元的都颁发荣誉证书；个人超过 1 万元、单位超过10万元的都颁发荣誉铜牌。对超过50万元的由吴锡军会长亲自颁发，对其他数额较大的也由常务副会长、副会长或秘书长颁发。对凡是定向特别是要用于灾后重建的都仔细询问、认真记录和进行说明，事后进行汇总，以便在灾后重建规划中选择适宜项目征求捐赠者意见并报告实施情况。每天晚上再迟，也要认真核对、清点接收款物的数量。曾有过清点核对捐款到凌晨两三点钟；曾有过因几百万现金放在办公室而几位同志彻夜不眠；曾有过因与银行数据差几千元而十余遍地核对几百张收据至凌晨（事后发现是银行有误）。有的单位或个人将整车的捐赠物资送到备灾中心，没有清单也不要收据，只要求及时送往灾区。中心同志往往连夜清点、登记造册，没有价格的还要与有关方面一起估价，同时开出收据入账。如果要采购灾区急需物资，既急灾区之急、争分夺秒，又严格程序把关。得知江苏赴灾区医疗队急需20辆救护车，省红十字会请卫生厅专业人士对车辆、型号、规格、配置、价格等把关，确认后才签正式合同，从决定到出发仅用了两天时间。省红十字会承担对口援助的7000顶帐蓬，赈济部请省经贸委提供厂家名单和规格、质量标准及价格，同时网上公开招标和与厂家联系相结合，择优择廉、加班加点，短短一周内就将4000顶帐篷在端午前运抵绵竹灾区，最后超额完成并运送达8300顶（其中争取到捐赠1300顶）。当得知灾区急需大米时，省红十字会通过爱心企业家捐赠并争取部队调拨车皮，以最快速度将200吨大米送到受灾群众手上。何权副省长数次参加红十字会支援抗震救灾的有关活动，并在批示中充分肯定和感谢省红十字会的辛勤工作。

至6月25日，全省红十字会系统支援灾区款物3.2642亿元（其中现款9680万元、物2.2989亿元）。省红十字会本级已支援抗震救灾款物6805万元（其中款2186万元、物4619万元）。全省红十字会系统还将承担来江苏收治的1299名灾区伤员的各项费用6235.2万元，已有8个市红十字会承担了2.5亿多元对口援助活动板房的任务。

根据这次支援抗震救灾的特殊情况，在红十字会系统对捐赠款物使用管理原有一系列规范程序的基础上，根据国务院《汶川地震灾后恢复重建条例》、国务院办公厅〔2008〕39号通知、中国红十字会总会有关通知和本省有关规定，省红十字会制定了《支援抗震救灾捐赠款物管理办法》。《办法》进一步重申所有捐赠款物全部用于支援抗震救灾，对审批程序特别是对援助灾后重建的实施作了更明确规定。

无处不在的博爱情怀

人们从媒体中看到、听到地震及救灾的报道，担忧着灾区的群众、牵挂着救灾的勇士，纷纷愿以各种方式为支援抗震救灾作出贡献。地震发生后，南京市红十字医院领导多次与省红十字会联系，希望组派医疗队前往灾区。有多少人打电话或到省红十字会报名要到灾区志愿服务，有多少人询问为灾区献血事宜，有多少人登记希望领养或资助灾区的孤儿，又有多少志愿者废寝忘食、夜以继日协助红十字会接收捐赠和装卸发运救灾物资……实在太多太多，说不尽，写不完。

红十字会全体同志在全力履行支援灾区职责的同时，也奉献了一份爱心。省红十字会党总支收到特殊党费 2.055 万元，全体人员捐款 9.4284 万元。赈济部陈伟同志先后两次前往四川灾区，其父正患病治疗，但他随时准备出发。在总会驻德阳工作组工作期间，他不畏艰险、不怕困难，认真完成每项任务，还发挥外语特长，为国际救援人员提供很好的服务。当总会需要江苏省红十字会再派一名同志参加总会工作组时，连云港市红十字会秘书长刘成田毅然报名，由于徐州市红十字会苗志华、吴文俊两位同志再三恳切的坚决要求，得到总会同意后，这三位同志都前往灾区。

这次空前的抗震救灾，使国内外都重新审视我们的党、我们的政府、我们的军队、我们的人民、我们的新闻媒体，也重新审视以人道主义为宗旨的中国红十字事业。我省各界对灾区的无私援助，不仅为建设和谐美好新江苏增添了宝贵的精神财富，也进一步肥沃了我省发展红十字事业的土壤。全省红十字会将继续努力，为地震灾区重建美好家园多作一份贡献。

（本文摘要发表于《群众》2008 年第 8 期，2008 年江苏全省红十字会接收抗震救灾款物共 14.8 亿多元）

试述人道主义的普遍价值和实现途径

人类历史上可能没有一个名词能在长时间内受到文艺界、思想界、政治界、社会学界、医学界、法学界、军事界等各方面人士的关注、研究、争论，并且对人们的社会生活有那么大的影响，那就是“人道主义”。因为人道主义既体现了对人的生命、尊严等最基本利益的关心和保护，又蕴含了人的全面发展这样高层次的长远目标，因而也是人类共同的精神财富。

作者在会议上发言

一、人道主义的普遍价值和实现层次

“人道主义”一词虽然正式出现于19世纪，但人道思想和理念却源远流长。在各个国家、民族的文化中，自古以来就有人类休戚与共、仁爱助人、止恶扬善、保护人的生命健康等理念。虽然人道主义学说有各种流派而且仍在发展变化中，但都认同这些基本含义和原则：即重视人的价值，维护人的尊严、自由和权利，对人的关心爱护和对弱者的保护。这实际上是一种在历史上始终有积极、进步意义的伦理原则，是人类共同的精神财富。至于资产阶级以“人道”“人性”来说明历史的唯心历史观，或者用“人道主义”来反对人民的革命斗争、粉饰资产阶级的统治，有的国家甚至以“人道”为武器干涉别国内政等等，这都不是人道主义本身的问题，而是由他们的唯心史观、阶级偏见或为维护一己私利的虚伪立场观点所决定的。我们要将“人道主义”原则本身与使用“人道主义”名词的人的立场观点区别开来。以前，我们只是在区别将人道主义作为历史观还是伦理思想原则时才冠以资产阶级还是马克思主义的人道主义。当然，也可以从是在资产阶级思想体系还是马克思主义指导下的人道主义来理解，还可以从是在资本主义制度还是社会主义制度下实行的人道主义来理解是资产阶级还是社会主义的人道主义。就如物质文明本身没有阶级性和政治制度的性质，讲社会主义物质文明是指在社会主义制度下建设和发挥作用的物质文明。我们党也曾提出过“革命的人道主义”，这是在残酷战争年代的特殊环境下提出来的，表明中国共产党领导的革命战争具有正义的、进步的并必然同时具有人道主义的性质，这种人道主义不但是为了维护绝大多数人的利益，而且也包含了对放下武器或失去战斗力的敌方人员人格的尊重和生命的保护。“左”的年代对革命人道主义的误解、曲解甚至由此导致做出许多违反人道的事，这些与革命战争时期提出“革命人道主义”的本意并无关系，而恰恰是违背革命人道主义原则的。随着思想的解放，我们在伦理思想、原则的意义上讲人道主义，已无须再冠上资产阶级和马克思主义或社会主义的限定词。我国的《红十字会法》、中央的有关文件和领导的讲话已经毋庸置疑。国际上 186 个国家是红十字运动参加国，都承认以“人道”为核心原则的基本原则。《全球伦理普世宣言》将孔子“已所不欲，勿施于人”作为“金规则”即最基本的规则，这正是国际红十字运动博物馆六块展板中第二块的内容，也从一个侧面说明人道主义在国际上具有普遍价值的意义。

人道思想原则实现的程度，按其实现的范围和内容有三个层次，随着层次的上升，对人道工作组织的规模和能力、对社会生产力和社会体制的要求也愈高。最低层次也是最基本的要求，应是对人的生命、尊严的尊重和爱护，对陷于困境、易受损害的人给予帮助和保护。第二个层次也是比较广泛而普遍的要求，应是对人们从生存的基本权利逐步扩展到劳动、教育、医疗、政治、法律、财产、文化、娱乐、休息等各方面权利的保证，不断提高生活生存质量，使人们的幸福指数不断提高。第三个层次也是最高的目标、境界，就是人的彻底解放和全面发展。人的才能充分发展是人道主义者的愿望和目标。美国学者 D. 霍吉斯指出：人道主义传统的中心就是关于“人格的全面发展”。马克思、恩格斯在《德意志思想体系》《共产党宣言》《社会主义从空想到科学的发展》等著作中都曾把“人的全面发展”看作是社会“目的本身”和“基本原则”。

二、人道主义的实现途径和体制保证

人道主义是人类的善良愿望和美好理想，是一种基本的伦理思想和原则。它的实践和实现程度，虽然受到社会经济发展和物质条件的制约，但是社会制度、公众文明程度和从事人道工作的组织机构、规模及其能力等等则是更重要的因素。在资本主义社会之前的奴隶制度和封建制度下，虽然也有统治者实行一些“仁政”，但只不过是维护和巩固统治阶级利益及其政权而已。资本主义制度虽然打出了“人权、平等、民主、自由”等旗帜，而且确实要比封建制度进步得多、人道得多，但其实质仍然是为维护资产阶级统治下的阶级压迫和剥削制度，而且“人道主义”往往还会成为资产阶级暴力统治的甜蜜补充。在阶级压迫和剥削制度下，国内外历史上都不乏一些仁爱助人、救死扶伤的仁人义士，也有一些爱护百姓、为民请命的“清官”，特别是近代，有许多真诚的人道主义者，以他们高尚的品格，为反对资本主义不合理的制度和不人道的行径，为支持和平进步事业、为救助陷于困境的弱势群体而努力奋斗，有的甚至献出了生命。虽然他们能在一定范围内给陷于苦难、困境的普通百姓一定的帮助和保护，能给进步事业一定支持，但是在更广泛的范围和更高的层次上，人道主义始终只能是一种无能为力或无法实现的善良愿望。

人类历史发展至今，对人道主义实践最具影响，而且还将发挥重要作用的有三大事件：一是马克思主义的诞生和社会主义制度的建立；二是国际红十字运动的诞生；三是联合国的成立。

马克思主义不仅重视人的地位和价值，而且把一切人的自由全面发展作为人类彻底解放的目标。和过去的人道主义者的根本区别在于，马克思主义的出发点是社会的现实的人，而且揭示了社会发展和人类解放的历史规律，指出了通过无产阶级的阶级斗争、建立社会主义制度、发展社会生产力来实现这个目标，从而把崇高的人道主义理想和对社会发展规律的正确认识结合起来，把善良的情感和科学的态度统一起来。可以说，马克思主义中包含着最彻底的最高层次的人道主义，人道主义通过马克思主义找到了真正得以广泛实现的科学途径。马克思在批判与人性不相容的专制制度时指出："共产主义则是扬弃私有财产作为自己中介的人道主义"，"是以每个人的全面而自由的发展为基本原则的社会形式"。社会主义革命和建设的根本目的，就是为了从根本上消除一部分人统治、剥削另一部分人的不人道现象。在马克思主义指导下建立起来的社会主义国家的基本经济制度和政治制度，使个人和社会的基本利益归于一致，社会主义制度下的人道主义成为绝大多数人利益的、现实的人道主义。当然，社会主义国家人道主义实现的范围和程度受到经济社会发展水平的制约，民主法制的不完善和官僚主义、腐败现象的存在也影响着人道原则的贯彻，也曾发生过严重违反人道原则的现象，还有一些社会主义国家发生剧变导致国际共产主义遭受严重挫折。但是，这些并不是社会主义本身的问题，而是社会主义制度不太完善，或是对社会主义社会的误解、曲解，甚至是违背了科学社会主义原则所造成的。因为就基本制度和发展方向来说，社会主义社会是迄今为止最符合人道主义原则的社会，是为人道主义在全社会范围内实现并逐步提高实现程度提供基础和保障的社会。我国在建设中国特色社会主义特别是贯彻落实科学发展观、构建和谐社会的过程中，更加鲜明地提出了"以人为本"这个核心，把发扬人道主义作为全民道德建设的普遍要求，在宪法和一系列具体的法律、政策制度以及在司法和行政的实践中，充分保证公民在经济、政治、文化等各个方面的基本权利，关注和改善民生，关爱社会弱势群体，对贫困地区给予扶助，促进各民族地区共同繁荣发展，在各民族间建立平等、团结、友善、互助的关系，把社会全面进步和人的全面发展作为经济社会发展目标，支持和资助红十字事业，等等。2009 年 2 月联合国人权理事会审议中国人权时，充分肯定了中国发展和保护人权方面的成就，中国人权状况得到了绝大多数国家代表的赞赏。中国特色社会主义的实践，正使人道主义更真实地在更广泛的范围、更高的层次上逐步得以实现，这是由我们党和政府以马克思主义科学理论为指导、以全心全意为人民服务为根本宗旨所决定的。也正因如此，中国共产党的领导和共产党员的先进性，不仅不会限制红十字人道主义宗旨和国际红十字运动基本原则的贯彻，而只会更有利于红十字会宗旨和原则的实现。

目前，世界上还有一批由社会党执政的“民主社会主义”国家，建立并实行多方面的民主制度、实行全民高福利政策（其福利程度比社会主义国家高得多，这首先是由其经济条件决定的），人道主义原则实现得比较广泛而充分。这些国家虽然没有消除资本主义制度，但也产生了不少社会主义的因素，是对科学社会主义的挑战，在许多方面也值得社会主义国家借鉴。

红十字运动的诞生对实现人道主义的伟大意义就在于其能在世界范围内，超越政治、意识形态、军事和经济等方面的分歧而在人道旗帜下行动：一是在人类历史上第一次将人道思想转变为一项社会事业和国际性的运动，并建立起国际性的人道主义救援组织。红十字运动已发展到 186 个国家和地区，并且有共同遵循的基本原则，将人道救助由个人的、个别地区的散在行为变成全球性的行动。二是将人道主义理念和原则引申到国际法学范畴，促进制定了国际人道法，使之变成对各参加国和地区有约束力的法律规范，对人道主义原则在武装冲突中得到实施起到重要作用。三是国际红十字运动的三大组织机构对于协调全球范围内的非政府的人道救援活动，对于规划、指导各参加国的人道主义事业发展及其相互合作，对于促进联合国和国际红十字组织、各国政府和各国红十字会在人道事业上的相互支持和配合，有极为重要的意义。

联合国成立于 1945 年，目前有 192 个国家参加。它的宗旨与人道主义密切相关，如：维护国际和平与安全，发展国际间以尊重各国人民平等权及自决原则为基础的友好关系，解决国际间人道主义性质问题，促进对全体人类的人权和基本自由的尊重等等。在实际工作中，联合国设有专门的人道救援机构和人权委员会。在人道救援方面，还分别设立了人道主义救援署、粮食救济署、难民办事处、妇女儿童以及人道主义事务协调办公室，根据需要设立针对某些地区或某些重大灾难的专门救援机构。世界各地发生战乱、灾害、瘟疫等造成人道主义灾难时，联合国都设法进行救援。作为各个主权国家组成的最具普遍性和权威性的政府间组织，在制定有关人道保护的国际法规、制止战乱和反人道行为、组织维护和平等方面则更有一定的强制性。1948 年以来，安理会授权进行了 60 多项国际维和行动，先后组织制定了从不扩散核武器到和平利用外层空间等数百个国际条约，尽管有时仍无力约束某些强国的行为，但对于整个世界的和平进步和人道事业的合作发展起着无可替代的重要作用。

三、红十字人道主义的特殊性、包容性和广延性

红十字运动诞生于战地救护，因而红十字人道主义一开始就有其特定的内容和目标。一是红十字人道主义所关心、帮助的是战争中已失去战斗力的伤病员或已放下武器的军人，要保护的是这些人的生命和尊严。正是这种对生命和尊严最基本的保护，为红十字人道救助事业的拓展和范围的扩大奠定了基础。二是红十字人道主义救助行动一开始就严格恪守公正中立独立的原则。亨利 · 杜南把红十字任务表述为“不带任何国籍偏见的人道主义姿态”。因而红十字的人道原则和救助活动具有最大的包容性，能得到不同民族、文化、社会制度的国家甚至是交战双方的认可和支持。正是这种体现人类休戚与共、互助互爱的精神，为人道事业的国际合作开了先河。三是红十字

人道主义主要是通过志愿行动（包括无偿捐赠和参与服务）来关心和帮助他人，正是这种利他主义的奉献精神，才持续地保证了红十字人道救援活动所需人力物力的来源。红十字人道主义的特殊性、包容性和广延性决定了它有强大的生命力，决定了它在人类社会发展中总有传统的救援救助要做，同时又将延伸出许多新的工作领域，所以在人道主义实现的三个层次上都可以发挥积极作用。

随着人类战争和经济社会的发展变化，红十字人道主义保护和救助的对象逐渐扩大到所有武装冲突的伤员、战俘、难民平民和各种灾害中的灾民，而且工作领域也从人道救助拓展到多方面的人道服务。1965 年第 20 届国际红十字大会明确宣布："红十字救助不仅限于战时，红十字人道主义精神将存在于人们的日常生活之中。"1986 年第 25 届红十字大会通过的国际红十字运动章程进一步明确红十字运动是"世界性的人道主义运动"，它的主要任务有：一是防止并减轻无论发生在何处的人类疾苦；二是保护人的生命和健康；三是保障人类尊严，尤其是在发生武装冲突和其他紧急情况的时候；四是为预防疾病、增进健康和社会福利工作；五是鼓励志愿服务，鼓励对那些需要本运动保护和帮助的人持有普遍的同情感。而对人道原则的释义中加上了"促进人与人之间的相互了解、友谊和合作，促进持久和平"。在任务部分还要求"各国红十字会支持政府当局为满足各自国家人民的需要而开展的人道主义工作"。由此可见，虽然红十字会是政府人道工作的助手，也应能根据自身力量来决定人道救助和社会服务的范围和程度，但就其人道主义宗旨和主要任务以及"改善最易受损害者境况"的工作目标来说，其工作领域有着无限的广延性。因为，只要世界上还存在战乱、自然灾害或其他各种意外伤害，只要还存在影响人类健康和正常生活的各种不利因素，只要还存在需要帮助的困难人群，就仍需要像红十字会这样志愿服务的人道工作组织发挥作用。即使到了社会三个文明都高度发达的社会，也还会有老弱病残和自然灾害或其他意外伤害而陷于困难的人需要关心和帮助，依然需要发扬红十字人道主义精神。

我国还将长期处于社会主义初级阶段，由于多种原因，还有相当数量需要帮助的困难人群；随着经济社会发展，人民群众在防病保健等多方面的社会需求也日益增长。在我国“外促和谐世界、内建和谐社会”的历史进程中，更需要大力弘扬“人道、博爱、奉献”的红十字精神，这些都决定了红十字会是大有可为、大有作为的。中国红十字会根据人道主义宗旨和我国经济社会发展以及改革开放的需要，不断拓展国内外的人道工作领域，在救灾救助、社会服务、社会保障等方面进一步当好政府的助手。我们坚信，在建设中国特色社会主义和促进世界和平进步的伟大事业中，在向着人类的彻底解放和全面发展前进的历史长河中，红十字人道主义理念和原则以及红十字会的人道主义工作必将在更加广阔的历史舞台上发挥更加积极的重要作用，红十字会工作人员当发奋努力。

（2009 年 4 月参加由红十字国际委员会东亚地区代表处、中国红十字会总会报刊社、江苏省红十字会主办，苏州市红十字会、苏州大学社会学院、红十字运动研究中心承办的“红十字运动与慈善文化”国际研讨会的交流发言。收入会议论文集）

也谈我国民众慈善落后于西方国家之原因

不久前，有篇文章从对慈善理解有偏差、制度环境制约和善款使用不公开透明三方面来论述中国不能全民慈善的原因。笔者认为虽有一定道理，但也不尽然，理由如下。

（1）慈善理念问题。我国慈善思想源远流长，自古以来人们都从"慈悲、友善，仁慈、善良，关怀、同情和帮助弱者，仁爱、利他"等这些积极含义上来理解慈善的含义，《魏书·崔光传》明确提出了"慈善"一词（"光宽和慈善、不忤于物"）。尽管《中国大百科全书》对"慈善事业"的解释极不准确（仍没有摆脱"左"的错误观念），但这绝不能代表我国民众自古以来对慈善的理解和赞赏，更不代表现阶段党和政府对慈善事业的观点。否则，就无法解释发生大的自然灾害时千千万万的民众（有些是文化程度很低的甚至自身就比较困难的人群）慷慨捐款的现象；也无法理解我国自 1994 年成立中华慈善总会起，全国各级都成立了慈善会或慈善基金会，而且国家还设立了中华慈善奖；更无法理解党和政府近些年来大力倡导和推进慈善事业和慈善文化建设。更何况，广大民众是凭自己对慈善的理解在参与慈善捐款，绝不会先去查阅词典的解释后再作决定。

（2）"善款使用不公开透明"一说，也显得偏颇和一概而论。事实上，我国一些大的慈善、救助团体都有捐款信息披露、公开透明的一些规范制度和相应做法。特别是有 100 多年历史的中国红十字会，就是靠募捐和志愿服务起家和发展的，作为国际红十字运动的一员，有国际国内一系列的公开透明的准则和规范，从成立起就秉承这些原则和做法。特别是近些年来捐赠信息都通过网站和有关媒体公布，即使在 2008 年抗震救灾接收海量捐赠情况下，也都及时在网站和有关媒体公布。捐赠款物使用去向也向社会公布和接受有关部门审计。在无法细到每一笔捐款都明确具体使用对象的情况下，关键是看使用是否合法合理和符合捐赠者的意愿。当然，我国政府、有关部门和慈善公益组织正在完善有关保证公开透明的监督、管理和运作机制。随着信息技术的发展，中国红十字会正在完善捐款捐物去向、使用的信息公开机制。还要看到，即使信息公开透明比较完善的西方国家，也曾发生过慈善组织成员滥用甚至贪污捐款的情况，关键在于及时发现、堵塞漏洞、惩治渎职和腐败。我国慈善救助机构在捐款使用上或多或少存在一些问题，但毕竟是极少数（当然，即使是极少数也不可掉以轻心、姑息容忍）。绝不能因制度尚待完善、存在一定问题，就以一概全地做出“不公开透明”的结论，以这种不做调查、不顾事实的论断误导民众，最终损害的是需要帮助的困难群体。但是，那些多次与红会合作的爱心企业和人士，本着对红十字会的了解和信任，依然向红十字会捐款捐物，江苏省红十字会 2011 年募捐筹资比 2010 年增长 9.8% 就是很好的说明。

（3）至于制度环境制约，确实是很重要的因素。但是除了税收制度（捐赠免税、遗产税等）外，还有更重要的因素，即政府在慈善事业中的角色定位。我国历史上，除政府办的慈善事业外，佛教寺院和其他民间慈善事业也是历史久远。特别是明清时期，民间慈善事业兴起，到民国时期发展到了一定数量和规模。1948 年的《中国年鉴》披露，当时全国有 4172 个救济机构，其中私立者有 1969 个。中国共产党和人民政府也历来主张发扬团结互助、无私奉献、扶贫帮困、一方有难八方支援的精神，但对慈善捐赠及其事业却经历过严重的误区。一是认为慈善事业是封建的、宗族的、宗教的或是资产阶级的东西，甚至是帝国主义的奴化工具，或是不仁富人的伪善行为；二是认为中国共产党和人民政府是全心全意为人民服务、为民众谋福利的，救灾救难、扶贫帮困应由党和政府包揽，无需民间参与，更不需国外援助。因此，新中国成立后，除为支援抗美援朝而发动过捐款捐物（中国红十字会1952年5月发出捐献“救护机”号召）外，实行公私合营、计划经济后，再也不提倡民间捐赠，更不可能有慈善事业。即使发生唐山大地震都没有进行民间捐赠，而且拒绝国际上（包括联合会和海外华人）的捐赠援助。直至十一届三中全会拨乱反正、纠正“左”的错误后，对国内外捐赠、慈善事业才重新认识。1980年发生南涝北旱，谨慎接收了联合国2000万美元援助；1987年大兴安岭火灾，通过中国红十字会开启了接收国内外捐赠的渠道；1988年，国务院颁布《基金会管理办法》，国内开始成立一些公益组织并开展募捐活动。党和政府明确肯定“慈善”理念及“慈善事业”，则是自1994年自上而下成立各级慈善会始。

但是，在对待慈善事业上，我国目前仍未完全摆脱全能的强势政府的理念和做法。主要体现在：一是“捐赠法”规定在发生自然灾害时，县级以上政府可以接收捐赠，在政府比较强势、对经济活动干预力很大的情况下，企业一般更愿意向政府而不是向民间公益机构捐赠。而且，在一些经济不发达的地区，仍有政府向企事业单位摊派集资的现象。二是对民间成立慈善、公益组织限制条件多、门槛太高，影响了这类组织的发展。三是既当监督员、裁判员，又当运动员。中华慈善总会和各级慈善会对推动慈善事业作出了重要贡献，但是大多数地方慈善会与民政部门是两块牌子、一套班子，或是合署办公（中国基金会信息网创始人商玉生《中国慈善机构危机凸显体制缺陷》，2011年7月11日），慈善会募捐款仍可直接由民政部门或政府使用。因此，党委、政府往往更乐意以行政指标或“一日捐”形式（直接从工资中扣除）发动向慈善会的捐款。民政部与中华慈善总会共同举办首届“中华慈善大会”，有的地方民政与慈善会共同表彰慈善先进，就更增加了慈善会的行政色彩，使其明显高于其他慈善、公益团体；近些年几次大的救灾募捐中，许多地方政府或民政部门都曾规定，只有民政、慈善会、红十字会（有些地方甚至连红十字会也排斥在外）才能接收捐赠，有的还规定其他团体接收的捐赠须交给慈善会。2007年，中国体制改革研究会特约研究员杨鹏曾发表《慈善月背后的权利滥用》一文，就××市（注：笔者在此隐去市名）发文下指标为慈善会开展全民募捐月的筹资做法，一针见血地指出：××市慈善总会是民政局下属事业单位，民政局副局长为副会长，大家自然明白谁有权使用慈善月募捐的资金。……××市的做法，不是对社会公益慈善力量发育的真诚支持，而是动用党政大权强力垄断慈善公益事业。……今天中国慈善公益事业之所以落后于发达国家，不是中国人没有乐善好施的本性，恰恰在于政府对慈善事业的计划性控制。如果××市的“经验”普及，必将窒息中国百姓自发的慈善心（《中国新闻周刊》2007 年第 23 期 85 页）。多么发人深省！但许多地方甚至有些经济发达地区依然还在这样做。四是以行政手段将慈善公益团体募捐款集中到政府使用。即使红十字会有七项原则和《红十字会法》明确规定应独立自主开展募捐和处分捐赠款物，有些地方政府或民政部门仍要求红十字会捐款捐物统一交由政府或有关部门使用，更不用说其他民间慈善公益组织了。民政部也公开承认，六成社会捐款流入政府及垄断慈善组织（《人民日报》2012 年 2 月 16 日）。2008 年在汶川地震灾后重建中，尽管中国红十字会总会明确通知各级红十字会应在政府灾后重建整体规划中领建、认建有关项目（并要求有明确标牌，以向捐赠者交代），但许多地方并未能按此实行。而玉树地震后，民政、财政等五部委联合下文，要求各捐赠接收机构将捐赠资金全部拨付到青海省由当地统筹使用，尽管可能是出于对当地特殊情况的考虑，但仍有学者认为这是政府行为对民间慈善的干涉，与 2008 年比较是个倒退，对公民社会和慈善事业发展很有负面影响。上述做法，即使动机再好，也会适得其反，不利于民间慈善事业的发展，也影响了慈善公益团体公开透明的程度，同时降低了捐赠者对慈善机构和政府的信任度。这也是与美国“大慈善、小政府”的根本差距。

除上述因素，还有三个原因也应考虑：一是经济和保障水平。古人云“仓廪实而知礼节，衣食足而知荣辱”，我国人均 GDP 列世界 100 位后，2010 年人均 GDP 不到美国的 1/16，国民收入水平比较低，加上社会保障的不完善，对公民参与慈善事业影响很大；二是民众对腐败和社会不公的不满，也影响捐款的积极性；三是社会新闻媒体慈善公益广告太少。慈善公益组织在新闻媒体刊登捐赠和使用信息，即使很优惠，仍需大量资金，慈善组织不可使用捐款做此事，也无其他此方面经费来源，制约了通过媒体的“公开透明”。当年《申报》（1949年以前）每年登载红十字会一百多甚至几百篇募捐信息广告，估计公益的可能大些，如要收取高额版面费，中国红十字会当时也难以做到。

（本文主要内容发表于2012年6月5日《中国红十字报》）

自信源于信念　旗帜引领前行

2013年5月13日，国家主席习近平在会见红十字国际委员会主席莫雷尔时，十分精辟地指出："红十字不仅是一种精神，更是一面旗帜，跨越国界、种族、信仰，引领着世界范围内的人道主义活动。""相信红十字精神将不断发扬光大。"这是对全国各级红十字会广大工作人员、会员、志愿者的莫大鼓舞，将更加增强他们对发展红十字事业的自信心和高举人道旗帜的自觉性。

自信源于信念。151年前，亨利·杜南在《索尔弗利诺回忆录》一书中建议要成立一种一视同仁救助交战双方伤员的救护团体（即后来的红十字会），并制定一个国际公约（即后来的日内瓦公约）作为这些救护组织的依据并支持它们的工作。他在书的结尾表示相信：各国君主、政府和军官、军医都不会拒绝支持建立这样的"伤兵救护组织"，都会愿意帮助和支持这个组织履行救护任务，因为"人性和文明急切呼唤成立这样的伤兵救护组织"。果然，如今有187个国家建有红十字会或红新月会、有194个国家加入了日内瓦公约，组成了遍布全球的红十字运动。红十字人应该相信：人道、博爱、奉献的红十字精神深深地植根于人类文明进步的土壤之中，它既蕴涵着人类最基本的道德良知，又是人类共同的道德高地，随着社会发展，一定会有越来越多的人认可、接受和践行红十字精神。在我国，红十字精神与优秀传统文化一脉相承、与社会主义核心价值观体系高度契合，传播红十字文化是发展先进文化和精神文明建设的重要内容和必然要求。有了这样的信念，同时又能身体力行红十字精神，红十字会工作人员就会在任何情况下，不论面对多少困难、挫折和干扰，都能充满自信、坚定不移地为弘扬红十字精神、发展红十字事业而不懈奋斗。

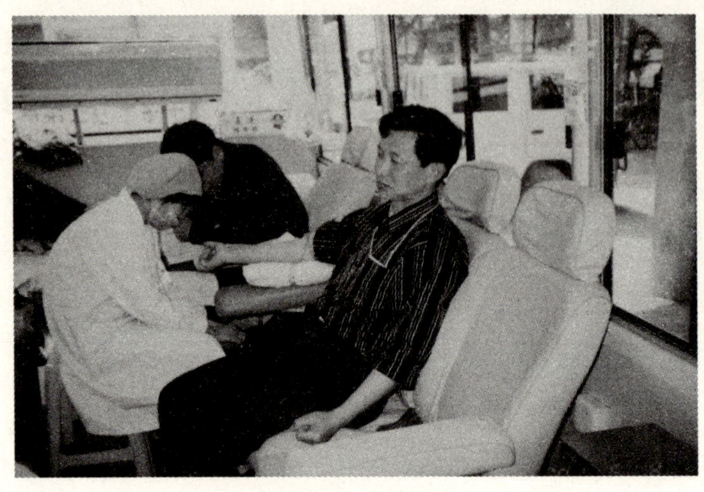

作者参加无偿献血

旗帜引领前行。红十字精神不是说教，而是实实在在的行动。在世界越来越多的地方，哪里有战乱、哪里有灾害、哪里有危难，哪里就有红十字旗帜在飘扬。全世界公认和通行的红十字，已成为人道救援、志愿服务、乐于奉献的象征，成为给陷于困境者以光明和希望的象征，所以它无上光荣、崇高和神圣。因此，它能引领社会汇聚爱心、形成众志成城的人道力量。全国红十字会系统 2008 年支援抗震救灾募集了近 200 亿元款物，今年在“网络事件”引起的骂声中已接受支援抗震救灾捐赠 8 亿多元（超过全国募捐总数的 50%），这凝聚了多少社会爱心和对红十字会的信任啊。这是为什么？因为红十字人在行动、红十字旗帜在灾区飘扬！志愿者侯晓涛的《红十字旗帜的号召力》一文（《中国红十字报》2013 年 5 月 7 日第 2 版）生动地说明了这一点。当然，越是如此，红十字会越要保持纯洁高尚、及时去除任何点滴的灰尘，越要珍惜和对得起公众的信任，越要经得起任何批评、质疑甚至是造谣谩骂，越要以博大的胸怀和铁肩担起“三救”的道义。广大红十字会工作人员带头践行红十字精神，解囊捐款、无偿献血和报名捐献造血干细胞、器官和遗体，竭诚地救灾救难。即使受到巨大的误解和委屈，也义无反顾、忍辱负重，坚持用行动、用事实说话，相信总有真相大白于天下、烟消云散的一天。

总之，在贯彻《国务院关于促进红十字事业发展的意见》过程中，我们各级红十字会要更加自信、高举旗帜，振奋精神、迎难而上，通过改革创新更好地履行职责使命，为国际人道主义事业作出更大贡献。

（本文主要内容发表于2013年5月17日《中国红十字报》）

红十字运动中国化

认真学习“十五大”报告
创造红十字会工作新业绩

党的十五大是一次跨世纪、划时代的重要会议。江泽民同志的报告是指导各项工作、全面推进中国特色社会主义事业的伟大纲领，对我国红十字事业及其各项工作也具有重要指导意义。十五大提出的纲领、任务和方针、政策，标志着在建设中国特色社会主义事业的理论和实践上，都有新的突破和发展。十五大报告中有些论述与红十字会业务工作有着直接的联系，主要是在社会保障、文化建设和推进祖国和平统一几方面。学习理解报告关于这几个方面提出的目标、任务和方针、政策，一方面能进一步肯定我们多年来在这些方面协助政府积极开展的工作；另一方面，又要根据新的形势和任务，进一步解放思想、拓宽工作领域，积极主动地参与“两个文明”建设，充分发挥人道救助团体的特殊作用。

十五大提出了“建立社会保障体系”“提供最基本社会保障”的目标、任务和“实行保障城镇困难居民基本生活的政策”。社会保障是一个很广泛的，多层次、多形式、多渠道组成的体系，既要依靠政府和保险机构的力量，又要发挥社会团体、慈善事业、社区服务乃至个人储蓄和家庭赡养的作用。红十字会是从事人道主义工作的社会救助团体，应该是社会保障体系的组成部分。红十字会多年来所做的“三救”（救灾、救护、救助）和社会服务工作及其成效，已经实实在在地参与了社会保障事业。以人道救助为己任的红十字会近几年提出了建立“红十字博爱系列工程”的目标和任务，使红十字会的社会救助工作逐步序列化、定式化、规范化。

在社会主义精神文明建设方面，十五大报告指出：“鼓励一切有利于国家统一、民族团结、经济发展、社会进步的思想道德”，“发扬社会主义的人道主义精神”，“要十分重视青少年思想道德建设”，“要深入持久地开展群众性精神文明创建活动，大力提倡社会公德、职业道德和家庭美德”。红十字会奉行和倡导的人道主义是一种关心、保护和尊重人的生命、尊严和价值的伦理原则和道德规范，是人类共同文明进步的精神财富，它本身没有“社会主义”和“资本主义”之分。因而，和区别于作为历史观的人道主义的“社会主义人道主义”是相一致的，而且也符合十五大报告关于民主制度建设中“尊重和保障人权”的要求。红十字会的宗旨和红十字精神，与精神文明建设中思想道德的“三德”建设完全吻合，是一种有利于团结互助、人际和谐和社会进步的思想道德。江苏省有的地方已将红十字会工作列入精神文明建设整体规划。红十字青少年工作对青少年道德品质培养和校风建设起的重要作用愈来愈被人们所认识和重视。江苏省有150多万红十字青少年，许多市、县的相关部门把红十字青少年工作列入考核考评学校的条件之一，许多学校开展“两红”（红领巾、红十字）活动、参加共建精神文明和创建卫生城，都是生动具体的教育和锻炼。有些市红十字青少年工作已达到“工作制度化、管理规范化、档案资料化”。针对全省工作不平衡、相当一些学校还没有建会的状况，省红十字会红十字青少年工作委员会将在调查研究、总结经验的基础上，进一步交流研讨，推动红十字青少年工作扎实有效地开展。

“和平统一、一国两制”是解决台湾问题、实现祖国统一的基本方针。十五大报告提出要“继续加强两岸人员往来和科技、文化等各个领域的交流”，红十字会在其中的作用更是明显。两岸隔绝40多年后的联系、来往，首先是从红十字组织开始的。仅江苏省红十字会就为两岸民众寻人服务达20000多宗，使1000多个家庭骨肉亲人得以团聚或取得联系；出面处理台胞来祖国大陆所衍生的问题2200多宗，还协助有关部门处理多起棘手的涉台事件。两岸红十字组织共同举办的两岸红十字青少年夏（冬）令营使两岸青少年增进了了解、建立了友谊，意义十分深远。两岸红十字组织之间通过红十字组织的民间联系、交流和合作，不仅在救灾、救护、血液事业和红十字青少年方面，而且在经济、教育、科技、文化等方面也产生了积极的影响。

总之，我们要联系红十字会工作实际，学习贯彻十五大精神，更加自觉地把自身工作置于建设有中国特色社会主义宏伟事业的大目标之中，更加开拓务实、奋力拼搏。我们相信，再经过几年锲而不舍的努力，红十字会作为社会救助团体和政府人道工作助手的形象一定会更鲜明地树立起来，红十字会的力量和影响、地位和作用将明显增强，从而为中国和世界的红十字运动作出更多的贡献。

（本文发表于1997年10月17日《中国红十字报》）

进一步贯彻落实《红十字会法》和我省《实施办法》为构建和谐美好新江苏多作贡献

1993年10月31日，八届全国人大常委会第四次会议通过《中华人民共和国红十字会法》（以下简称《红十字会法》），同日江泽民以主席十四号令公布并于当日起施行。它既是对一个社会团体的立法，又是对一项专门工作的立法。目前，我国这样的法律只有两部，即《工会法》和《红十字会法》。这充分体现了国家对红十字事业的重视和支持，也体现了红十字会在我国社会生活中的重要地位和作用。

一、制定《红十字会法》的必要性和重要意义

1. 是履行日内瓦公约和国际红十字运动基本原则、与国际红十字运动接轨的需要

红十字组织与联合国、奥委会并列为三大国际组织，且历史悠久。红十字会成立于1863年，红十字国际组织目前有186个成员国，所以红十字组织及其工作的一个重要特点就是国际性。在国际上，对红十字组织救援活动有日内瓦公约提供法律保障。1986年第25届国际红十字大会通过的《国际红十字运动章程》进一步确立了红十字运动基本原则，即人道、公正、中立、独立、志愿服务、统一和普遍性原则。根据日内瓦公约的要求，许多国家制定了《红十字会法》，时间长的已有100多年。中国红十字会成立于1904年，在战争年代主要从事战场救护伤病员、保护难民，救灾赈济、群众防治病、社会服务、参与国际人道救援等工作，做了大量好事善事。新中国成立后，在周恩来总理直接关心下，中国红十字会进行了协商改

组。1952年7月第18届国际红十字大会承认中国红十字会是中国唯一合法的全国性红十字会，这是新中国在国际组织中取得的第一个合法席位。红十字会在协助政府处理战争遗留问题、救灾赈济、群众防病和救护、社会救助、红十字青少年、国际民间交流、台湾事务服务等方面做了大量积极而重要的工作，在某些方面起到了政府和其他团体不可替代的作用。

我国于1956年12月加入日内瓦公约，1983年9月加入日内瓦公约两项附加协定书。中国红十字会于1985年当选为红十字会与红新月会国际联合会（以下简称国际联合会）领导成员。中国红十字会的历史和在国际红十字运动中的地位，需要我国制定《红十字会法》，这是依法履行我国参加的日内瓦公约、遵循国际红十字运动基本原则、与国际红十字运动接轨的需要。

2. 是发展我国红十字事业、促进和平进步事业的需要

中国红十字会名誉会长、国家主席胡锦涛指出："红十字事业是一项造福人类的崇高事业。红十字会作为国际人道主义组织，在发扬人道主义精神、保护人的生命和健康、促进人类和平进步事业等方面发挥了积极作用。"温家宝总理赞誉中国红十字会100年来对国家、对社会、对人民作出了不可磨灭的贡献。新中国成立以来，中国红十字会虽然在"文革"期间停止了国内工作，但总的来说，由于党和政府的重视、关心和支持，中国红十字会在组织建设和工作开展上取得了巨大发展和显著成绩。特别是改革开放以来，中国红十字会根据经济社会发展和人民群众的需要，不断拓展人道工作领域，红十字会已经成为深受群众欢迎的、不可缺少的政府人道工作的助手。通过立法明确红十字会的性质、任务，以及与政府的关系，可以使中国红十字事业走上法制化轨道；同时有利于在全社会大力弘扬人道、博爱、奉献的红十字精神，更好地开展人道工作，在促进国内外和平进步事业方面发挥更加积极的作用。八届全国人大常委会在审议《红十字会法》时，有些委员指出，我国是社会主义国家，更应该旗帜鲜明地宣传作为国际人道主义象征的红十字会的活动，这是符合世界潮流的大好事。

3. 是依法治国、依法管理社会事务的需要

我们党在十一届三中全会以后提出加强和完善民主法制建

设的目标，1982 年五届全国人大第五次会议通过的《中华人民共和国宪法》规定：一切政党、国家机关、社会团体都必须遵守宪法和法律，人民依照法律规定管理社会事务。

至 1992 年，中国红十字会已有 13 万个基层组织、1700 多万会员。红十字事业是造福全社会同时也需要全社会都要关心、支持和参与的公益事业，是社会事务的重要组成部分。对红十字事业的管理，不仅涉及红十字会自身的组织建设、权利义务，还涉及党和政府对红十字会的管理，涉及政府及有关部门的职责及其与红十字会的关系，还有社会各界都必须支持红十字事业和必须正确认识使用红十字标志等多方面的重要问题。制定《红十字会法》，可以使党和政府以及红十字会都能依法管理和从事红十字事业，使社会各界能依法支持和参与红十字事业，这是依法管理社会事务的一个重要方面。

我国《红十字会法》的许多条款是根据国际人道法的规定或按国际惯例制定的。把国际法的有关要求变成国家法律，是我国遵守国际法和承担国际人道义务的具体体现。它表明我国是一个认真履行国际公约和国际义务的国家，是一个热衷于人道、和平与人类进步事业的国家，是一个愿意超越社会制度和意识形态的差异、与世界各国共同发展红十字事业、进而共同努力解决人道主义面临的挑战的国家。

二、《红十字会法》的主要内容

我国《红十字会法》共六章 28 条。条款虽不多，但内容丰富，对红十字会组织建设、工作开展、事业发展等一些重大问题作了明确规定。

1. 红十字会的宗旨、性质和工作原则

第一条规定了红十字会的宗旨：“保护人的生命和健康、发扬人道主义精神，促进和平进步事业。”红十字会起源于战地救护。1859 年 6 月下旬，法国、撒丁联军与奥地利军队共 30 多万人在意大利北部发生激战后，4 万多名死伤士兵被遗弃在战场上，尸横遍野、伤员哀号、惨不忍睹。路过此地的亨利·杜南为这种惨象震惊，他立即动员当地村民救护伤员，并说服法军释放奥军军医俘虏，一视同仁地救护双方的伤员，尽力保护他们的生命，红十字运动由此诞生。红十字会自成立起，就高举人道主义旗帜，不论是在战争还是自然灾害或突发事件中，都始终把保护人的生命健康放在首位。发扬人道主义精神，既是人类社会公认的最基本的道德要求，又将随着时代发展而不断拓展它的工作领域。红十字会始终致力于促进人与人之间的相互了解、友谊与合作，这也完全符合当今世界两大主题——和平与发展的需要，也充分表明红十字事业是促进人类进步的崇高事业。

第二条规定了红十字会的性质："中国红十字会是中华人民共和国统一的红十字组织，是从事人道主义工作的社会救助团体。"在国际红十字运动中，一个国家红十字会要得到国际红十字运动的承认，必须是该国唯一的全国性的红十字会，并由一个中央机构领导，这是统一性原则的要求。正因为如此，香港、澳门回归后，原先隶属于英国和葡萄牙国家红十字会的两个分会分别转变为中国红十字会香港分会和澳门分会。而按特别行政区基本法规定，香港、澳门没有建立其他与中央的组织机构对应或相隶属的组织机构。

新中国成立初期曾将中国红十字会定性为人民卫生救护团体，后又增加为"人民卫生救护和社会福利团体"。现在明确为从事人道主义工作的社会救助团体，既突出了红十字会社会救助这个工作重点，又要求红十字会不断拓展国内外的人道主义活动范围和工作领域，如红十字青少年活动、传播国际人道法、参与国际救援、台湾事务服务和帮助失散亲人查人转信等等。

第四条规定了红十字会的工作原则："遵守宪法和法律，遵循国际红十字和红新月运动确立的基本原则，依照中国参加的日内瓦公约及其附加议定书和中国红十字会章程，独立自主地开展工作。"这就体现了红十字会既是本国的社会团体，又是国际组织成员的特点，这也是与其他社会团体显著不同的地方。所以，独立自主开展工作对红十字会尤为重要，是能否坚持红十字运动基本原则的关键。国际红十字运动基本原则对"独立"的要求是："虽然各国红十字会是本国政府人道工作的助手并受本国法律的制约，但必须始终保持独立，以便任何时候都能按本运动的原则行事。"也只有这样，才能得到社会各界的信任和国际红十字组织的认可和支持。正因如此，理顺红十字会管理体制、红十字会机构独立设置，是依法建会的核心。财政部和国家税务总局 2001 年曾规定，县级以上红十字会在接受社会捐赠中，只有机构独立设置的红十字会才完全具有受赠者和转赠者的资格。

2. 红十字会的组织建设及其与政府的关系

第八条规定：“县级以上按行政区域建立地方各级红十字会，根据实际工作需要配备专职工作人员，全国性行业根据需要可以建立行业红十字会。”实行地区与行业相结合的原则建立红十字组织，有利于红十字会根据地方需要和行业特点开展工作。对县级以上红十字会按工作需要配备专职工作人员的规定体现了地方红十字会的重要地位和作用，政府必须给予保证。

第九条还规定了红十字会的组织原则是民主集中制，即代表大会选举理事会，理事会选举会长、副会长，理事会向代表大会报告工作并接受其监督。上级红十字会指导下级红十字会的工作。

第十条规定了中国红十字会设名誉会长和名誉副会长。为体现对红十字事业的重视，许多国家红十字会的名誉会长（或保护人）是由国家元首担任。《红十字会法》颁布后，江泽民、胡锦涛先后出任中国红十字会六届、七届和八届理事会名誉会长。陈焕友、回良玉、梁保华也先后出任我省红十字会名誉会长。为了便于协调有关部门和社会各界支持和参与红十字事业，红十字会会长一般由地方领导兼任。1998 年，中共中央办公厅、国务院办公厅发出党政机关领导干部不兼任社会团体领导职务的通知后，鉴于红十字会的特殊性，中央组织部（1998）15 号文件仍同意中国红十字会总会党组关于党政机关领导可以兼任中国红十字会领导职务的意见。

在发展会员方面，第三条规定：“中华人民共和国公民，不分民族、种族、性别、职业、宗教信仰、教育程度，承认中国红十字会章程并缴纳会费的，可以自愿参加红十字会。”这也是国际红十字运动基本原则中的统一性要求所决定的，它必须向所有人开放，才能使红十字组织得到社会各方面、各阶层、各党派和各族群众的支持和帮助，才能使红十字会事业有最广泛的群众性。

关于红十字会与政府的关系。《红十字会法》第五条规定：“人民政府对红十字会给予支持和资助，保障红十字会依法履行职责，并对其活动进行监督；红十字会协助政府开展与其职责有关的活动。”就是说，政府对红十字会及其活动负有“支持、资助、保障”和“监督”的职责：红十字会要协助政府开展有关工作。这种关系同其他团体与政府的关系不同之处，就在于除了根据国家法律有关规定外，还要根据国际人道法和我国加入的其他国际法律的有关规定来确定。我国政府是日内瓦公约的缔约国，中国红十字会是依据日内瓦公约有关规定成立和开展活动的。每4年一次的国际红十字大会，我国政府和红十字会都要各派代表团出席，并就承担有关义务作出郑重承诺。因此，支持、资助、保障和监督红十字会的工作是政府的法定责任和应尽义务，而红十字会协助政府开展有关人道工作也是义不容辞、责无旁贷。《国际红十字运动章程》规定：各国红十字会应在预防疾病、增进健康、减少人类疾苦等方面与政府合作，“同政府一道组织紧急救济活动，救助日内瓦公约规定的武装冲突受难者、自然灾害的灾民，以及遭受其他灾害需要救助的灾民”，“帮助政府传播国际人道法，与政府合作确保国际人道法得到尊重”。这说明红十字会应该协助政府开展符合红十字会宗旨的工作。红十字会作为政府人道工作的助手，在具体工作上则更多地与卫生、民政、教育、公安、外交、台事、交通、安全生产等部门有更密切的关系。

3. 红十字会的职责和权利

《红十字会法》第十二条规定红十字会履行七个方面的职责。一是备灾救灾。对自然灾害和突发事件中的伤病人员和其他受害者进行救助。在这方面红十字会可以发挥组织网络和志愿者参与的优势，协助政府进行灾害救援，以尽可能减少各种灾害和突发事件对群众生命财产的损害。

二是普及卫生救护和防病知识，进行初级救护培训，组织群众参加现场救护，参与输血献血工作，推动无偿献血，开展其他人道主义服务活动。这个职责包含许多工作，救护知识和技能的普及程度是社会文明的一个重要标志，这也是红十字会成立以来的一项传统工作，群众现场救护是医疗卫生网的重要补充和延伸，对减少各种意外伤害和突发事件所致的伤亡极为重要。推动无偿献血是国际红十字组织上世纪40年代起在全球倡导的，各国红十字会主动协助政府宣传和推动无偿献血，对挽救和保护伤病员生命健康起了重要作用，同时弘扬了助人为乐、无私奉献的社会风尚。经过多年努力，我国和我省无偿献血已成为临床用血的主要的甚至是全部的来源。“其他人道主义服务”则有着广阔的领域，随着经济社会的发展和人民群众各种需求的增长，必然要求红十字会不断地拓展人道主义工作的内容和范围。

三是开展红十字青少年活动。就是要在大中小学校中建立红十字会、发展青少年会员，红十字青少年活动有利于青少年从小培养“人道、博爱、奉献”精神，有利于青少年素质的全面提高。这种培养教育是通过举办符合青少年特点和需要的各种救护防病知识培训、以敬老助残为主要内容的社会公益服务，以及红十字知识宣传、各种夏令营、知识竞赛和国际友好交流等各种生动具体的活动来进行的。这对培养有爱心、有社会责任感、有自立能力的青少年有积极意义。

四是参加国际人道主义救援工作。红十字会参与国际人道主义救援，主要包括对各种灾害的救援、武装冲突中交换战俘、难民安置和为失散亲人恢复联系的查人转信等工作，各地红十字会参与国际救援要由总会统一协调。我国红十字会参与国际救援日益增多，在国际上的地位作用也日益重要。

五是宣传国际红十字和红新月运动的基本原则和日内瓦公约及其附加议定书。这是各国红十字会的共同任务。基本原则的七个方面前面已讲过，就是人道、公正、中立、独立、志愿服务、统一性、普遍性。日内瓦公约和两个附加议定书又称“国际人道法”，它们保护的对象是战争或武装冲突中的伤病员、战俘、平民、医务人员、红十字会及其他志愿救援团体人员、医院和民用设施、民用场所，以及森林、河流等人类生存的自然环境。红十字会通过举办讲习班、演讲、制发宣传品等形式向政府、军队、社会各界宣传，推动国际人道法的普及和贯彻。我国政府很重视这一工作，于2008年成立了“国际人道法国家委员会”，办事机构设在中国红十字会总会。

六是依照国际红十字和红新月运动的基本原则，完成人民政府委托事宜。红十字会既要主动协助开展人道工作，政府也可以将某些工作委托给红十字会去做，但必须符合红十字运动基本原则，红十字会应完成好这些工作。有些工作是政府不便出面而红十字会可以承担的工作，如国际间和两岸间的人员遣返见证、寻人转信、某些特殊灾害的救援等等；有些工作是政府或有关部门委托给红十字会的，如捐献造血干细胞，遗体和器官捐献的宣传、组织、管理等；还有些人道工作政府交给红十字会将更有利于政府转变职能、有利于动员志愿者和社会广泛参与、有利于降低成本和提高效率，如某些社区服务、人道救助、预防艾滋病宣传和关怀艾滋病患者等。

七是依照日内瓦公约和附加议定书的有关规定开展工作。这一条实际上是指红十字会在武装冲突中进行战地救护、探视和交换战俘、查人转信等。

为了保证红十字会履行这些职责，《红十字会法》赋予红十字会多方面的权利。如：可以开展募捐活动和接收国内外捐赠、有权处分接收的救助物资、独立自主开展工作、按区城和行业建立组织、接收捐赠物资享受减免税优惠、执行救助任务时优先通行、对外友好合作、使用红十字标志、要求停止滥用红十字标志等等，这些都是对红十字会的授权。还有些授权是给政府或全体公民的，如公民可自愿参加红十字会、人民政府监督红十字会的活动等等，授权性条款比较多，也是《红十字会法》的一大特点。

为保证红十字会履行职责，《红十字会法》还有一些禁止性条款。如：任何组织和个人不得拒绝、阻碍红十字会工作人员依法履行职责，以暴力、威胁方法阻碍红十字会工作人员依法履行职责的，比照刑法 157 条追究刑事责任；任何组织和个人不得侵占和挪用红十字会的经费和财产；禁止滥用红十字标志，对拒绝停止滥用的，红十字会可提请人民政府依照有关法律、法规予以处理。我国过去对红十字标志的认识和使用有很大的误区，将红十字标志作为卫生部门、医院的标志，甚至与卫生、保健有关的宣传品、物品都可以用，不符合日内瓦公约的规定。《红十字会法》专门对标志作了规定，1996 年 1 月国务院、中央军委又以命令形式颁发了红十字标志使用办法。更加明确：红十字标志是国际人道主义保护标志，是武装力量医疗机构的特定标志，是红十字会的专用标志。对标志的使用和对违法使用的处罚作了更具体的规定。

三、《江苏省实施〈中华人民共和国红十字会法〉办法》的主要特点

2004年6月17日，江苏省十届人大常委会第十次会议审议通过了《江苏省实施〈中华人民共和国红十字会法〉办法》(以下简称《实施办法》)，共29条。实施办法具有鲜明的江苏特色。一是有创新。根据江苏经济发展和红十字工作的新情况、新经验，做出了许多新的规定，强化并丰富了政府和红十字会的有关职责。如：县级以上各级政府将红十字事业纳入经济和社会专项发展规划、对在人道救助工作中作出突出贡献的单位和个人予以表彰奖励、对红十字标志的使用实施日常监督管理，等等；红十字会的职责增加了捐献造血干细胞，配合有关部门开展人体器官、遗体捐献的宣传、组织工作，参与艾滋病防治宣传、教育以及关怀艾滋病患者和感染者，开展社区红十字服务，等等。

二是可操作性强。《实施办法》不是重复《红十字会法》的某些规定，而是更加具体、细化，增强了可操作性。如《红十字会法》规定了红十字会七个方面的职责，《实施办法》除了新增加的职责外，对备灾救灾、群众救护培训作了更具体的规定。如在备灾方面，具体规定红十字会应当管理备灾救灾设施、筹措储备救灾款物、制定预案、征募培训救助人员、建立备灾救助基金和备灾救灾网络等等。对救护培训工作，则具体规定为制定本地区群众救护培训计划，在社区和有关行业中结合安全生产、职业培训、卫生保健对有关人员开展救护技能培训，提高自救互救能力。对红十字会开展募捐活动，规定可以采取设置募捐箱、救助物资募集接收点和举办各种大型活动等多种形式和渠道进行，同时明确向红十字会捐赠的款物可享受减免税的优惠待遇，对红十字会接受国内外捐助的物资，有关部门应优先办理有关手续并减免有关费用。《实施办法》对政府支持资助保障红十字会工作的规定也更便于执行，如政府对红十字会提供必要的工作条件、有关部门在各自职责范围内为

红十字会开展工作创造条件、基层红十字会所在的行业和单位应当为其开展工作给予支持。在经费支持上进一步明确：红十字会专职人员经费和日常公用经费列入同级财政预算予以保证、所需专项经费由政府根据实际情况确定，还规定从彩票公益金中安排一部分资金支持红十字会社会救助事业。其他还有：地方红十字会用于救灾救护救助的专用交通工具减免养路费、新闻媒体和有关文化单位应当宣传红十字事业的法律法规和发布公益广告等等，这都是政府和有关部门支持红十字事业的具体体现。

三是有前瞻性。《实施办法》第四条规定“县级以上各级政府联系同级红十字会工作”，实际上是规定了红十字会理顺管理体制、机构独立设置的要求和方向。《实施办法》中关于建立红十字会系统的备灾救灾网络、制定救灾应急预案和协助政府开展灾后重建等规定，则更反映了红十字会增强救灾救助能力的发展要求。国务院办公厅 2004 年 12 月批转的加强红十字工作的意见提出了“建设救灾救助网络”的要求。国务院和省政府已将红十字会列入应急管理体系，汶川地震后红十字会参与了大量灾后重建工作等等，都说明了《实施办法》的前瞻之处。《实施办法》中关于“红十字会协助有关部门开展失散亲属人员的寻亲工作”的规定也同样如此。世界上因武装冲突、暴力局势、各种灾害造成许多亲人离散或失去联系，2007 年 8 月第 30 届国际红十字大会正式提出了《重建家庭联系十年工作战略》。中国红十字会于 2008 年开始启动帮助寻找失散亲人的“重建亲属联系工作”，因为我们国内由于各种灾害、人口流动和老龄化增加等原因也有许多亲人失散的情况。

总之，我省的《实施办法》是一部非常好的地方法规，为我省红十字事业又好又快发展提供了强有力的保障。

四、进一步贯彻落实《红十字会法》和《实施办法》，促进和谐江苏建设

我省省委、省人大、省政府、省政协和有关部门对贯彻《红十字会法》和《实施办法》非常重视。在省委、省政府和有关部门的关心支持下，省红十字会理顺了管理体制、建立了

党组，省红十字事业列入“十一五”社会事业专项发展规划，省红十字会的工作经费、人员配备、办公条件等都有了明显的增加和改善。省人大多次组织对《红十字会法》和《实施办法》执法检查，召开有关座谈会推动贯彻落实。省政府和省政府办公厅于1995年和1996年分别下发了贯彻实施《红十字会法》和《红十字标志使用办法》的通知，省政府于2002年6月批转了加强红十字工作的意见。

省委书记、省红十字会名誉会长梁保华在全省红十字会第八次代表大会上指出，要进一步发挥红十字会在推动科学发展、促进社会和谐中的积极作用。为此，他特别指出要继续认真贯彻《红十字会法》和《实施办法》，坚持依法建会、依法治会、依法兴会。

全省现在有红十字基层组织5600多个、会员390多万、志愿者9万多名。全省红十字会要充分发挥组织网络的优势，更好地履行好法定职责，更主动地“替政府分忧、为群众解难”。

一要加大宣传筹资的力度，以多种形式募集款物，提高救灾救助的经济实力。在当前因金融危机影响、困难人群增加的情况下，更要主动协助政府关怀和帮助弱势群体。全省红十字会2003年以来共募集款物达17亿多元，较好地支持了省内外救灾和省内的救助工作，在参加国际人道救援方面也发挥了积极作用。有些地方曾发生过阻挠红十字会接收捐赠的做法，这是违反《红十字会法》和《公益事业捐赠法》的有关规定的，也不符合省政府有关应急预案中的关于红十字会开展救援募捐的要求。

二要在救助弱势、改善民生上多做实事。省红十字会已连续13年在元旦春节前开展博爱送万家活动，将6000多万元款物送到困难群众手上，多次获得省“三下乡”特别贡献奖和组织奖。全省各级红十字会援建博爱学校、博爱新村、博爱超市、博爱医院（卫生站），救助大病患者、特困师生、农村贫困老党员和老战士，支持贫困农户改水改厕、参与新农合等，实实在在地造福了困难群众，这些工作实际上是社会保障的组成部分，起到了社会“减震器”和“安全网”的积极作用。

三是大力普及初级救护知识和技能。全省红十字会在容易发生意外伤害的行业和人员中开展初级救护培训，每年都要培训初级救护员 40 多万人，普及救护和防病知识达 100 多万人次。近几年开始在党政机关、公务员中开展救护培训，进一步拓展在社区和企事业单位进行现场救护和紧急避险知识的普及培训。提高广大干部群众的自救互救能力，有利于提高全社会的应急能力，这对降低各种自然灾害和突发事件的损害程度有着十分重要的意义。

四是根据经济社会发展和人民群众需要不断丰富和拓展人道工作领域。全省红十字会在社区中广泛开展救助帮困、便民利民服务，已建有 2000 多个社区红十字服务站，8 万多名志愿者参与服务。民政部和中国红十字会总会共表彰命名全国社区红十字服务示范市、区 124 个，我省就有 25 个。全省报名并采样的捐献造血干细胞志愿者有 8 万多名，已实现捐献 116 人，各占全国的 1/10。红十字会积极推动无偿献血和遗体捐献，全省已接受 5000 多人志愿捐献遗体登记，已实现捐献 700 多人，在此基础上建立的“红十字眼库”已使 50 多人重见光明。全省红十字会协助政府和卫生、民政、教育等部门开展预防艾滋病宣传教育和关怀艾滋病患者感染者，预防艾滋病宣传进校园、进工地、进社区、进特殊人群，受益人数 300 多万人次。有些地方红十字会开展的老年康复护理、心理咨询志愿服务等工作也取得了很好的效果。

五是结合学校素质教育、健康教育，开展形式多样的红十字青少年活动。全省 3600 多所大中小学都建立了红十字会，有青少年会员 330 多万。红十字青少年活动对培养青少年人道博爱、助人为乐、扶危济困、乐于奉献的精神，掌握初级救护和防病知识，提高社会实践能力起到了积极的促进作用。全省有 111 所学校被命名为省级红十字示范校，6 所学校被评为全国红十字模范校，总之，全省红十字会要不断提高履行职责的能力，不断创造新的工作业绩，为全省三个文明建设和经济社会全面发展作出新贡献。

贯彻落实《红十字会法》和《实施办法》是全社会的责任。首先是各级领导要带头学习，在自己的职责范围内认真贯彻《红十字会法》和《实施办法》的有关规定。各级党委、政府要进一步支持红十字会依法建会和独立自主开展工作，要把红十字事业列入当地社会事业发展规划，要加快理顺县级红十字会管理体制，要保证必要的人员编制、工作经费和办公条件，选配好专职干部，要完善有关政策措施，帮助红十字会解决事业发展中的实际问题。

社会各界要进一步关心、支持红十字工作，以多种方式参与人道主义事业。红十字会专职人员很少，无私奉献是红十字会人道救助和社会服务所需人力物力的主要来源。所以，需要有更多的会员和志愿者参与服务，需要有更多有条件的爱心人士爱心企业捐款捐物，需要广大民众大力发扬扶危济贫、助人为乐的“人道、博爱、奉献”的红十字精神，这是一个社会文明、和谐、进步的重要标志。

我们相信，随着《红十字会法》和《实施办法》的深入贯彻实施，必将推进江苏红十字事业又好又快地发展，从而为建设更加和谐美好的新江苏，并为人类和平进步事业作出更大的贡献。

（2009 年 5 月被省司法厅列为普法宣讲材料）

施则敬先生碑亭重修落成感怀

中国红十字会创始人之一施则敬先生（1855—1924）是江苏吴江震泽镇人，生前做了不少善事。为纪念他的功绩，1925年当地修了内竖石碑的六角亭即施则敬贞惠先生碑亭（贞惠是对他的尊称），碑正面为施先生的画像，背面为赞誉他功绩的碑文。可惜“文革”中作为四旧被毁，但幸有人已将画像和碑文拓下，得以重建时能恢复原貌。为去参加碑亭落成仪式，我找了一些有关的资料，看后很有感触。

施则敬出生于名门望族。他父亲施善昌“敦行积学、好行善事”，多次为救灾仗义疏财、募捐赈济，因而“义声震天下”，施则敬年轻时就常常参与赈济救灾。施则敬在乡试和科考中成绩优秀，“以知县用”，后因多次办理水灾赈务、堵筑水灾漫口、筹办工赈等有功而先后升任知州直至直隶候补道，并九次得奉旨嘉奖。在国弱民穷、灾害频繁、战乱年年的岁月，施先生作为清朝官员，他是衣食无忧，但却忧国忧民，关切民众苦难，热心慈善事业。他在践行中华民族扶危济困、仁爱助人传统美德的同时，注意学习西方先进文化，使他参与中国红十字会的创建有了历史的必然性。他与严信厚、郑观应、梁启超等人在上海创立了中国第一所女子学堂，“教人以善”，当时可谓是慈善教育和推进妇女解放的一大壮举。1900年，为救助深受八国联军侵略之苦的北京、天津难民，他与严信厚等人在上海建立了济急善局（后名为济急会），募集银两达50多万，成为当时中国规模最大的慈善机构。1904年日俄战争爆发后，为救助东三省难民，他又参与创立了“东三省红十字普济善会”，成为中国红十字会的直接前身，他也理所当然与沈敦和成为上海万国红十字会两名中方办事董事（后又增补任锡汾）。上海万国红十字会先后改为大清红十字会和中国红十字会，施则敬则仍担任董事和常议员。

施则敬在任中国红十字会董事、常议员期间恪尽职守，为募集救助款物殚精竭虑、不遗余力，取得了显著成效，在中国红十字会早期救难救伤救灾中发挥了重要作用。2004 年中国红十字会成立 100 周年时，温家宝总理的贺信和吴仪副总理的讲话都高度赞誉说，红十字会 100 年来为国家、为民族、为人民作出了不可磨灭的重要贡献，谱写了感人至深的光辉篇章。其中就有施则敬的杰出贡献。

施则敬除为红十字事业努力奋斗，还和家人多次捐资在家乡震泽做了修筑河堤等造福乡邻的善事。1917 年又创办了上海孤儿院，晚年仍为五省捐赈出力。善举义行已在民众心中树立起一座博爱慈善之碑，1925 年建造的贞惠碑亭是人们对他崇敬和怀念的最好见证。

当代的中国与施则敬所处的时代相比已发生了翻天覆地的巨大变化，在世界民族之林中日益发挥重要作用；他参与开创的中国红十字会已有了巨大发展，在国际红十字运动中居于重要地位。但是在发展红十字事业、建设和谐文化、构建和谐社会的伟大进程中，施则敬先生的博爱胸怀和奉献精神依然是值得珍惜和学习的宝贵财富。2008 年抗震救灾中中国红十字会募捐款物达 190 多亿元，江苏省和苏州市红十字会募集数额分别居各省、市之首，充分体现了在危难时刻人性的光辉和崇高产生的巨大力量，也体现了中国红十字会在海内外的公信力。“为善不同、同归于治”，大力弘扬人道、博爱、奉献的红十字精神，我们的社会将会更加美好、更加和谐。吴江市和震泽镇政府出资重修碑亭，是件大好事。不仅要保护好这座碑亭，更要践行这个碑亭所褒扬和倡导的精神，让更多的人在更好地服务他人、奉献社会的过程中不断提升自己的道德境界和人生价值。

放眼世界，相信已诞生 140 多年、遍及 186 个国家的红十字运动一定会在促进和平进步事业中作出新的伟大贡献！

（本文是2009 年 11 月 26 日施则敬先生碑亭重修落成仪式上的讲话，发表于《红十字》2010 年第 2 期）

试述中国共产党的领导和红十字会七项原则的贯彻

在我国，红十字会有一个回避不了的问题：是否要在中国共产党的领导下开展工作？党的领导是否会影响国际红十字运动七项原则的贯彻，特别是能否按照中立、独立的原则开展工作？因为中国共产党是阶级性很强的政治组织，而红十字会是在人道救助中不介入政治的社会救助团体，所以这个问题很敏感，因而有些同志总是有意无意地回避这个问题。我认为，中国红十字会必须在中国共产党领导下开展活动是不容置疑的，党的领导只会有利于红十字会把人道工作做得更好同样是不容置疑的。毋庸讳言，在新中国成立后一段时间内特别是“文革”动乱中，我们党对人道主义和红十字会有过偏颇甚至是错误的认识，党内和社会上曾出现过严重违反人道原则的现象。但这是在“左”的思想指导下产生的，是我们党自己纠正了这个错误并汲取了历史教训。同样毋庸讳言的是，我国当前在许多方面仍然存在着不符合人道原则的现象，但这不是中国共产党及其领导下的社会主义制度的本质问题，而正是我们党要通过落实以人为本的科学发展观、促进经济社会全面发展、完善惩治和预防腐败体系、构建和谐社会来逐步消除的问题。所以，从历史总体和发展方向来观察分析，不论是从实践上看还是从理论上讲，中国共产党的领导及其成员的先进性是红十字会遵循七项原则做好人道工作的有力保证和重要动力。

一、中国共产党对中国红十字会及红十字事业领导的必然性

在我国，中国共产党的领导地位是历史形成的，是由它的先进性所决定的。《国际红十字与红星月运动章程》对七项原

则之一的“独立性”规定：各国红十字会“是本国政府的人道工作助手并受本国法律制约”，第三条第一项规定各国红十字会“依据自身的章程和本国立法”从事人道主义活动，因此，《中华人民共和国红十字会法》第四条中规定：“中国红十字会遵守宪法和法律。”我国的根本大法——《宪法》明确规定了中国共产党的领导地位。《中国共产党章程》更明确规定中国共产党是中国特色社会主义事业的领导核心，作为政治上立国之本的四项基本原则的核心是坚持党的领导，党必须加强对工、青、妇等群众组织的领导。中国红十字会作为一个有重要影响的社会救助团体，中国红十字事业是中国特色社会主义事业的组成部分，接受中国共产党的领导是不言而喻、毫无疑义的。

二、中国共产党的领导是红十字会贯彻七项原则做好人道工作的有力保证

这里最关键、最核心的，是党的领导是否会影响红十字会“公正”“中立”“独立”这几项原则的贯彻。因为红十字会在开展救助活动中应“不因国籍、种族、宗教信仰、阶级和政治见解而有所歧视”，“对冲突双方不采取立场”，“不参与带有政治、种族、宗教或意识形态的争论”，“始终保持独立，以便任何时候都能按本运动的原则行事”。中国共产党能认可并支持红十字会按这些原则行事吗？答案是肯定的。

第一，从实践上看，不加歧视地对所有的人特别是陷入困境者的人格、尊严、生命和健康给予尊重、保护和救助，是中国共产党及其领导下的军队和政府的一贯做法。

为了维护最大多数人的根本利益，中国共产党领导人民与反动政权及其军队以及外国侵略者进行斗争，对各种犯罪分子进行制裁，这正是为了实施最广泛的人道主义。即使如此，对已放下武器或丧失战斗力的敌方军人或受到法律制裁的罪犯，仍给予人道保护和善待。早在红军时期，就将“不虐待俘虏”作为八项注意之一。抗日战争中，就优待日军俘虏问题，八路军总部多次发出通知：“要给予优待，须以弟兄待遇彼等”，“愿意回去的立即释放”等等，“对违反者均须处分直至送军事

法庭”。八路军、新四军官兵的生活极端艰苦、忍饥挨饿，却尽可能给日军俘虏以大米、面粉，甚至水果的供应，还为愿意留下并希望学习的俘虏创办了“日本工农学校”。1944 年美军观察组考察该校后予以极高评价。朝鲜战争中，我志愿军挨饿受冻，也尽量让美、英等国军队俘虏吃饱穿暖，还为战俘营购置各种文化、娱乐、体育设施，开设英语广播，举办战俘奥运会等。中国红十字会国际医防服务队对美、英等军的伤病员同样精心救治，并派小分队到战俘营开展医疗服务。有的战俘讲：“一生一世没见过这样仁慈和负责任的中国医生，更没见过对战俘这样宽大的军队”（《百年红十字》第 311 页），有的战俘家属写信赞扬“中国军队是文明之师”、对俘虏“像母亲的心一样”。这就不难理解，为什么会有 22 名美军俘虏最后拒绝回国而要到中国学习、工作和生活。

在后来的中印、中越边境武装冲突中，对印军、越军俘虏同样善待，治伤、抢救和生活照顾，及时而周到，宗教信仰和民族习惯得到尊重，法国记者参观越军俘虏营时说更像一个休假营。以至于他们获释回国时唱起了《东方红》和《社会主义好》，有的俘虏甚至说愿意一辈子当中国俘虏。之所以如此，是因为中国政府对以人道主义为核心原则的日内瓦公约和两个附加议定书保持郑重负责的积极态度，直至 1989 年，中国是联合国安理会五个常任理事国中唯一加入日内瓦四公约和两个附加议定书并独立承担所有义务的国家。我国还通过立法将虐待俘虏行为列为军人违反职责罪予以惩治。

在对待各种刑事犯罪分子方面，我国法律规定，即使对死刑犯，他们的人格、尊严和上诉等权利仍应得到尊重和保护。对服刑的罪犯，他们人身、财产、政治三方面权利都应得到保障和关怀，为维护这些权利，还规定他们享有辩护、申诉、控告、受教育、文化娱乐、休息等 19 项权利。在特大自然灾害或意外事件中，监狱工作人员不顾个人安危保护犯人的生命安全的事例也有多次报道。

综上所述，既然我们党和政府对所有人的生命、人格等基本权利的尊重、保护和对所有需要救助的人都能一视同仁，那么，对红十字会按照人道原则不加歧视地救护救助需要帮助的人，也只会给予支持、保证。《中华人民共和国红十字会法》

规定了红十字会独立自主地开展工作，中国红十字会按照七项原则开展救灾救助和参与境外救援，得到了党和政府的支持以及法律的保障。

第二，从理论上讲，以马克思主义为指导的中国共产党，解放全人类的博大胸怀中包含着最彻底的、最高层次的人道主义。

马克思主义历史唯物主义最重要最根本的理论核心和价值目标，是人的彻底解放和全面发展。人的彻底解放意味着摆脱盲目的自然力、异己的社会关系和旧的思想观念的束缚，在物质和精神需要、身体和智力、才能和潜力、人格和道德、兴趣和爱好等各方面得到丰富而充分的发展。共产主义社会就是“以每个人的全面而自由发展为基本原则的社会形式”。但是，在剥削制度和阶级压迫的社会中，劳动异化和人际关系异化把人变成畸形的、片面的、异化的人，包括那些压迫剥削他人、奴役其他民族的民族，也是在为自己锻造镣铐，是不能获得解放的。而消灭剥削制度，也正是人对自我异化的扬弃，向人本身、向社会人的复归。所以马克思主义有句名言：“无产阶级只有解放全人类，才能最后解放自己。”可见马克思主义包含着最彻底的人道主义——解放全人类；同时，包含最高层次的人道主义——通过无产阶级的斗争，建立社会主义制度、发展生产力这个科学途径实现解放全人类的目标。中国共产党的根本宗旨是全心全意为人民服务，从事的事业是正义的、进步的，相信能得到绝大多数人的支持。同时认为，共产党人和一切进步人士应在改造客观世界的同时改造主观世界，树立和坚持正确的价值观、道德观、人生观和世界观，改造客观世界包括对敌人的教育改造；还认为，人是可以改造的，世界观是可以转变的，剥削阶级的成员、敌对分子和犯罪分子，也可以通过思想教育，摆脱反动或错误意识的束缚，认识罪恶和错误，纠正扭曲的人性，树立新的观念，改造成为新人。中国共产党正是以这样博大的胸怀，对包括敌对分子在内的所有的人都以人格的尊重和保护。毛泽东在《论持久战》中将“尊重已放下武器的敌军俘虏的人格”与“尊重士兵”“尊重人民”同样视为“根本态度（或根本宗旨）”问题，各种政策、方法、方式是由此产生的。“优待俘虏、瓦解敌军”成为我军克敌制胜的重要法宝，使得成千上万甚至几十万的国民党军队能在很短时间内改造整编为新型的人民军队。在民主革命时期，中国共产党领导下的根据地对犯罪分子坚持“犯人是人”的原则：“要恢复他的人格，必自尊重他是一个人始”，因此，确定监管所“以改造人为宗旨”的方向。新中国成立后，更明确规定了对罪犯坚持“劳动改造与教育学习相结合”并以思想教育改造为主的原则。对罪犯教育改造的成功，使一大批侵略者变成和平友好的使者和新中国的拥护者、建设者，使绝大多数罪犯成为奉公守法、掌握一定知识和技能的新人，回归社会后，许多人成为创业者、劳动模范、企业领导者和技术发明者。

综上所述，既然中国共产党的指导思想中包含着解放全人类这个最高层次的人道主义，对红十字会以最基本的人道主义为核心的各项原则予以理解和支持，是不言而喻的。

第三，红十字会的“人道”“公正”“志愿服务”等原则及其开展的社会救助工作，正是中国共产党和人民政府要大力弘扬的精神和致力开展的工作。

中国共产党和中国红十字会在指导思想、宗旨、目标、活动原则上虽然有区别，但并不相悖和抵触。红十字会的人道原则在我国社会主义核心价值体系中处于广泛性道德要求的层次，是向更先进、更高层次的中国特色社会主义的共同理想和共产主义道德提升和发展的基础；红十字会的公正原则，是我国建设公平正义的和谐社会的必然要求，有利于妥善协调不同地区、不同群体的利益，使最需要帮助的困难人群共享经济社会发展成果；红十字会“志愿”原则，则更是在社会主义精神文明建设中需大力提倡并践行的精神，广泛开展城乡社会志愿服务活动、建立社会志愿服务体系，是构建和谐社会的重要内容和途径；红十字会的人道救助在整个社会救助中处于辅助和补充的地位，但却是社会第三次分配、社会保障体系的重要组成部分，对完善社会“安全网”、维护社会稳定、弘扬中华民族传统美德都有积极促进作用。可见，中国红十字会与中国共产党在宗旨、目标等方面既有层次和范围上的区别，更有相融一致的内容要求。以不断发展着的马克思主义为指导的中国共产党，以全心全意为人民服务为宗旨，以“消灭剥削、消灭贫穷、共同富裕”、实现人的全面发展和彻底解放为远大理想，以建设全面小康的和谐社会为现阶段奋斗目标，其中必然包含着红十字会“发扬人道主义精神、保护人的生命和健康、促进和平进步事业”的宗旨，必然包含着红十字会“改善最易受损害者境况”的工作目标。但是，红十字会作为社会团体，只能争取社会各界支持，在自身能力范围内给困难人群以物质和精神上的阶段性的帮助。而作为执政党的中国共产党的执政理念、奋斗目标、政策措施不仅在许多方面体现了红十字会的人道原则，而且在马克思主义科学理论指导下，通过改革完善社会主义基本制度，通过法律、行政、教育、宣传等手段来保证它的实施。同时，通过统揽全局、推动经济社会协调发展和全面进步来逐步消除产生弱势群体和非人道现象的根源，这也是中国人权状况得到联合国人权理事会绝大多数国家代表赞赏的重要原因。

我们有充分的理由相信，正是中国共产党政治上的先进性，才能更加真诚、更加真实地支持和保证红十字会七项原则在社会救助活动中的贯彻实施。同样，各级红十字会组织中的共产党的基层组织和共产党员，不仅不应轻视和排斥红十字会的七项原则及救助工作，相反会以更高的思想境界、更加模范地遵循红十字会七项原则和做好人道救助工作。在这里，共产党员政治上的先进性和红十字工作者的人道性、公正性完美结合、相得益彰。犹如毛泽东当年论述党的最高纲领和最低纲领的关系时指出的：新民主主义革命是要建立孙中山革命三民主义的中国，“对于任何一个共产党人及其同情者，如果不为这个目标而奋斗，如果看不起这个资产阶级民主革命而对它稍许放松，稍许怠工，稍许表现不忠诚、不热情，不准备付出自己的鲜血和生命，而空谈什么社会主义和共产主义，就不是一个自觉的和忠诚的共产主义者”，“中国共产党人是革命三民主义最忠诚、最彻底的实现者”。同样的道理，从事红十字工作的共产党员，以立国之本的四项基本原则规范自己的言行，保持政治上的先进性，就必然会模范地践行“人道、博爱、奉献”的红十字精神，真诚地遵循红十字运动七项原则，为发展红十字事业而不懈地努力奋斗，否则就不是一个自觉的真诚的共产党人。

三、怎样体现和保证党对红十字工作的领导

中国红十字会作为社会救助团体，依据《中华人民共和国红十字法》和《中国红十字会章程》开展活动，各级红十字会及其工作机关在会长、理事会、常务理事会、执委会领导下独立自主工作。怎样体现和保证党的领导呢？我认为主要在以下五个方面：

（1）各级红十字会的领导和领导机构遵守宪法、法律和贯彻党的路线方针政策。党的领导主要是政治、思想和组织的领导。政治和思想领导主要是通过制定正确的路线方针政策和把党的主张通过法定程序变成国家意志，并通过宣传思想工作来推动贯彻实施。各级红十字会遵守宪法、法律和贯彻党的路线方针政策，认真落实《红十字会法》，围绕党和政府的中心工作和经济社会发展的大局来规划和开展红十字工作，是坚持党的政治和思想领导的重要体现。

（2）各级党委推荐红十字会的重要干部。各级红十字会的会长、副会长、秘书长等重要领导人选，由党委及其组织部门推荐，经过红十字会的法定程序产生，这是坚持党管干部、组织领导的重要保证。

（3）在各级红十字会工作机关中建立党组织。根据党章规定，具备条件的应建立党组，对红十字会机关及下属单位发挥政治领导核心作用；同时应建立党的基层组织，切实发挥战斗堡垒作用，做好对党员的教育管理和对党外同志的思想政治工作，这是在机关内部加强党的领导的组织基础。

（4）红十字会组织中的共产党员应起先锋模范作用。毛泽东曾说过："所谓领导权，不是一天到晚当作口号去喊，也不是盛气凌人地要人家去服从我们，而是要以党的正确政策和自己的模范工作，说服和教育党外人士，使他们愿意接受我们的建议。"共产党员带头学习、宣传和贯彻宪法、法律和党的路线方针政策，带头践行"人道、博爱、奉献"的红十字精神，将更有利于实现党的领导。

（5）各级党委、政府支持红十字会的组织建设和工作开展。在构建和谐社会中，支持和引导各种社会组织依照法律和

章程开展工作，发挥“规范行为、反映诉求、提供服务”的作用，是党对社会组织领导方式的重要转变。中国红十字会名誉会长胡锦涛在中国红十字会“八大”上的讲话指出：“各级党委、政府要进一步加强对红十字会工作的领导，认真贯彻《红十字会法》，切实帮助解决红十字事业发展中遇到的困难和问题，充分发挥红十字会的积极作用，努力开创我国红十字事业的新局面!”所以，各级党委、政府履行《红十字会法》规定的对红十字会“支持、资助、保障、监督”的职责，关心和支持红十字会理顺管理体制、加强机构建设，将红十字事业列入经济社会发展规划，帮助解决红十字工作中的困难，充分发挥红十字会人道助手的作用，是党对红十字工作领导的重要措施。

（本文发表于《红十字》2010 年第 3 期、《社团管理研究》2011 年第 6 期）

薪火相传的宝贵财富

——江苏红十字运动的光荣百年

1911年11月26日、27日，中国红十字会总会分别在《民生报》《申报》公布第一批分会一览表，共7个省有19个地方分会，其中江苏有9个——南京、常熟、无锡、苏州、扬州、清江、上海城内、吴淞、沪宁铁路（见池子华《红十字》2011年第1期第80页文章），除去后来行政区划调整到外省市的，江苏仍有6个分会。中国红十字会总会在《中国红十字会杂志》第一号发表的《辛亥革命时总会暨各分会活动成绩》一文中，公布各地分会或临时医院共56个，其中江苏有13个（《中国红十字会历史资料选编，1904—1949》第291—294页），较上述增加了淮安、徐州、镇江、六合4个地方。可见，江苏红十字运动已有整整100年历史。虽然也有史料显示1904年中国红十字会成立不久，江苏有的地方就有红十字活动，但有据可查且得到总会认可的地方分会，则自1911年起。据总会几次公布的各地分会名单，1949年以前包括台湾在内全国曾有510多个地方建立过地方分会（《中国红十字会历史资料选编，1904—1949》第152—215页），江苏境内就有98个，除去后来行政区划调整到外省的外仍有78个（《江苏红十字运动88年》第63—68页），可见江苏红十字运动在中国红十字运动史上有着重要地位。中华人民共和国成立后，特别是改革开放和《中华人民共和国红十字会法》（以下简称《红十字会法》）颁布实施以来，江苏红十字事业有了前所未有的巨大发展，至2010年，全省红十字会基层组织共有5000多个，会员404万（其中青少年会员320万），注册志愿者12万。

2004年，温家宝总理在纪念中国红十字会成立100周年贺信中指出："一百年来，中国红十字会弘扬人道、博爱、奉献的红十字精神，无论是战争年代，还是和平时期，都不畏艰险，积极参与人道主义救助工作，经受了战乱、灾害、突发事件的严峻考验，谱写了可歌可泣、感人至深的光辉篇章，对国家、对社会、对人民作出了不可磨灭的贡献。”2011 年 8 月 26 日，在中国红十字会名誉会长胡锦涛颁发南丁格尔奖大会上，国务院副总理回良玉赞誉中国红十字会“成立 100 多年来，始终发扬人道、博爱、奉献的红十字精神，通过自己辛勤的工作，将公众的善心汇聚成爱的江河，为国家、为人民做了很多好事、实事。”同样，江苏红十字运动的 100 年，也是几代红十字人筚路蓝缕、艰难曲折而不断发展壮大的 100 年，是矢志不移地致力于救助弱者、服务民众的 100 年。100 年中，江苏红十字运动积累了许多宝贵的精神财富，将对促进和谐社会建设、服务“两个率先”发挥重要作用。笔者管见所及，主要有以下六个方面。

一、始终坚持以救助弱者、服务民众为己任

中国红十字会是为战时救护伤员和救助难民急需而成立的，因此，早期各地分会的建立和变迁，也往往随战争区域、规模和发展等不同情况而变化。江苏各地早期的红十字组织，绝大多数因爆发战争，当地仁人志士为救伤、救难、护民而自发筹建，边开展人道救助，边上报总会批准。因此，各地分会自成立起，即自觉地以救助弱者、服务民众为己任。每有战争，则组织救护队、担架队、掩埋队到战地服务。南京分会在 1913 年癸丑之战中掩埋 7300 多具尸体，所立“南京癸丑掩埋阵亡军士纪念碑”已成为中国红十字会早期活动的一个重要文物，碑文图片曾于 1914 年在巴拿马国际红十字馆展览。各地分会还建立临时医院、难民院、妇孺所、救济院等机构，尽力救助和保护伤兵、难民等弱势人群。战争年代，经常发生的洪涝等自然灾害、各种传染病和火灾等突发事件，对穷苦百姓更是雪上加霜，如民国初期江苏大的水灾就有 6 次。江苏各地分会争取总会支持，同时主动募集款物，以义赈施粥、义渡、义塾等多种形式救助和安置灾民，并建立时疫医院义诊治病。1931 年水灾，盐城分会在多处设救生船、太平缆，设义塾、接

婴所各5处，水龙局（排灌站）1处，还在9个乡镇设赈济办事处。除救护赈灾外，各地分会在社会服务方面也主动担当，力所能及。由于广大民众严重缺医少药，各地分会将举办医院诊所、组织巡回医疗、免费健康体检和预防接种等作为社会服务的主要工作。1946—1949年，各地分会举办红十字医院8所、诊所17处、护士学校和沙眼防治所各1个，以医疗为中心的服务站11个，组建乡村医疗队6支。有些分会建立妇孺营养站、平民食堂、救济站等帮助困难群众，武进分会还开办失学儿童夜校、妇女缝纫班，发动会员1.5万人疏浚饮水河道等等。

新中国成立后，特别是红十字工作属地管理和改革开放以后，江苏各级红十字会尽力当好党和政府人道工作助手，自觉主动地协助政府和有关部门开展扶贫帮困、服务民众的工作。新中国成立初期，各地分会主要工作是参与卫生防疫、除害灭病。为基层卫生单位开办护理、化验、妇产科等人员培训班；在机关、企事业单位培训红十字卫生员、普及防病和救护知识；有些分会还协助有关部门建立洁水码头、改造公井和公厕、疏浚河道、帮助居民订立卫生公约等等。朝鲜战争爆发后，中国红十字总会先后派出七支国际医防大队共666人赴朝，其中江苏各分会就有322人（南京分会266人、江阴分会21人、无锡分会15人、常州分会20人）。改革开放以后，中国红十字会开始将救灾作为一项重要工作，省和各地红十字会积极参与灾害救援，省内发生洪涝、冰雹、暴风、干旱等灾害，省和各地红会总力争第一时间投入救灾。1991年特大洪涝灾害中，省红十字会本级募集、接收和拨发救灾款物6800多万元，其中物资达1.6万多吨；全省各级红十字会配合卫生部门共派出红十字救护队943支、3万多人次，救治伤病灾民100余万人次，派出红十字卫生防疫队806个、1.4万多人次，受益人次达2191多万。对外省和国际上的救援，全省红会同样全力以赴。如1985年援助非洲募捐款208万元（位全国第二），2005年初为支援印度洋海啸灾区募捐2700多万元，2008年支援汶川地震灾区14.8亿多元，2009年支援台湾莫拉克台风灾区4200多万元。为增强备灾救灾能力，省和盐城、无锡、扬州、徐州、淮安、宿迁等市红十字会建立了备灾中心或仓库。省和各级红十字会对孤、老、寡、残、大病患者、受到意外伤害者、下岗待业等困难人群，给予经常性的关心帮助。为了更好地扶贫帮困和服务群众，省红十字会自1996年起将发展红十字志愿者、在社区建立服务站作为重要工作，至2010年，全省有社区红十字服务站2600多个，社区红十字志愿服务队1800多支。全省有25个市、区（县）获全国社区红十字服务示范市（区）称号，占全国的五分之一。

正如省红十字会吴瑞林会长指出的，红十字组织“源于战时救护、凸显灾害救援、扎根平时救助”。之所以成绩突出，正是以救助弱者、服务民众为已任的结果。

二、始终坚持以募捐筹资、增强能力为要务

红十字会救助款物主要来源于社会募捐，募捐效果决定救助能力。因此，募捐筹资始终是红十字会的第一要务。江苏红十字运动初期，为战地救护需要，一些爱心人士自行捐款筹建分会，也有爱心人士将自己创办的医院改为红十字医院，义务救治兵民。总会和各分会通过报纸宣传或召开会议呼吁各界“各解囊金，拯民于火”，得到纷纷响应。总会1904年在《申报》上公布接收捐赠的消息、告示52篇，其中5月5日公布的有42笔（池子华等《申报上的红十字》第1卷44页）。1923年日本关东大地震，南京分会于恩绂会长首先自捐大洋1000元并争取社会捐款，以救灾恤邻。1949年前，中国红十字会多次以征求会员运动的形式筹集经费，江苏各地分会以多种形式广为发动。1934年的首次公开征求会员运动，总会表彰12个分会，江苏有3个（盐城、南京、建阳）；1935年第二次征求会员活动，全国共征得68326元，江苏征得42057.5元，占61%，18个分会获得奖匾。1946—1948年全国红十字会事业基金募集运动共募得15.47亿元国币，江苏募得2.97亿元，南京和武进分别位列全国同等城市分会之首。此外，江苏还发展了171个团体会员单位，每个单位需首次交会费10万元。南京分会以“红十字会有帮助人人之义务、人人有帮助红十字会之义务”为口号，筹款1500万元，设立帮助贫困儿童学习的贫苦儿童奖学金。

新中国成立后，省和各地红十字会为救灾救助进行大规模社会募捐始于 1985 年的援助非洲灾民，在这次募捐中，红十字会争取文化、教育、卫生、体育等部门的协助配合，认真布置、精心策划、充分发动、方法多样，通过新闻媒体和大型公益广告以及组织义演、义诊、义卖等活动，在公共场所广泛宣传、设立募捐站，取得了很好的成效。随着更多地参与救灾救助，特别是《红十字会法》及江苏省《实施办法》颁布施行后，全省红十字会把社会募捐提到更重要的位置，不仅是自然灾害发生后及时进行救灾募捐，而且还大力开展经常性的募捐筹资，以增强备灾救灾和社会服务的能力。经过一年的准备，1995 年在全省范围开展“红十字备灾救助基金”（后改为“人道救助基金”）募捐，省和各地红十字会建立了人道救助基金。2004 年起，省红十字会开始项目募捐，每年确定人道救助、社会服务的十件实事及筹资目标，以争取爱心人士和企业的捐赠合作。还将筹资任务分解到领导和各部门，群策群力搞募捐。2006 年起，全省红十字会在“五·八”期间相对集中开展“博爱在江苏、人道万人捐”活动。全省红十字会将相对集中大规模募捐和经常性募捐相结合，将筹集人道基金与项目筹资相结合，争取与企业、爱心人士建立长期合作关系，以促进募捐工作可持续发展。2008 年以来，全省红十字会接受救灾、救助捐赠款物达 18 亿多元。

三、始终坚持以与时俱进、开拓创新为动力

红十字会的人道宗旨和“改善最易受损害者境况”的目标不会改变，但是它的组织建设、目标任务、工作内容、方式方法都应随着时代变化、经济社会发展和民众需求等情况变化而不断创新，才能保持旺盛的生命力。江苏各地红十字组织在战争年代多数是由当地爱心人士自发组织，1956 年省红十字会成立后则在上级指导下有计划地逐步建立和发展基层组织。1957 年在城乡试点的基础上，逐步在工矿企业、街道学校、手工业合作社、饮食行业、农业合作社、船民中发展会员、建立基层组织。在改革开放、恢复红十字会国内工作后，江苏各地红十字会基层组织迅速发展，有些市在公安、矿务、冶金、纺织、

园林、教育等部门和企事业单位建立红十字会，在外贸、台资企业中建立基层组织，条块结合开展活动。各地发展冠名红十字医疗单位、学校红十字会和团体会员单位，通过公开招募、培训考核，建立了不同类型、不同服务内容的志愿者队伍，大大增强了开展人道工作的力量。至2010年，省和各市以及91%的县级红十字会理顺了管理体制。为适应新情况、新任务，全省红十字会加强机关和干部队伍建设，创新目标管理、完善规章制度、注重干部培训、规范会员管理，能力建设得到明显加强。

1946年中国红十字会决定在上海、南京、江都（扬州）、武进4个地方试行建设红十字青少年组织，其中江苏有3个。红十字青少年以“博爱人群、服务社会”为口号，在经过卫生急救常识、社会服务、红十字知识培训后，走上社会、深入基层，为灾民、贫民、难民、伤病员、失学儿童等困难人群提供力所能及的服务，同时开展适合青少年特点的多种形式活动，并开始了与国外红十字青少年的交流。新中国成立后，学校红十字工作与贯彻党的教育方针、素质教育、德育教育、卫生教育、团队活动、第二课堂实践等有机结合，组织红十字青少年参加校内外各项公益活动，组织夏（冬）令营、社会调查、知识竞赛等等，开展达标评审和创建模范校、示范校活动。各地“百花齐放”、创造了许多新鲜经验，有力地推动和提升了红十字青少年活动的开展和成效。

募捐筹资、救灾救助、救护培训等各项传统工作，同样不断有新的举措和做法。在募捐筹资方面，省红十字会在近10年中，争取有关部门、企业支持，开通爱心电话、爱心短信、网上博爱超市，发放博爱一卡通，与企业建立长期合作的专项基金或存本捐息、一次认捐分期到位等灵活便捷的做法，拓宽募捐思路和方法。苏州市红十字会与外资、合资企业合作开展“善”字系列募捐；无锡、南通、盐城、淮安等市红十字会在文明委及工、青、妇等组织支持合作下，每年开展大规模的人道万人捐；有的红会与企业合作建立的社会责任基金、企业冠名援助项目等等，都取得了很好的成效。在救助方面，省红十字会连续15年在元旦春节前举行“博爱送万家”和参与“三下乡”活动，各地红十字会建立了多种救助项目，如响水县红十字会资助孤儿集体食宿的博爱学校，宿豫县红十字会帮助孤儿的“母亲工程”，邳州市红十字会救助儿麻肢残患者的希望之家，盐城、通州红十字会资助大重病学生的青少年互助金，以及扶贫养羊、养蚕等增强造血功能的项目，等等。近几年参与灾后重建，进一步拓展和创新了救灾救助的模式。面对社会发展产生的人道需求，我省红十字会在总会指导和部署下，不断拓展新的人道工作。上世纪 80 年代开始大力宣传无偿献血、开展帮助寻亲为主要内容的台湾事务服务，90 年代开始开展社区服务、遗体捐献，2000 年以来开展捐献造血干细胞、预防艾滋病宣传教育和关爱艾滋病患者、捐献器官等工作。即使对这些新拓展的工作，同样不断创新内容和方法，如台湾事务服务已衍生为与台资企业在救护培训、募捐救助、无偿献血、捐髓捐器官等方面的合作，昆山市红会主动为台资企业服务的做法得到国台办的赞誉。我省于 2005 年建立造血干细胞移捐医院协作组，对提高移植成功率、患者成活率并合理控制费用起了重要作用，据统计分析，我省移植成功和 5 年成活率达到（某些方面甚至超过）国际水平。至 2011 年 11 月，已入库资料 9.5 万多人份，实现捐献 220 人。目前已有 9 人实现器官捐献（肝、肾、肺、眼角膜等），使 30 多位患者受益。南京遗体捐献志愿者成立专门组织（简称“志友”），积极参与红十字会和社区的公益活动，出版《志友》通讯，成为弘扬人道、博爱、奉献精神的一支重要队伍。

四、始终坚持以党政重视、政策支持为保障

新中国成立后，党和政府的重视和支持，为红十字事业发展提供了重要保障。如 1951 年红十字会改组后，各分会人员编制由各地编委会确定，经费由中央政府拨款。1953 年确定江苏省红十字会编制为 70 人，经费为新币 138288 元。1956 年起红十字工作属地管理，省红十字会成立，各级红十字会的组织机构建设得到党委、政府的关心和支持，特别是在理顺各级红十字会机构管理体制中，全省红十字会的编制和专职人员数从 1994 年的 100 多人增加至目前的 500 余人。

党委、政府和有关部门的重视和支持，为红十字工作创造

了有利的条件和环境。1966 年 3 月，省军区司令部、卫生厅和红十字会联合发出《国防救护训练工作方案》，有力促进了群众现场救护工作的开展。1984 年，省编委核定省红十字会行政编制 8 人，内设一室两部，理顺体制后机关编制增加到 24 人，省编办根据需要先后批准成立了台湾事务服务部、备灾救灾中心、造血干细胞捐献者资料库管理中心 3 个全额事业单位。1985 年，省委、省政府根据省红十字会第四次会员代表大会代表们的要求，同意由副省长出任红十字会会长。1986 年 8 月，省红十字会与省公安、交通、商业、卫生等部门联合下发关于开展群众救护培训的通知，总会转发全国各地供借鉴。此后，省红十字会又先后与公安、体育、卫生、电力、财政、物价等部门联合下发了对机动车驾驶员等不同对象进行救护培训、在公路沿线建立红十字救护点、救护培训收费标准等通知。《红十字会法》颁布实施后，在第五、六、七届理事会会长吴锡军和第八届理事会会长吴瑞林的不懈努力和争取下，关系全省红十字事业长远发展的一些重大问题逐步得到解决。省人大与省红十字会共同召开贯彻红十字法座谈会，先后 10 多次进行执法检查和立法调研；省政府先后下发贯彻《红十字会法》和《红十字标志使用办法》的通知，2002 年在全国率先下发批转加强红十字工作的意见；省政府常务会议专门研究支持全省红十字备灾救灾基金募捐并下发了会议纪要，2002 年决定拨款 1500 万元作为省造血干细胞捐献者资料库开办经费和头 3 年的事业经费；2003 年 12 月，省委决定成立省红十字会党组；2004 年 6 月，省人大常委会通过的《江苏省实施〈中华人民共和国红十字法〉办法》，制定了多款可操作的重要规定：县级以上红十字会由同级政府联系，将红十字事业列入经济社会发展专项规划，红十字会专职工作人员经费和日常公用经费由财政予以保证、专项经费根据实际情况确定、从彩票公益金中安排一部分支持红十字会社会救助事业，等等；省发改委将红十字事业“十一五”规划列入社会事业专项规划，今年又与省红会共同下发了红十字事业“十二五”规划。省红十字会“八大”以来，省财政每年给省红十字会的人员经费和事业经费已达 1700 多万元，拨款 5000 万元支持人道基金（已到位 4000 万元），自 2010 年起每年安排彩票公益金 800 万支持红十字会人道工作并将根据情况逐步增加；省编委发文要求理顺所有县（区）级红十字会管理体制，并明确参照其他人民团体配备相应的专职干部；省委宣传部与省红十字会共同召开红十字宣传工作会议并联合下发加强红十字会宣传工作的意见；省地方志编纂办公室已决定为《红十字会志》单独立卷，等等。这些都为红十字事业的发展提供了强有力的保证。

各地红十字会同样得到党委、政府和有关部门的支持：盐城市委常委会 2004 年就专题研究理顺县级红十字会体制和机构建设等问题，市红十字会占地 10 亩、3000 多平方米的备灾救灾中心大楼已落成；无锡市委、市政府近两年给市红会改善了办公用房，增加了备灾、救护培训、募捐、博爱超市用房，增设了救护培训中心等机构；淮安市委、市政府将理顺县级红十字会体制列入督办工作，将建设红十字办公和备灾培训大楼等事项列入政府为民办实事项目之一；南通市编办批准成立造血干细胞捐献工作站，通州区红十字会在全国县级红十字会中率先成立党组、机关内设 2 个部，等等。正是在党委、政府的大力支持下，各地红十字会“有位更有为”，更加奋发努力，在协助政府开展救灾救助、扶贫帮困、弘扬社会美德、建设和谐社会等方面发挥了更积极的作用。

五、始终坚持以社会宣传、呼唤爱心为先导

红十字运动“志愿服务”的理念和原则，决定了只有广泛宣传、争取社会各界的理解、支持与参与，红十字会才有不竭的人力、物力和财力来源。社会各界的知晓率、参与度决定了红十字会力量的大小。中国红十字会从成立起，就很重视通过新闻媒体广泛宣传。《〈申报〉上的红十字》一书（池子华、严晓风、郝如一主编，安徽人民出版社 2011 年版）收录中国红十字会在《申报》上发布的各种公告、消息等，1913 年达 348 条之多，内容主要有呼吁募捐救助、鸣谢捐赠者、介绍战事和灾情、红十字会会务和救助活动等等，江苏各地分会同样通过媒体或编印资料进行社会宣传。新中国成立初期，省和各地红十字会编印了关于红十字会会务知识、卫生防病、现场救护等各种资料、教材、宣传画等。南京市红十字会于 1957 年

起编印会刊、南京红十字报、除灾灭病文娱资料，成立了红十字艺术团。省红十字会1981年恢复工作后，于第二年起创办《江苏红十字》报，坚持至今，发行量已达12万多份。全省订阅《中国红十字报》《博爱》杂志已连续15年位列全国首位。各地红会充分发挥红十字报刊作用，在公共场所和社区红十字服务站设置红十字报栏、橱窗、报架，组织干部、会员学习报刊上的有关文章。全省红十字会于1997年建立了省、市、县三级宣传信息网络，并多次举办信息员培训班。全省红十字会努力将红十字宣传由“体内循环”转向“体外循环”，争取宣传部门和新闻媒体合作，多次与宣传部门共同召开宣传工作会、新闻发布会，与宣传、文化部门及媒体共同下发加强宣传工作和开展有关活动的文件，合作举办《红十字会法》和红十字知识、无偿献血等知识竞赛，组织文艺演出、红十字好新闻评选、推荐爱心大使、建立新闻红十字志愿者队伍等等。全省红十字会通过制作录像、编印宣传折页，在公共汽车、闹市区、车站等设置大型公益广告，组织红十字演出队等等，进行广泛的社会宣传。1999年，省红十字会在全省范围征集并经专家评选创作了4首红十字歌曲，向全省推广。2006年起，省红十字会将理论研究、红十字文化建设列入了红十字事业发展规划。苏州市和省红十字会依托苏州大学社会学院建立了“红十字运动研究中心”和“江苏省红十字运动研究基地”，取得了令人瞩目的系列成果，某些方面填补了国内红十字运动研究的空白。

六、始终坚持以树立公信、维护声誉为生命

红十字会靠志愿服务起家、靠社会支持而发展，红十字会救伤、救难、救助的人力物力，主要来源于公众的捐赠和志愿者的参与，中国红十字会自成立以来，始终按照“公开透明、公平公正”的原则，开展募捐和救助活动。江苏省各地红十字会自成立起，就和总会一样，将公开透明、树立公信视为生存和发展的生命线，作为须臾不可离开的重要原则。

红十字会的公信力主要来自于红十字会及其工作人员竭诚救助困难群众和服务民众的工作和成效；来自于按照七项基本

原则独立自主地开展募捐和救助工作；来自于对捐赠者和受助者都高度负责的精神和公开、透明、公平、公正地接收和使用捐赠款物的做法；来自于红十字会工作人员不谋私利、廉洁自律、艰苦奋斗，带头践行人道、博爱、奉献精神的实际行动。上世纪80年代，随着中国红十字会更多地参与救灾救助工作，社会募捐随之增加，为做到公开透明、规范管理，中国红十字会根据国际红十字运动救灾救助工作原则，制定并逐步完善募捐、救助、采购等一系列规章制度，并有相应的规范程序。江苏省和各地红十字会根据国家有关法律、法规和总会的规定，在社会募捐和救灾救助方面制定了各项规章制度和规范程序。省红十字会对各种捐赠，都通过简报、通报、《江苏红十字》、网上等形式公布。大的救灾募捐还争取在《新华日报》《江苏经济报》等社会新闻媒体公布。2008年汶川地震后省红十字会机关在每天接受捐赠款物最多时达1000多笔、几百万上千万元的情况下，仍将每笔捐赠在一两天内上网公布，并注明每笔捐赠收据号以避免同姓同名混淆；对所有通过银行、邮局或网上的捐款，即使没有留下姓名、单位和联系方式，也每笔开出收据入账，事后尽可能寻找捐赠者并寄出收据；接收捐赠登记表的项目有捐赠者姓名、单位、数额、联系方法、是否定向等；尊重并认真落实捐赠者的意向并报告落实结果，无法落实或确需改变的，都与捐赠者商量且得到书面同意后做出调整；所有募捐箱的捐款，都是由志愿者或所放置单位代表与红十字会工作人员共同清点、开出收据入账的。省红十字会1995年建立备灾救助基金时，即成立了基金管委会，制定了管理办法；与有关企业和爱心人士合作建立专项基金，都签有协议、制定办法、成立管委会或管理小组。省红十字会认真传递好捐赠者的每一份爱心，将捐赠款物全部用于救灾救助，精打细算、让每一笔捐款发挥最佳效应，采购加工物资公开招标、货比三家；虽然有捐款用于项目时可支出一定项目支持费的规定，但省红十字会争取财政和有关部门支持，从未在捐款中支出项目支持费。省和各地红十字会遵循《中华人民共和国红十字会法》和《中国红十字会章程》规定，每年都将捐赠和人道基金等收支情况向理事会报告。上世纪90年代以来，省和各地红十字会多次接受过国际联合会、中国红十字总会或财政部委托的审计机构，台湾、香港红十字组织的代表和省审计厅的审计，结果是募捐款物、彩票公益金和财政拨款的收支管理使用都得到了肯定。1998 年省审计厅在对省红十字会抗洪救灾募捐审计时给予了高度评价，并收集省红十字会的一套制度、程序、表格等，给其他慈善团体借鉴。今年，北京大学与多个科研机构联合完成 2010—2011 年度透明度报告，各省级政府中，江苏省和北京市并列第一；红十字会中，江苏省红十字会为第一（9 月 29 日《新京报》）。近年来，省和各地红十字会正按照总会和公众的要求，更加认真、严谨、细致地工作，进一步完善信息发布内容、提高捐赠使用效率，争取做到让每一个捐赠者知道每一笔捐赠的使用去向和结果，增加公开透明的程度，以更高的公信力争取社会各界的支持。

江苏省红十字会名誉会长罗志军在中国红十字会九届二次理事会上的致辞中指出："红十字事业是造福人类的高尚事业，是体现经济社会发展本质要求的事业。"全省红十字人将再接再厉、奋发进取，身体力行"人道、博爱、奉献"的红十字精神，为建设美好新江苏再作贡献！

（注：后来苏州大学"红十字运动研究中心"根据有关史料研究考证，"金陵分会"于 1904 年 4 月成立，故江苏红十字运动应从 1904 年算起）

（本文登载于《红十字》2011 年第 4 期）

弘扬红十字文化
服务“两个率先”的伟大实践

2011年8月26日，在中国红十字会名誉会长胡锦涛颁发南丁格尔奖大会上，国务院副总理回良玉在讲话中指出：“红十字事业是一项崇高而伟大的事业。中国红十字会成立100多年来，始终发扬人道、博爱、奉献的红十字精神，通过自己辛勤的工作，将公众的爱心汇聚成爱的江河，为国家、为人民做了很多好事、实事。”江苏地区红十字运动也已走过了100多年，蕴涵其中的一种特殊的红十字文化是其不断发展的巨大力量，是人类优秀文化和社会进步文化的重要内容。

江苏省目前正处于全面实现小康并向基本实现现代化迈进的关键阶段，江苏省委根据党的十七届六中全会的决定，做出了实施文化建设八大行动、建设文化强省的重要决策。在这个进程中，大力弘扬红十字文化，主动服务“两个率先”，对建设文化强省、全面建成更高水平的小康社会，有着积极的意义，这也是时代和社会赋予全省红十字会的历史责任。

纵观国内外红十字运动100多年的历史，红十字文化内容主要有五个方面：一是人道主义宗旨，这是红十字组织诞生、发展和一切工作的出发点和归宿，为不同文化、不同制度、不同信仰、不同民族的国家所认同和接受；二是国际人道法，这是红十字会在国际社会开展人道救助工作的法律依据，传播国际人道法是红十字会的重要职责，红十字会在公约中有着特殊地位，一个国家要成立红十字会并得到国际承认，该国政府必须首先成为日内瓦公约缔约国，以保证红十字会不受限制地开展战地救助服务；三是七项基本原则，国际红十字大会确立的红十字运动七项基本原则（即人道、公正、中立、独立、志愿服务、统一、普遍），各国红十字会既要遵守本国法律并主动协助政府开展有关人道工作，又必须按照红十字运动宗旨和原则独立开展活动，《中华人民共和国红十字会法》对中国红十字会按照七项基本原则独立自主工作作了明确规定；四是有全世界认可、有国际法效力的红十字标志，日内瓦公约及其附加议定书明确规定了红十字（部分国家使用红新月、红水晶）标志具有保护和标明两种用途，神圣不可侵犯，红十字运动诞生150年以来，红十字标志成为世界公认的向危难人群提供帮助、救援、保护、服务的象征，成为人道主义和志愿服务的象征，哪里有战争、灾害、危难，哪里就有红十字旗帜飘扬，给需要帮助的人们带来希望、慰藉和安宁；五是公开透明和公平公正的工作规范，红十字会自诞生起就视公信力为生命，将接收捐赠的公开透明和实施救助的公平公正作为须臾不可离开的重要原则，100多年中红十字国际大会、国际联合会和中国红十字会都制定并多次修订、完善了接收捐赠、款物管理使用和灾害救援中必须公开透明、尊重捐赠者意愿、接受社会监督等原则、条例及其实施细则和操作规范。

贯穿于上述文化中的精髓，是人道、博爱、奉献的精神，是一种拒绝一切私利诱惑的、人类共存的精神。这是红十字文化价值观的集中表现，是红十字运动生命力的源泉，也是能为不同文化共同认可和接受、体现红十字运动本质要求的显著特征。人道是红十字文化的核心和基石，是对人的价值、生命和生存高度尊重和保护的善良理念；博爱是对所有的人特别是对易受损害或陷入困境的人深切同情、关心、爱护的博大胸怀；奉献是在人道、博爱情怀下出于内心自愿帮助他人和服务社会而无私付出的高尚行为。人道、博爱、奉献精神是人类对美好生活的追求和向往，既是人类最基本的道德良知，又是人类共同的道德高地。人道为本、博爱为怀、奉献为荣是红十字组织和红十字运动的灵魂。正因为如此，胡锦涛、温家宝等国家领导人多次赞誉中国红十字会发扬人道、博爱、奉献精神，为国家、人民作出重要贡献，同时要求中国红十字会在新的历史时期继续大力弘扬这种精神，为全面建设小康社会、推进人类和平进步事业作出新的贡献。人道、博爱、奉献精神作为一种高尚的基本道德，必然会体现在社会公德、职业道德、家庭美德和个人品德等各种道德之中，并促进这些道德的提升；可以贯穿和渗透于各种社会实践和平凡生活之中，具有人心向善的感染力。大力倡导红十字精神，对于加强公民道德建设，形成知荣辱、讲正气、作奉献、促和谐的良好风尚，其导向和推动作用是不言而喻的。

虽然“红十字”是舶来品，但红十字运动的理念和精神在我国传统文化中有着丰厚的历史土壤。儒家的“民为邦本”“仁者爱人”“博爱谓之仁”“舍生取义”，道家的“上善若水”“济世利人”“慈爱和同”“异骨成亲”，佛教的“慈悲为怀”“诸恶莫做”“众善奉行”“普度众生”等理念就蕴含了“人道、博爱、奉献”的红十字精神，也正是红十字会在我国产生和发展的文化基础。我国改革开放和发展市场经济开启了新的发展时期，在人们的思想意识和价值取向日趋多元化、经济日益国际化和全球化的现代社会，发展中国特色的红十字文化，倡导更有时代特色的、更加简洁鲜明的“人道、博爱、奉献”的红十字精神，不仅更易为社会大众尤其能为不同文化信仰的民众所认同和接受，而且也有利于将中华民族传统美德提升到现代文明的层次，有利于在道德建设上实现先进性和广泛性、历史性和时代性、世界的和中国的相互结合和相互促进，对道德风尚产生更积极的引领作用。

目前，我国思想道德领域出现了许多不和谐的现象，如一些领域道德失范、诚信缺失，一些社会成员人生观、价值观扭曲，有些现象已经突破了人类道德底线。大力倡导人道、博爱、奉献的红十字精神，特别是体现人类最基本的道德情感、道德良知的人道主义精神，进而树立正确的荣辱观，有着紧迫而现实的重要意义。通过传播红十字运动知识，特别是人道、博爱、奉献精神，可以唤起人们心灵中关爱生命、同情弱者、守望相助的火苗，发掘和强化人性向善的光明面，逐步培养高尚的公共道德意识；可以引导企业家和富有者树立诚实守信、履行社会责任的价值观和消费观。通过对捐款捐物、无偿献血、捐献造血干细胞和遗体器官等无私奉献典型事迹的宣传，可以使人们受到震撼和感染，了解和感悟人间大爱的亲情、真情，从而见贤思齐、学习先进。通过对红十字青少年进行红十字知识的培训，可以引导他们从小培育并逐步形成关心他人、互助互爱、乐于奉献的良好品行，为树立正确的荣辱观、价值观、道德观奠定基础。

多年来，江苏省红十字会的宣传工作得到了省委、省政府和有关部门及媒体的大力支持。省委宣传部和省红十字会共同下发的《关于进一步加强全省红十字事业宣传工作的通知》中指出："加强红十字事业宣传，有利于推动科学发展观的贯彻落实，有利于凝聚起服务'保增长促发展、保民生促和谐'大局的社会力量，有利于促进社会主义核心价值体系建设，培育和弘扬民族精神、时代精神和新时期江苏精神。"

红十字精神不是空洞的说教，它生动体现在红十字会的人道活动中。战争年代，江苏许多地方红十字会是由爱心人士为救伤救难而自发成立并上报总会批准认可的，建立和发展基层组织就是为了开展人道救助和社会服务。新中国成立特别是改革开放以来，在各级政府支持下，全省有计划地在所有市、县（区、市）建立了红十字会。随着对人道主义和博爱精神的重新认识，红十字会人道工作领域和内容得到不断丰富拓展。从上世纪 80 年代的"救死扶伤、扶危济困、敬老助残、助人为乐"，到 90 年代逐步形成"救援"（备灾救灾、应急救援等）、"生命"（保护生命和健康的各项工作）、"爱心"（社会救助、便民利民、助人为乐等）三个系列的红十字博爱工程，更好地彰显了红十字文化服务社会的功能。《中华人民共和国红十字会法》和《江苏省实施〈中华人民共和国红十字会法〉办法》颁布实施后，各级党委、政府依法进一步支持、资助、保障、监督红十字会的工作，为红十字事业发展创造了更有利的条件，全省红十字会依法履行职责，努力践行人道、博爱、奉献精神，主动当好政府人道工作助手，竭诚助民、惠民、利民，多做善事、好事、实事，为全省经济社会发展作出了积极贡献。

积极争取社会募捐，增强救灾救助能力。"十一五"期间，全省红十字会募集款物近 21 亿多元（其中支援汶川地震灾区 14.8 亿多元）。省红十字会本级募捐近 3 亿元（其中省红十字会工作人员捐款 9 万多元）。全省红十字会严格按照"公开透明"和"主动接受监督"的原则接收捐赠、以"尊重捐赠者意愿"和"公平公正公开"的原则实施救助，赢得了捐赠者的和公众的信任。自上世纪 90 年代以来，省红十字会多次接受过红十字会国际联合会、捐赠国和香港、台湾地区红十字组织代表、财政部委托的审计机构、中国红十字总会和省审计厅的审计，结果都是满意或受到表扬的。2011 年，北京大学等多个研究机构联合调查并公布了《2010—2011 年度透明度报告》，政府中江苏省和北京市并列第一；红十字会中，江苏省位列首位（2011 年 9 月 29 日《新京报》）。

广泛宣传动员捐血、捐髓、捐器官，保护和挽救更多患者生命。至 2011 年 12 月，全省捐献造血干细胞入库资料 9.5 万人份，227 人实现了捐献，位于全国前列。2005 年，省红十字会骨髓库被江苏电视台“零距离栏目”广大观众评为“十大公共服务大奖”。2005 年在全国率先成立（至今仍是全国唯一的）省内造血干细胞移植医院协作组，卓有成效的工作使我省移植成功率和患者 5 年成活率达到（某些方面甚至超过了）国际水平。目前，全省已有 10 人志愿捐献了器官，捐出的肝、肾、肺和眼角膜使 38 位患者受益。

在社区中建立红十字工作站，提高社区服务能力。至 2011 年 10 月底，全省建立了 2800 多个社区红十字工作站，有 10 多万红十字会员和志愿者，在社区中开展扶贫帮困、排忧解难、邻里互助、便民利民和宣传红十字运动知识等服务活动，惠及了社区群众，成为建设人文社区、和谐社区、幸福家园的一支重要力量。全省有 25 个市、区（县、市）被民政部和总会授予“全国红十字社区服务示范市（区）”，占全国总数的 1/5。

实施救助项目，惠及更多困难群众。省红十字会已连续 15 年在元旦春节前开展“博爱送万家”和参与省“三下乡”活动，慰问部分困难群众款物达 7000 多万元。自 2004 年起，省红十字会每年确定为困难地区和困难群众办 10 件实事，实施资助孤儿、大病和特困救助、援建博爱学校和博爱卫生院（站）、支持部分贫困农户改水改厕、资助乡村医师培训、资助麻风病患者安装假肢、资助白内障患者复明、参与新型农村合作医疗、关怀和慰问艾滋病患者和麻风病人、为意外伤害者提供心理咨询和服务等项目。据不完全统计，全省红十字会近几年共援建博爱卫生院 17 个、卫生站 445 个，资助乡村医生培训 7600 多人，资助白血病、先心病等患者 18000 余人，援建博爱学校 19 所，使部分困难地区和困难群众得到了实实在在的帮助。

2004年12月，作者与时任省委常委、宣传部长孙志军（左）参加省红十字会在东海县举办的“博爱送万家”活动

组织红十字志愿服务，在“奉献社会、服务他人”中提升人生价值。全省红十字会通过招募、培训，组织了多种志愿者队伍，目前全省有红十字志愿者19.9万多人，在一些敬老院、儿童福利院、智障幼儿园、社区、公共服务机构和贫困地区，建立红十字志愿服务基地。志愿服务的对象和内容主要有：关爱孤儿、留守儿童、空巢老人、残疾人、艾滋病患者或感染者；宣传和动员献血，捐献造血干细胞、遗体和器官；协助红十字会开展募捐，宣传和普及群众自救互救和防病保健知识；参与灾害救援和社会救助；等等。在我省第二届志愿服务“十杰百优”评选中，红十字会系统有8个集体和个人入选；在第二批优秀志愿者（100名）和首批优秀志愿服务组织（11名）评选中，红十字会系统又有12名当选。此外还有10多万报名登记捐献造血干细胞、遗体和器官的志愿者，他们中有一部分人成为当地“道德模范”“好公民”等先进典型。红十字青少年志愿服务的社会实践，锻炼和提高了自身素质。2011年全省高校红十字会开展旨在“关爱生命、传播爱心、服务社会”的“博爱青春暑期志愿服务”，其中50个优秀项目得到了总会和省红十字会的经费支持，这些服务实实在在地帮助了一些困难地区和困难人群，取得了很好的社会效益。其中2个项目获中国红十字总会大学生暑期志愿服务一等奖，1个项目获得二

等奖。

此外，全省红十字会每年大力普及群众现场救护和紧急避险知识，培训救护员 70 多万人，普及相关知识 150 多万人次，在减轻和避免各种意外事故的伤残和死亡、保护生命方面发挥了重要作用。

江苏省委书记、省红十字会名誉会长罗志军在中国红十字会九届二次理事会上的致辞中指出："红十字事业是造福人类的高尚事业，是体现经济社会发展本质要求的事业。"他要求全省红十字会"奋发进取、勤奋工作，在推动科学发展、建设美好江苏的征程上，谱写我省红十字事业的新篇章"。全省红十字会工作人员正以这样的精神状态，大力宣传并身体力行人道博爱奉献精神，在服务全省两个率先的伟大实践中光大红十字文化，提升红十字会和自身的人生价值。

（本文择要发表于 2012 年 1 月 10 日《新华日报》）

刍议红十字运动中国化

中国红十字会会长华建敏多次指出，必须将中国的优秀传统文化同红十字理念相结合，实现红十字精神的中国化。江苏省红十字会会长吴瑞林也多次提出，红十字运动与中华民族的传统文明相融相通，红十字事业要中国化、本土化。笔者就学习理解他们的讲话，对“红十字运动中国化”的研究思路写点看法，以抛砖引玉。

所谓“红十字运动中国化”，就是将红十字运动的理论、原则、精神、事业与中国具体情况相结合。实际上，世界上任何事物，不论自觉与否，都不可能毫不走样地“照搬照套”，在实践中总会或多或少地带有本国、本地区的某些特点。但是，如果能自觉地有意识地从本国、本地区实际出发，将某些普遍性的原理、原则与具体情况相结合，就能减少和避免不利于事物发展的某些盲目性的“特点”，探索和形成具有自身特色的发展规律和道路。红十字会是人道救助组织，其人道宗旨、七项基本原则以及日内瓦公约赋予的特殊职责，决定了它与一般的慈善组织有显著的不同，红十字人道事业远远超出了慈善事业的范畴。但是，慈善救助又是红十字会工作的重要内容，诞生于1904年日俄战争的中国红十字会，正是从救伤救难的慈善事业开始登上历史舞台的。所以，研究中国特色的红十字事业，必须结合我国慈善事业进行探讨。对红十字运动中国化的研究，应着重从三个方面进行。

一、中国传统文化中红十字精神和实践的深厚底蕴

国际红十字运动的宗旨、理念和精神，在我国源远流长。国际红十字运动展览馆将孔子“己所不欲、勿施于人”作为红

十字会人道主义的文化来源之一，便是明证。与孔子同时代的墨子提出“非攻”和“兼爱”，就是反对战争、爱护人类的观点，而且明确提出对俘虏要保护（华建敏会长称之是最早的红十字原则）。春秋战国时期出现的“不追逃敌”“不伐丧”“不重伤”“不禽二毛”和孙子“不战屈人之兵”等战争规则，可以说是国际人道法基本思想的雏形。对中国传统文化影响最大的儒、释、道三大文化都教人要“博爱”“仁慈”“诚信”，认为德莫大于仁、莫大于善。儒家核心思想是“仁爱”，《论语·颜渊》中孔子说“爱者欲其生”，意指对人的尊重在于关心和爱护别人的生命。还提出“仁者以其所爱及其所不爱”“博施于民、而能济众”，正是后来韩愈归结的“博爱之谓仁”；佛家强调“十善十诫”、救人苦难、一切为他人利益考虑、以真诚之心为他人服务；道教主张“济世利人”“慈爱和同”。祖国传统医学提倡“大医精诚”“仁爱救人”“不分贫贱一视同仁”等伦理原则，充满着医学人道主义思想。可以说，仁爱助人、扶危济困是中华民族的传统美德，公平正义、世界大同是中华民族的社会理想。

至于历史上践行“人道、博爱、奉献”精神的人和事，更是不胜枚举。春秋时的范蠡弃官从商之后，做过“三聚三散”之善事（三次获达千金，三次均散给贫贱之交），后人称他是“富好行其德”的慈善家。宋代苏东坡捐资在杭州办“安济坊”为穷人免费看病（华建敏会长谓之中国最早的“红十字门诊”），还有专门为穷人治病被誉为“桔井泉香”的苏耽和“杏林春暖”的董奉。我国历史上的慈善事业大多为佛教寺院、地方官员、大商人或官府举办。佛教寺院的济贫是最早的民间慈善事业，隋唐时开始兴办“悲田养病坊”“粥院”等救济机构；北宋的大峰和尚从事救人、赠药、赈济、恤困等善举毕生不倦，其思想流传海外，泰国曼谷就有大峰祖师庙办的慈善机构。官员慈善家具代表性的有范仲淹的“义田”“义学”，刘宰的“粥局”，朱熹的“社仓”，辛公义用薪俸治病救人，林则徐修建“龙口渠”等等。官办或官商合办、官督民办的，有汉代的“常平仓”，南北朝的“六疾馆”“独孤园”，宋代的“福田院”“安济坊”“慈幼局”，元代的“广济提举司”，清代的“孤儒学堂”“贫民手艺所”等等。此外唐宋时代出现了以地域慈善救济为主旨的“乡约”，多为民间自发形成并自愿遵守的互助规则。明末清初，民间慈善事业渐兴，最具代表性的是“同善会”，其慈善活动引起了国外学者的重视（日本学者夫马进著有《同善会小史》）。上述不同类型的慈善事业，主要活动有施医给药、弃婴养育、助学济困、恤孤养老、济贫救急等等，蕴含其中的保民、爱民、惜民的民本思想与西方文艺复兴倡导的人文主义以及后来成为红十字运动思想基础的人道主义是相融相通的，这也是红十字运动在中国兴起和发展的必然性所在。

二、红十字文化对中国慈善事业的促进和提升

虽然慈善思想及其活动在我国历史悠久，但离近现代慈善事业和国际红十字运动的人道救助还有相当差距。红十字文化和中国红十字会对我国慈善事业积极的促进和重要的提升作用，主要体现在如下两个方面。

第一，推动中国慈善事业由传统向现代转变和发展。传统慈善事业中，民间慈善人士多数出于自发的情感或宗教的因素，救助对象多为家族、朋友或近邻，总体上属于个别性、临时性的；官办慈善机构主要活动局限于被动地救灾助困，而不是面向社会公众，而且救助是一种缺乏平等意识的施恩行为，在某些方面起到了维护封建纲常礼教的作用。近代国外教会在我国举办的某些慈善事业，有的在一定程度上成为神化或奴化教育的工具。中国红十字会的诞生，对已出现的中国近代慈善事业的萌芽，起了极大的催生作用。一是红十字人道主义理念和原则使传统慈善事业融进了尊重人、保护人的人本价值和权利观，拓宽了慈善事业的公益领域，从一视同仁的扶危济困拓展到服务民众的公益活动；二是红十字会救难救助主要来源于慈善家和公众捐赠，并由志愿者或会员实施，引领了捐赠者与受赠者分离的救助新模式，扩大了慈善家和志愿者队伍，拓展了民间捐赠的来源和规模，提升了救助机构及其人员的社会化、专业化、制度化水平；三是中国红十字会与《申报》《民生报》等媒体合作，及时向社会公布包括会务、灾情、吁捐、募捐名录、款物使用等各种信息，对慈善团体与媒体长期合

作、提升公开透明和公众参与度、推动事业发展起了很好的示范作用；四是中国红十字会按照日内瓦公约和国际红十字运动七项原则及规章开展活动，并成为国内有专门法律法规的人道救助团体，一定程度上促进了其他慈善组织的规范化建设。

第二，促进中国慈善事业与国际接轨。1880 年 4 月，曾纪泽出使英国后写下了《使西日记》，其中详细介绍了国际上红十字组织同样医治交战双方伤员的做法和红十字标志的保护作用。1899 年在上海创办的慈善组织“中国施医局”突破了善堂的局限，章程中称“酌照红十字会章程办理，有事施于军事，无事施于贫民”。1900 年成立的“中国救济善会”在公启中称“亦如外国红十字会之例，为救各国难民及受伤兵士”。中国红十字会的成立是中国慈善事业的一个重要里程碑，它秉承国际红十字运动的原则，开展救伤救难、扶危济困和国际援助。1918 年成立的“中华慈善团联合会”章程规定“实行国际博爱为宗旨”，“凡国外发生天灾或酿成人祸损及人道时将一视同仁施以救济”。1922 年由道院成立的“红卍字会（红万字会）”在章程和救助活动等方面也明显可见借鉴参照红十字会的内容和做法。1923 年日本关东大地震后，中国红十字会当即派出 26 人的医疗队前往救援并发动各分会捐款大洋 2.3 万多元；同时，中国义赈会、上海慈善团等 18 个慈善团体联合成立了“协济日灾义赈会”募捐救援。同样，在中国抗日战争中，中国得到了国际上和华侨的巨大支援，其中国际红十字组织通过中国红十字会援助了数以千万美元的资金及数万吨的粮食、医疗器械、药品、各种民用物资，还派出了国际医疗队参加救护，设立难民所、安全区和伤兵医院等，为中国抗日战争的胜利作出了巨大的贡献。

三、发展中国特色的红十字事业

既然国际红十字运动章程和七项原则都明确各国红十字会“是本国政府人道工作的助手，并受本国法律的制约”，那么，各国红十字会自然应根据本国人道领域状况各有侧重地协助政府开展工作。发展中国特色的红十字事业，要增强如下三个自觉性。

1. 自觉地将中国红十字事业置于中国特色社会主义事业全局之中

中国红十字事业是中国特色社会主义事业的组成部分，红十字会的工作涉及社会保障、改善民生、应急救援、保护民众生命健康、精神文明建设、社区建设和服务、社会管理、公民道德风尚、青少年素质提高、国际和两岸民间友好交流合作等多个领域和方面，必须立足于我国处于社会主义初级阶段这个基本国情，根据经济社会发展的不同时期和各地区不同情况，自觉地在红十字会宗旨、职责、能力条件与群众需要、政府支持的结合点上谋划和展开工作。要在落实科学发展观、加强社会建设和管理、先进文化建设、构建和谐社会中发挥积极作用，在改善最易受损人群的状况、保护民众生命健康和民间外交方面凸显独特作用。既要全面落实《红十字会法》和各地《实施办法》赋予的职责，又要因时制宜、突出重点。当前，根据保护人的生命健康的需要，要大力宣传和推进无偿献血、捐献造血干细胞和器官，大力普及群众现场救护和紧急避险的知识和技能。同时，力所能及地参与或协助政府开展应急救援、灾后重建和扶贫助困等民生工程，为改善和提高民生质量作出贡献。

2. 自觉将红十字精神植根于中国优秀文化和人民大众之中

人道、博爱、奉献精神，是红十字文化的精髓和核心，是人类道德的制高点。在经济日益国际化、全球化的现代社会，将红十字精神与中国优秀文化相结合，大力倡导具有时代特点、简洁而鲜明的人道、博爱、奉献精神，不仅更易为大众、特别是不同文化信仰的民众所认同和接受，而且也有利于将中华民族传统美德提升到现代文明的层次，有利于在公民道德建设上实现先进性与广泛性、历史性和时代性、中国的和世界的相互结合与促进。如对雷锋精神，在“政治挂帅”的年代，主要从政治上诠释它的内涵。但是，如从更广阔的视野来看，他助人为乐、热心公益、甘心奉献、舍己为人的言行，不是充满着超越时代和国界的人类普遍认同的那些美好道德吗？不正是人道、博爱、奉献的红十字精神吗？这也是雷锋精神的生命力所在。在人们日常生活中，红十字精神体现在践行以人为本、关心他人、仁爱助人、救死扶伤、扶贫济困、助人为乐、敬老助残、团结互助、乐于奉献、热心公益等中华民族传统美德的行动中。中国红十字会大力宣传和推进无偿献血、捐献造血干细胞和遗体器官、捐款捐物、开展志愿服务，在挽救许多患者生命，使困难群众受到救助、广大民众受到服务的同时，传播了与中国优秀文化紧密结合的、人们能切身感受到的红十字精神。各地红十字会通过与新闻媒体合作、建立博爱演出队、在公共场所设置博爱公益广告、建立捐献遗体器官纪念林（碑、馆、广场）、建社区学校、编印校园红十字知识读本、道德模范事迹演讲、建立社区红十字宣传站甚至红十字文化广场等多种形式、平台，既有一定声势、气氛，又潜移默化地传播红十字精神，使其融入当地文化建设以滋润人们心田。

作者与彭珮云会长的合影

3. 自觉地以中国特色的工作为国际红十字运动增添新的力量和经验

没有个性就没有共性，国际红十字运动的普遍性存在于各国红十字会的特殊性之中。中国红十字会作为一个人口众多的发展中国家的红十字会，1985 年成为国际联合会领导委员会成员以来，在国际红十字运动舞台上日益发挥着重要作用。除了力所能及地承担国际救援的义务外，正以中国特色红十字事业的业绩和经验丰富着国际红十字运动的思想宝库。如中国红十字会根据本国经济社会发展的不同时期的状况，提出人道工作的目标任务，上世纪 90 年代提出了救援、生命、爱心等博爱系列工程；后来又根据经济社会发展需要，推进社区红十字服务，配合青少年素质培养开展红十字示范校建设，参与国家减灾、新农村建设和灾后重建等工作。中国红十字会“九大”以来，华建敏会长将中国红十字会主要工作概括为“三献”“三救”。各地红十字会凸显宗旨、围绕中心、发挥优势，打造了各有特色的博爱品牌项目。2001 年 4 月，时任国际联合会主席的海贝格女士考察了江苏省和南京市的红十字社区工作站和志愿者队伍建设等工作后，称赞其中创造性的做法，在留言中写道："我将带走你们开展红十字工作的经验，而且将和其他国家共享这些经验。"在中国红十字会成立100周年纪念大会和第七、八、九次全国代表大会上，国际委员会和国际联合会代表的讲话在赞扬中国红十字会工作的同时，都寄予了更热切的期望。依托苏州大学社会学院建立的"江苏省红十字运动研究基地"和"苏州红十字运动研究中心"的许多成果，增补了中国红十字会历史研究的许多空白，同时顺应实践的需要，对新时期、新形势下的红十字工作进行探索研究，得到了国际委员会东亚办事处的关注，以及彭珮云、华建敏两任会长的高度重视。中国红十字会应以理论创新引领和指导工作创新，为中国特色的社会主义事业和国际红十字运动作出应有的贡献。

（本文发表于《社团管理研究》2012年第6期）

“五位一体”总体布局中的红十字事业

党的十八大为推进中国特色社会主义事业做出了“五位一体”的总体布局。作为中国特色社会主义事业重要组成部分的中国红十字事业，在“五位一体”总体布局中将发挥着重要而积极的作用。中国红十字会将贯彻落实国务院《关于促进红十字事业发展的意见》〔国发（2012）25号〕（以下简称《意见》）与学习贯彻十八大精神相结合，必将进一步明确在“五位一体”总体布局中的重要位置、历史责任和重点工作，从而更加勇于担当、改革创新，为建设更加幸福美丽的国家和促进世界和平进步事业作出应有贡献。

第一，在经济建设方面。十八大报告将扶贫帮困作为促进区域协调发展的措施之一；将推进新农村建设和扶贫开发、改善农村生产生活条件作为推动城乡发展一体化的重要内容。《意见》指出：要支持红十字会面向困难群体展开人道救助工作、重点对贫困人口集中地区加大救助力度；特别要大力支持中西部，尤其是西部欠发达地区的人道救助工作。这也正是红十字会多年以来着力开展的工作。从总会到各级红十字会，始终以救助贫困地区和困难人群为己任，千方百计募捐款物进行扶贫帮困；近些年来，结合新农村建设和灾后重建，开展救助与开发结合的扶贫模式，并创建了“博爱送万家”“博爱家园”“绿色家园”“博爱新村”“爱心一对一”等扶贫帮困的品牌项目；总会和东部经济较发达的省市红十字会主动协助政府做好对口支援工作，逐步加大对西部的支持，这对促进地区协调发展和新农村建设有着长远的积极意义。

第二，政治建设方面。十八大报告指出要深化行政体制改革，政事、政社分开，推动政府职能向创造良好发展环境、提供优质公共服务、维护社会公平正义转变。近几年行政体制改革的实践说明，建立健全社会组织是政府职能转变的重要保障和推动力量，因为政府职能转变的一个重要条件就是要有各种社会组织能够承接政府原来承担的某些社会服务功能。其中某些功能可完全转移给社会组织承担，某些功能则通过购买服务交由社会组织办理。这对社会组织也提出了更高的要求，不仅要有相应的资质和能力，而且要有良好的公信力。红十字会作为政府人道工作助手，具有组织网络健全、基层组织和志愿服务队伍众多等优势。《意见》明确指出：在政府行政管理体制改革中，有计划、有步骤地委托红十字会承担与人道救助有关的工作，实施与其核心业务有关的项目；同时，建立并完善政府向包括红十字会在内的社会组织购买服务制度。为此，红十字会要通过大胆改革，善于寻找和设计社会服务的项目、打造惠及民众的品牌，提升人道救助和社会服务的专业化水平和社会公信力，在协助政府向社会提供相关优质服务、履行人道义务的同时，为促进政府职能转变、公民社会成长发挥积极作用。

第三，文化建设方面。十八大报告将文明、和谐、平等、公正、诚信、友善作为社会主义核心价值观的重要内容；将弘扬真善美、贬斥假丑恶、培育知荣辱，讲正气、作奉献、促和谐的良好风尚，注重人文关怀和心理疏导，广泛开展志愿服务、推动学雷锋活动、学习宣传道德模范常态化，作为全面提高公民道德素质的重要途径；将开展群众性文化活动、加强和改进网络内容建设列入丰富人民精神文化生活的措施。《意见》明确指出：弘扬红十字精神、传播红十字文化是加强社会主义核心价值体系建设的重要内容，是提高中华民族思想道德素质、推动社会主义精神文明建设的必然要求；新闻宣传部门要加大对红十字事业的宣传力度，支持红十字会建立人道传播平台；要大力宣传红十字文化在引领社会道德风尚、提升精神文明程度和推动文化大发展大繁荣中的积极作用。这对红十字扩大宣传平台、拓展传播渠道、宣传由“体内循环”向“体外循环”转变，都是强有力的支持。红十字会既要宣传中华传统美德中蕴含的红十字精神，更要宣传践行红十字精神是在市场经济和国际化大环境下对中华民族传统美德的生动继承和发扬，宣传红十字精神从基本良知到道德高地的广泛性和层次性；通过广大会员、志愿者“博爱人群、奉献社会”的服务活动，在惠及广大民众的同时，播撒“人道、博爱、奉献”的红十字精神；要给社会媒体提供具有感染力、震撼力的红十字精神宣传素材，充分发挥网络媒体、文化广场和文艺作品、文艺演出的作用，以生动活泼、喜闻乐见的形式宣传红十字文化，争取公众参与和互动，营造和谐友爱、乐于奉献的社会氛围。

第四，社会建设方面。十八大报告强调要加强和创新社会管理、推动和谐社会建设；将立德树人、全面素质教育、促进教育公平作为办好人民满意教育的重要内容；将完善社会救助体系、支持发展慈善事业列入社会保障体系建设；将建立重特大疾病保障和救助机制、完善突发公共卫生事件应急和重大疾病防控机制列入提高人民健康水平的重要措施；将增强城乡社区服务功能、充分发挥群众参与社会管理的基础作用作为加强和创新社会管理的重要方面。《意见》明确指出：发展红十字事业是加强和创新社会管理、保障和改善民生的现实需要；红十字会在人道救助、反映民生诉求、化解社会矛盾等方面有独特优势；红十字会要建立健全应急救护培训长效机制，加强“三献”（献血液、造血干细胞、遗体和人体器官）工作；红十字会要提高人道救助能力、完善城乡红十字人道服务体系；要将红十字青少年工作纳入未成年人思想道德建设和大学生思想政治教育的整体计划。可见社会建设是最需要红十字会发挥独特优势和重要作用的领域，是最大有可为、大有作为的领域。赵白鸽常务副会长在十八大召开当日，就在接受记者采访中表示，红十字会要“服务民生改善、参与社会建设”，要通过深化改革，在政府实施公共服务中发挥积极作用，特别是在应急救援、应急救护和人道救助等方面要作出努力和贡献。可以预见，在贯彻《意见》过程中，中国红十字会将进一步发挥红十字青少年活动在品德教育和素质培养方面的积极作用，继续博爱助学为教育公平出力；将更广泛汇聚海内外的爱心、在完善社会救助体系上发挥重要作用；将大力普及群众救护培训和开展“三献”工作，积极拓展心理危机救助和心理健康服务，为提高民众应急救护能力和保护民众生命健康作出重要贡献；将进一步在基层建立多种形式和内容的红十字服务（工作站）和志愿服务队伍，广泛开展便民、利民、助民活动，成为完善社区服务、建设和谐社区的重要力量。

第五，生态建设方面。十八大提出了要全面促进资源节约，将加强防灾减灾体系建设作为自然生态系统和环境保护的重要组成部分。《意见》指出：红十字应急救援体系是国家应急救援体系的重要组成部分，把红十字备灾救灾中心或物资库建设列入当地防灾减灾规划统筹考虑；支持红十字会建立各类救援队伍，提高民间救援专业化水平。中国红十字会总会是国家减灾委成员，各级红十字会及其应急预案也是当地应急管理体系的组成部分。总会和各地红十字会已经建成的备灾救灾中心（仓库）和成立的应急救援队伍在应急救援中发挥了很好的作用。各级红十字会可以根据当地政府防灾减灾规划，按照规模适度、功能齐全、反应迅速、运转高效的原则，建立健全备灾中心（仓库）和应急救援队伍、完善设施和装备、规范仓储和管理、强化能力培训，在救灾减灾中发挥应有的作用。同时，要努力把红十字会建成节约型社团、把红十字会工作机构建成节约型机关。

总之，中国红十字会作为我国最大的人道组织，不仅将在中国特色社会主义“五个建设”中发挥重要作用，而且在十八大报告提出的推进祖国统一和促进人类和平与发展的崇高事业中，也将发挥独特的不可替代的积极作用。对此，我们充满信心，更需提升自我、奋力前行！

（本文发表于2012年11月27日《中国红十字报》和《社团管理研究》2012年12期）

红十字会“官办”和“去行政化”辨析

近两年中，社会上一部分人对中国红十字会的一大质疑是“官办慈善机构”和“行政化”“与政府有捆绑的利益格局”，提出红十字会改革的核心就是“去行政化”，认为国务院《关于促进红十字事业发展的意见》提出“政府要加强对红十字事业的组织领导”是“离改革目标越行越远”。笔者试图就此谈点看法。

首先，要明确红十字会是一个人道组织而不是慈善组织，因为慈善工作只是人道事业的一部分，人道领域要比慈善事业广阔得多。其次，何谓“官办”？笔者认为，就是一个组织（机构、单位）由官方出钱建立和维持、官员由官方任命，活动亦由官方控制。第三点最为重要，因为官办的目的在于达到官方控制的结果和目标。而红十字会恰恰在这三点上与“官办”的机构有明显不同。

一、红十字会的特殊性：官方支持合作和独立自主工作

这好像是个悖论，但只要日内瓦公约和国际红十字大会还存在和有效，红十字会就有这样的特殊性。

1. 官方支持合作

（1）1863 年 10 月召开的日内瓦国际会议奠定了国际红十字运动的基础，这次会议建议各国政府应赞助成立“救济委员会”（即后来的红十字会），并尽可能为其执行任务提供便利。日内瓦四约和两个附加议定书（以下简称日内瓦公

约）则有多个条款明确了红十字会的职责，同时规定各缔约国政府必须支持本国建立红十字会，并应保护、便利和鼓励它们的活动。

（2）各国红十字会得到红十字国际委员会承认的10个条件中，第1条就是该国政府必须已加入日内瓦公约，第3条是本国政府正式承认它为志愿救护团体、担任政府当局的人道工作助手。

（3）国际红十字与红新月运动章程明确要求：日内瓦公约缔约国应敦促在其领土上建立国家红会，应尽可能支持红十字会的工作；各国红十字会也要尽可能支持政府的人道工作，与政府在预防疾病、增进健康、减轻人类疾苦和确保国际人道法得到尊重、保护红十字标志等方面合作，同政府一道救助武装冲突受难者和各种灾民。

（4）每4年一次的红十字国际大会，各日内瓦公约缔约国政府和红十字会各派出一个代表团并各有一票表决权。大会审查决定的国际红十字运动的重大事项，各国政府和红十字会都必须遵循并各自要做出相应的承诺。

（5）国际红十字运动对标志的标明性和保护性使用有严格的规定。对违法使用标志的，红十字会有权劝阻并提请政府责令停止使用；对擅自使用的，政府责令停止使用并给予相应处罚。在武装冲突中，除红十字会和医疗机构及其工作人员外，其他机构及其人员必须得到国家最高行政或军事当局批准方可使用保护性标志。

（6）各国对红十字会有多方面支持保障以体现对人道事业的重视。

① 由元首或元首夫人，或公主等王室成员出任红十字会名誉会长或会长、赞助人、保护人。如：美国红十字会名誉会长为总统，50名理事中，包括主席在内的8名理事由总统指派（不需选举），分别代表外交、国防、卫生、教育、司法和紧急救灾等部门；韩国红十字会全国代表大会代表由总统、议会委派和政府挑选、红会选举代表组成，总统和外交部长任名誉会长和名誉副会长；荷兰红十字会11名理事中，主席和两名副主席分别由王后和政府任命；我国香港特区特首为红十字会赞助人，会长是特首夫人。

1998 年 12 月作者率团参加香港红十字会活动时与
香港红十字会会长董赵洪娉女士在一起

② 经费上资助或保证。如：德国红十字会年财政支出 43 亿欧元中，39 亿来自政府和社会保障系统；韩国总统、总理带头向红十字会交会费，形成全民交会费惯例，会费占总收入 80%；挪威红十字会收入的 81% 来自政府拨款；美国红十字会年收入 35.7 亿美元（2002 年），近 80% 来自于政府购买服务和血液事业收入；西班牙、芬兰、蒙古等国允许红十字会自行发行彩票，西班牙政府还将个人所得税的 0.26% 和政府彩票收入的一部分拨给红十字会，克罗地亚将彩票收入的 17% 和印花税的一部分拨给红十字会；日本、澳大利亚、瑞典、土耳其、德国、葡萄牙、沙特等国将血液、院前急救、急救训练、养老、部分医疗服务和某些特许经营交由红十字会（红新月会）经营，保证可靠的经费来源；我国香港特区红十字会 2009 年总收入 4.43 亿多元中，政府补助和医院管理局拨款共 3.71 亿元（占 83.7%），此外还有公益金、赛马会拨款和社会服务收入。

③ 许多国家有《红十字会法》并在《刑法》中有专门条款，保证红十字会依法履行职责和红十字标志的正确使用。

④ 德国、奥地利、西班牙等国规定青年到红十字会志愿服务可代替服兵役。

(7) 许多国家将某些政府职能或某些不便由政府出面的工作交给红十字会承担。如美国赋予红十字会紧急救援、无家可归者救助、为现役和退伍军人及其家属的人道服务等职责；芬兰政府委托红十字会负责协调国内 46 个 NGO 组织的备灾救灾工作；日本、德国等国家红十字会承担民防、救灾等工作，建有完善充足的备灾物资仓储物流、救援设施和专用通信网络（包括遍布全国的固定和机动通讯站），日本红十字会甚至还配有救援飞机；挪威、瑞典等国政府将为非法移民和难民的人道服务以及某些对外援助交给红十字会，在经费上予以保障。

(8) 红十字国际委员会和红十字会与红新月会国际联合会作为两个国际性的 NGO，在联合国获得观察员身份，后者还在联合国经社理事会中具有咨询地位，代表各国红会的意见。

2. 独立自主工作

(1) 日内瓦公约有多项条款规定了各缔约国必须支持红十字会独立开展救援活动。

(2) 各国红十字会得到承认的条件的第 4 条是需具有独立的地位并得以按照红十字运动基本原则进行活动；第 8 条规定在吸收志愿者和专职工作人员时不得考虑种族、阶级、宗教和政治见解。

(3) 国际红十字与红新月运动基本原则和章程将红十字会救援活动应保持公正、中立、独立置于十分重要的位置。特别是基本原则多处声明：本运动"本意是要不加歧视地救护战地伤员"；"不因国籍、种族、宗教信仰、阶级和政治见解而有所歧视，仅根据需要……优先救济困难最紧迫的人"；"为了继续得到所有人的信任，本运动在冲突双方之间不采取立场"；"虽然各国红会是本国政府的人道工作助手并受本国法律的制约，但必须始终保持独立"。

综上，虽然各国政府和红十字会在执行上述条约、原则、规定中会有各自的特点，但至少可得出这样的基本结论：各国政府和红十字会，在人道主义领域内既由日内瓦公约和国际红十字运动章程赋予各自职责、又需密切合作。因此，红十字会是官方人道工作重要助手，是得到官方支持又必须独立开展工作的非政府组织。

二、我国党和政府与红十字会的关系

1. 党和政府高度重视和大力支持红十字事业

改革开放以来，随着对人道和人权等问题的重新认识，党和政府更加重视并从多方面支持红十字会的组织机构建设和事业发展。

（1）法制保障。1993 年 10 月全国人大常委会通过了《中华人民共和国红十字会法》，1996 年 1 月国务院和中央军委发布了《中华人民共和国红十字标志使用办法》。1997 年修订的《中华人民共和国刑法》第 277 条第 3 款规定：在自然灾害和突发事件中，以暴力、威胁方法阻碍红十字会工作人员依法履行职责的，依照阻碍国家机关工作人员依法执行职务的条款处罚。在《献血法》《防空法》《商标法》《地震应急条例》《人体器官捐献条例》《艾滋病防治条例》等法律法规中也有关于红十字会和红十字标志的条款。

（2）组织建设。1994 年自中国红十字会“六大”起，国家主席出任中国红十字会名誉会长，推荐国家领导人经过大会和理事会选举担任会长，有关部门负责人兼任副会长或常务理事。为履行日内瓦公约和与国际接轨，支持各级红十字会理顺管理体制，工作机构单独设置，机关工作人员参照公务员管理，日常工作经费由财政解决，并适当增加编制，推荐和选配好专职领导干部。根据需要批准增设有关机构，如中华骨髓库管理中心、国际人道法委员会秘书处等。

（3）工作开展。除上述两方面外，党和政府及有关部门为红十字会开展工作创造了许多有利条件。每届红十字国际大会，我国政府都派代表团参加并相应做出支持红十字会工作的承诺；中国红十字会总会是国家减灾委、“文明委”以及无偿献血、艾滋病预防等工作委员会成员，自然灾害和突发事件应急预案中有红十字会的职责，民政、发改委、教育、公安、交通、劳动人事、财政、税务等部门都制定下发过有关支持红十字会工作的文件，从彩票公益金中安排一部分资金保证捐献造血干细胞等人道工作；地方各级红十字会一般都是当地应急管理、精神文明建设、志愿服务等工作（协调）机构的成员单位，有些地方已将红十字事业列入经济社会发展专项计划、将红十字会的某些工作列入政府办民办实事重点工作或考核目标、将红十字会作为枢纽型社会组织。2012 年 7 月在国务院下发的《关于促进红十字事业发展的意见》中，对优化红十字事业发展的法制、政策、舆论环境和加强对红十字事业的领导、支持做出一系列明确规定，各省（有些是党委、政府联合）也出台了有关意见。

2. 红十字会主动当好助手、拓展人道工作

（1）民间外交和特殊事件中的工作。中国红十字会于 1952 年成为新中国成立后第一个在国际组织中取得合法席位的组织，主动协助政府开展民间交流和处理某些特殊事件。如：组团参加有关国际会议或出访、组织国际医防大队到朝鲜战场服务、协助大批日侨和被释放的战俘回国、争取巴西红十字会和国际支持营救被扣压的中国经贸团成员回国、协助朝鲜战争战俘遣返、参与中印与中越边界武装冲突后探视和交换战俘、营救被外国扣留或劫持的渔民、协助政府安置印支难民、协助政府对外援助；改革开放以后特别是担任国际联合会副主席和领导委员会成员后，进一步扩大国际交流合作和增加国际救援；沟通两岸关系，开展台胞台属服务和两岸遣返工作；通过红十字国际委员会营救被劫持的人质；与红十字国际委员会合作向政府和军队以及社会传播国际人道法等。

（2）主动“替政府分忧、为群众解难”。中国红十字会自参与 1987 年大兴安岭火灾救援起，参与了洪涝、地震、冰雪、泥石流等历次重大自然灾害的救助，通过社会募捐筹集款物，2008 年抗震救灾募捐近 200 亿元（其中境外 50 亿），协助政府紧急救援和灾后重建。根据“改善最易受损害者境况”的目标，红十字会通过项目募捐、与企业及爱心人士合作、组织志愿者参与、设立红十字服务站和博爱超市、开展博爱送万家和参与“三下乡”、建立康复护理和孤儿之家等人道服务机构等形式，给孤老残疾人士、大重病患者、农村留守儿童、城市下岗失业人员等困难人群以帮助和服务。

（3）“围绕中心、服务大局”，适应经济社会需要拓展人道工作。中国红十字会在上世纪 80 年代大力提倡和践行“救死扶伤、扶危济困、敬老助残、助人为乐”，参与“五讲四美

三热爱”精神文明建设活动；90年代在探索中国特色红十字事业中提出了“救援”“生命”“爱心”三大博爱系列工程；本世纪以来更加突出以保护生命健康为主要内容的“三献三救”工作。2000年以来，努力推动捐献造血干细胞和人体器官、积极参与艾滋病预防宣传、关怀和帮助艾滋病患者感染者、开展心理健康服务和心理危机干预、大力发展和组织志愿者开展社会服务、实施“博爱家园”等项目参与和谐社区建设、设立系列的“天使基金”给各种大重病或先天缺陷患者以救助、群众自救互救培训向“五进”（社区、农村、学校、企业、机关）扩展、拓展失散亲人的寻找和重建家庭联系的工作等，这些都是党和政府改善和保障民生、构建和谐社会战略目标中不可或缺的工作。其中有些项目争取到包括红十字会在内的国际组织的资助和合作。

综上所述，中国红十字会是有一定行政职能（如《献血法》规定和政府共同表彰先进、动员协调社会力量参与人道事业、协助政府救灾救助和战时救援、完成政府委托的有关工作等）的、在党和政府领导和支持下、在人道领域与政府密切合作的、独立开展工作的社会团体。因是国际红十字组织的成员并由国际和国内法律赋予战时和平时的特殊职责，因而具有其他任何社会团体不具备的特点和不可替代的作用。简言之，中国红十字会具有与“三重赋权”相应的国际性、行政性、社会性。

三、改革：增强社会性、淡化行政性、扩大国际性

中国红十字会国际性、社会性的属性和救助款物主要来源于募捐的特点，是红十字会进行改革和保持公开透明的内在动力。

中国红十字会“八大”（2004年）制定的五年规划提出：推进机制创新以打造社会化、开放式工作格局，建立健全募捐及使用公开透明、公正高效的制度，接受组织、舆论和社会监督。2008年在接收捐赠近200亿的情况下，总会多次发文强调必须公开透明、自觉接受社会监督。中国红十字会“九大”（2009年）通过的五年规划确定：要深化社会化、开放式运行

机制，健全科学民主决策机制，保证财务信息公开透明，健全包括邀请社会监督员在内的监督机制。2011 年 1 月召开的九届二次理事会将完善信息发布等各项制度、提升公开透明度列入当年重点工作。此外，财政拨款和社会募捐历来也都是分开管理并接受审计的。这都说明红十字会并非因“网络事件”而被迫改革和开始公开透明。当然，我国加强社会建设、推进社会转型的大背景和“网络事件”促使中国红十字会加快了改革和建设公开透明信息平台的步伐。但是，改革绝不可能是所谓的“去行政化”以及变为纯粹“民办”的社会组织。

网络上对中国红十字会所谓“官办”和“行政化”的某些观点，有的是误解，有的则逻辑荒谬。

观点一：红十字会工作机构有编制、工作人员参照公务员管理、党政领导兼任会长，是典型的“官办”组织。

其实，这只是体现了党和政府对红十字事业的重视和支持、特别是对红十字会工作机构正常运转的保障，因为中国红十字会是由 9 万多个基层组织和 3000 多万会员、志愿者组成的社会组织。而且，许多国家对红十字会支持力度比我国大得多，有些国家红十字会不仅工作人员薪酬和办公经费都是政府拨款，而且救灾救助和援外主要也是政府拨款，而我国红十字会社会救助和参加国际救援主要靠募捐，政府拨款占总收入的比例比许多国家低得多；有的国家红会理事会成员都由政要任命，我国红十字会领导和部分理事虽是党政和有关部门推荐，但要通过代表大会和理事会选举才能产生。红十字事业需要全社会支持和参与，政府和有关部门领导参与有利于协调社会各界支持人道事业。是否官办，关键是能否按《红十字会法》和《章程》独立自主工作。

观点二：“官办”的红十字会必然不公开透明、腐败难免。

且不说红十字会成立特别是 1987 年以来在社会募捐方面公开透明的一系列制度和做法，也不说红会系统究竟挖出了多少贪腐分子，单就“官办”必然腐败就站不住脚。虽然行政机关、官办机构或与政府联系密切的组织可能易生腐败，但不等于必然腐败，不受监督制约的权力才必然腐败。关键看有无预防、惩治和清除腐败的机制和行动，否则廉政建设就失去了意义。在实践中红十字会募捐的款物应独立自主管理使用，有的地方用行政手段限制红十字会开展募捐，甚至红十字会接受的捐款被强行调拨，这并不是红十字会及其工作人员自身的问题，恰恰是当地政府或有关部门违背了红十字运动基本原则和《红十字会法》的结果。

观点三："红十字会保持中立独立就不能由党和政府领导"。

国际红十字运动章程规定各国红十字会"依据自身章程和本国立法"从事人道主义活动，我国根本大法《宪法》确定了中国共产党的领导地位，中国红十字事业是中国特色社会主义事业的组成部分，接受中国共产党领导是毫无疑义的。最关键、最核心的是党和政府是否会支持红十字会按照"人道""公正""中立""独立"的原则开展工作？从理论上讲，以马克思主义为指导的中国共产党，争取人类彻底解放的博大胸怀和远大理想中包含着最彻底、最高层次的人道主义；从实践上看，不加歧视地对所有的人特别是陷入困境者的人格、尊严、生命和健康给予尊重、保护和救助，是中国共产党及其领导下的政府和军队一贯的做法；红十字会"人道""公正""志愿服务"等原则及其开展的"三救"等工作，正是中国共产党和人民政府要大力弘扬的精神和致力开展的工作。可以说，党和政府的领导以及共产党员的先进性是红十字会遵循七项原则做好人道工作的有力保证。

所以综上所述，中国红十字会改革的核心不是所谓"去行政化"，而应是寻找并在动态中保持社会性、行政性、国际性的合理平衡。具体而言：

（1）增强社会性。一是增加理事会的代表性和包容性，增加社会各界特别是捐赠者和专家学者代表，包括一些扎根于民众或某些特殊群体的草根组织的代表，改善决策层的结构，以体现"向所有的人开放"的要求和更广泛地了解及反映社会的诉求。二要切实保障会员、志愿者和理事民主选举的权利，保障理事会、常务理事会的决策作用，保障工作机构独立自主开展日常工作。三是依靠志愿者和有关方面代表建立不同的工作委员会。有条件的地方可试建董事会，即由捐赠达一定数额或长期合作的企业代表和个人组成，在理事会领导下开展工作，协助红十字会开展募捐和捐赠管理并提出使用意见。四是要更善于与社会各界特别是包括某些草根组织在内的其他公益慈善组织合作，使社会公益资源得以互补、共享和更有效整合。五要大力发展基层组织和志愿者队伍，扎根基层，在社区、乡村、企事业单位开展多方位、多层次的服务，切实助民惠民。六是与其他社会组织公平竞争，争取政府更多的购买服务，承担更多的社会服务职能。七是要利用现代信息技术和媒体，打造更加公开透明的信息平台，建立更广泛、更及时、更畅通的对社会开放、交流和互动的机制。八是争取其他部门和有关方面支持、通过公开透明程序产生完全独立于红十字会之外的社会监督委员会，增加社会监督的有效性和权威性。

（2）淡化行政性。一是除政府和与红十字工作紧密联系的部门外，适当减少理事会中党政部门的比例。二是党委政府不要直接任免红十字会领导干部和进行工作安排。党委政府对红十字会的领导主要是路线方针政策的领导和领导干部的管理，而不是直接干预或部署安排红十字会的工作。对红十字工作的意见要通过理事会、常务理事会遵循七项原则和民主集中制的原则做出决策；党委政府提名推荐的干部必须按照《红十字会法》和《章程》履行程序，更要力戒红十字会变成党政领导"照顾安排"干部的地方。三是不可将红十字会的独特优势变成盲目优越感或工作简单化、行政化，不可借助党政部门以行政手段开展募捐和"三献"等工作，要靠红十字精神和旗帜的宣传普及、感染引导，通过身体力行的模范形象、严格规范的管理和热忱周到的服务，争取越来越多的人了解、理解和支持红十字事业。四是切不可官气十足、唯我独大、唯我独尊，要坚决克服衙门习气和官僚作风。要以对民众特别是困难群体深厚的感情、对人道事业强烈的责任感和对下级及基层真诚服务的态度，廉洁高效地做好工作。不论内部管理还是对外工作，都应人道博爱、平等待人，不要独断专行、盛气凌人、以势压人。五是要通过竞争公选、绩效考核、问责和优胜劣汰机制，推行真正能上能下的、能进能出的、灵活流动的用人机制。

（3）扩大国际性。中国红十字会作为一个发展中大国的红十字会，而且作为红十字会与红新月会国际联合会领导委员会成员，理应在国际人道主义领域和民间外交方面发挥更大的作用。特别是在我国提出"内建和谐社会、外促和谐世界"的战略目标下，更要在扩大国际交流合作、参与国际人道事务、对外援助等方面有更大作为。因此，相应地需要在工作内容和机构机制上进行必要的改革和调整。

总之，要认真贯彻国务院《关于促进红十字事业发展的意见》，把握改革的目标、方向和重点，大胆改革、敢于创新，开创我国人道事业的新局面。

（本文2013年6月发表于“人民网”和“新浪网”博客）

对中国红十字会极不公正的评价

——时下最大的“冤假错案”

中国红十字会管理和工作上有没有缺点和错误？有没有腐败分子？肯定有的，但中国红十字会的主流和本质是“红的”还是“黑的”？肯定是红的。然而，2011 年 6 月下旬以来，中国红十字会在网上被骂成“黑十字会”、遭万人“呸”，以及被指责“三大腐败”“接收捐赠不公开透明”“毫无公信力”“捐款变成了人家的豪车和包包”等等，真是莫大的冤假错案。

是什么造成都这样的冤假错案？是以偏概全、以点带面的思想方法；是捕风捉影、子虚乌有的猜疑乱说；是宁信其坏、以讹传讹的社会心态。且看事实：

1. 事件起因的导火索——郭美美炫富，其自称“红十字会商业总经理”，完全是凭空杜撰，但却把红十字会推向了舆论漩涡。

2. “超标 420 万采购”。据审计署公布的审计结果，原来购买用于救护培训的模拟人的预算是 1600 多万，招标 1200 多万就够了，但仍然购买了 1600 多万，多买了 420 万的模拟人。此类物资既不能发给工作人员使用，也不能做集体福利，只能用于扩大群众救护培训。当然这也是个问题，执行预算有问题，但与几十个部门的 4 亿多小金库相比，孰轻孰重，明眼人一看就知道。但众多新闻媒体在报道审计结果时却冠以醒目大标题“红十字会超标采购 420 多万”（用词错误，实为超量采购），文中顺便提到了更严重的 4 亿小金库问题。只见到一家大报，大标题是“82 部门小金库 4 亿多”来报道审计情况，文中也提到红十字会超标采购的问题，这样的报道要公正得多。上述两条消息，引起了对红十字会的轩然大波，这对促进红十字会痛改前非、纠正错误、弥补缺陷、完善管理、提升自我是极大好事，但是其中许多夸大、胡说和谩骂起了误导作用。

3. “红十字会不公开透明”，“一天不公开，一天不捐款”等等，这是最大的指责。实际上，红十字会毕竟有100多年的历史，而且是国际性的人道救援组织，所以红十字会对捐赠的接收、管理和使用，国际上有国际红十字运动七项基本原则（人道、公正、中立、独立、志愿、统一、普遍）和专门规定。国内中国红十字会总会也有专门规章制度，公开透明是其中的一个重要原则。即使在2008年抗震救灾规模空前巨大的捐赠中，中国红十字会总会也在网上公布接收捐募名单，四川省红十字会第二天就公布了前一天捐赠者名单，江苏省红十字会也按日公布捐赠者名单，而且都有收据号码，避免同名同姓的问题（至今网上仍能查到），对大额的有意向的分别落实并向捐赠者报告结果；全国凡是建立了网站的红十字会网页上都有捐赠名单信息栏；红十字会还通过简报、媒体等多渠道向社会公布捐赠者名单；红十字会每年都要向理事会报告捐赠收支情况，怎能说没有公开透明？只能说透明程度还不够，还不能满足每位捐赠者知悉使用去向的要求。同时，全国红十字会系统没有统一的公布格式，现在建立信息平台又提高了一步，而不是才起步。否则，就无法说明中国红十字会一百多年来怎能接收到国内外那么多捐赠，特别是汶川地震190多亿的捐赠。此外，中国红十字会系统接收捐赠、报灾、救灾、救助工作有一套相互衔接的12张表格，多年实践中数次修订。同时，对救灾救助物资采购也有明确“公开招标”和“货比三家”的要求，也并非没有规范的程序。

4. “红十字会是官办机构”。许多评论都说对红十字会质疑、批评体现了对官办慈善机构的不信任。为什么说是官办机构？因为红十字会工作人员参照公务员管理。实际上这是一大误解，这问题需从两方面看：

参照公务员管理，体现了党和政府对红十字事业的大力支持。许多国家政府对红十字会支持的力度比我国大得多，甚至红会救灾救助的经费绝大部分由政府拨给（我国红十字会人道救助款物主要来源于社会募捐），关键是红十字会有七项基本原则，必须独立自主展开工作，一视同仁救助需要帮助的人，优先救助最易受损害的人。是否参照公务员管理不是官办机构的标准，只有将社会捐款交由政府使用的组织才是官办机构。红十字会有既主动协助政府开展救灾救助、又独立自主操作的规范程序，至于个别地方既限制红十字会募捐、又强行把红十字会捐款划走的、违背《红十字会法》的做法，不是红十字会的责任，

另一方面，红十字会又与政府有着密切的协助、合作关系。这主要体现在：一是每四年一次的国际红十字大会，决定国际红十字运动的重大问题，每个国家的政府和红十字会各派出一个代表团并各有一票投票权；二是一国红十字会要得到红十字国际委员会承认并成为红十字会国际联合会的成员，该国政府必须首先加入日内瓦公约，这样该国政府才能履行日内瓦公约，支持红十字会独立自主开展工作；三是武装冲突中，有些组织的人员要使用保护性的红十字标志，必须得到国务院和中央军委的批准；四是红十字国际委员会和国际联合会作为两个最大的 NGO，是联合国观察员，发挥着重要作用；五是国际红十字运动章程规定各国红十字会是本国政府人道工作助手，政府可以将某些与红十字会宗旨相符的工作交由红十字会承担，也可将政府不便出面的某些人道工作交给红十字会，如当年帮助大批日侨归国、两岸红十字组织 1990 年签订的关于人员遣返的《金门协议》等；六是正因为红十字会在国内外的特殊作用，许多国家和地区的领导人担任了红十字会的名誉会长或保护人、监护人。这些都是其他任何组织不可替代的。

5. “红十字会出现腐败分子，太黑了”。如果说这几个腐败分子太黑了，千真万确，如果据此说红十字会太黑了，则大谬不然。国内外，任何政党和组织都会产生有问题的人或事，关键看这个组织对腐败的态度，是放纵还是严惩，还要看腐败分子究竟是主流还是支流，是森林还是一树？由于红十字会要用“人道、博爱、奉献”精神去争取社会募捐和志愿者参与才能开展人道工作，因此，绝大多数红十字会工作人员是严格要求自己、廉洁自律的，而且在捐款、献血、捐献遗体和器官等方面也是身体力行的。屈指可数的几个腐败分子绝对代表不了广大红十字会工作人员的形象，改变不了红十字会人道救助团体的本质和纯洁度很高的主流。

6. “中国红十字会是唯一没有加入国际红十字组织的国家红会，因为加入就必须财务分开”。这更是无稽之谈、可笑至极。因为中国红十字会1919年就加入了国际红十字组织，新中国成立后的1952年，中国红十字会是我国第一个在国际组织中取得合法席位的组织。1989年以来，中国红十字会领导连任两届国际联合副主席，连任不得超过两届，但至今仍是领导委员会成员。这个不值一驳的胡说竟然也会有千万人转发。还有讲红十字会垄断血液事业等等，真是无知之极。

更多的猜测胡说，如××副会长被双规等等，这些都将不攻自破。有几位社会知名度很高的名人，也人云亦云，没有凭据而信口雌黄，甚至颠倒黑白、胡说八道，严重损毁中国红十字会在国内外的形象和声誉，中国红十字会完全应该通过司法起诉，令其道歉，以正视听。

总之，我相信：忠于事实才能忠于真理，“欲知松高洁，待到雪化时”。正如一位国家领导人在中国红十字会成立100周年时这样评价的：“一百年来，中国红十字会弘扬人道、博爱、奉献的红十字精神，无论战争年代，还是和平时期，都不畏艰险，积极参与人道主义救助工作，经受了战乱、灾害、突发事件的严峻考验，谱写了可歌可泣、感人至深的光辉篇章，为国家、为社会、为人民作出了不可磨灭的贡献。”

让历史去评价吧！

（本文发表于2011年8月2日“新浪网”博客、“新华网”论坛。其中主要观点在2011年6月30日参加南京市秦淮区红十字会在夫子庙广场举行的募捐活动现场对众多媒体记者表达过）

名人名嘴，对红十字会能否调查一下再说

有两位伟人说过，“没有调查就没有发言权”，“偏见比无知离真理更远”。自古以来就有一种很省事的评论，就是不去了解事实，先给你加上一个错误或罪名，然后大加讨伐、批评，这样既显得自己正确，而且展示了自己的高明和远见，同时也更易引起人们对所批评对象的不满和责难。比如，近日多见的这些观点：“中国红十字会因为不透明一直受人诟病”，“缘于这次危机才推出了捐赠信息平台”，“捐赠信息发布是向公开透明迈出的第一步”等等。这不是一般百姓的议论和看法，而是知名学者在重要媒体发表文章中写的。这就等于告诉大家：中国红十字会过去是不公开透明的，这次被迫开始起步。这当然要引起有正义感的特别是曾向红十字会捐赠过的人们的义愤。我不知，他们讲这话是否经过调查。如经过调查，只能说很粗浅、不认真；如未经过调查，只能说是很不负责、带有偏见。当然，我们的媒体也因为他们是知名人士而不管真伪照登不误，显然也有失严谨。

要了解事实，一个最简单省事的调查就是上网查查所有的红十字会网站，看看有没有捐赠爱心榜和捐赠名单公示？看看是这几天才建还是早已有之？当然这只是调查的方法之一，还可以通过其他途径（如媒体、简报、有关会议等）了解。我相信，经过调查，说这样话的名人就会自愧为什么不了解一下再发表意见，就会担心这样做是否会影响自己的公信力。如果既不自愧也不担心，那就是唯我独尊、奈我如何的心态了。

事实是：中国红十字会成立以来，特别是上世纪 80 年代末开始通过社会募捐参与救灾救助工作以来，就有接受社会捐

赠必须信息公开的原则和做法。但缺点之一是至今全国没有一个统一的格式和信息平台；缺点之二是还不完善，向社会公布接受捐赠能细到每笔，但支出却没细到每笔，小笔捐赠融进总数再细分有一定难度。当然这不是理由，如果再细致严谨一些，仍可将涓涓细流的去向搞清楚。这次对红十字会的批评可以促进这方面的提升和完善，更加公开透明。

信息平台的发布，并非近期才决定。进一步完善和提升捐赠公布信息系统的决心和措施早已有之。前任会长彭珮云任期内多次强调要坚持公开、透明、公正、高效的原则，不断提高红十字会的公信力。华建敏任会长后。提出要将提高公信力作为红十字会的四个法宝之一。2011 年 1 月理事会上，王伟常务副会长在报告中多处讲到公信力问题，提出要以加大信息公开透明度为重点，进一步加强公信力建设，并列入当年重点工作之一。上述讲话都可从中国红十字会网站和报纸上看到。

既然这样的评论完全有悖事实，怎么还有那么多人相信，而且义愤填膺？原来许多人认为红十字会是官办慈善组织，这实是一种偏见，有了偏见就不会去了解事实和真相。红十字会确实与官方有密切的相互支持、合作、协助的关系，政府对红十字会也负有“支持、资助、保障和监督”的责任，这是日内瓦公约、国际红十字运动章程和《中华人民共和国红十字会法》规定的，也正因有这些公约、章程和法律，才保证了红十字会不能成为政府的附属机构，而应是独立自主开展工作的人道主义社会团体。至于什么是官办慈善机构，《中国新闻周刊》2007 年第 23 期有篇权威文章，而“中国评论新闻网”2011 年 7 月 12 日的《中国慈善机构危机突现体制缺陷》一文也有分析，可以看看。

红十字会是一个国家人道主义工作的一个重要窗口和形象，如果中国红十字会在此以前一直不公开透明，始终暗箱操作，没有公信力，怎么会有那么多人、那么多企业向它捐款捐物？近几年怎么会得到国际上几十亿的援助？当然，红十字会应该对得起社会的信任，对得起捐赠者的爱心和求助者的期望、对得起光荣的历史。红十字会作为弘扬“人道、博爱、奉献”精神的圣洁之地，容不得半点污垢。所以，应该以真诚的态度对待一切善意的甚至是过激、偏颇的批评和指责，认真整改、纠正错误，清除病毒、完善自我。但是对于那些完全违背事实或者凭空捏造、子虚乌有的胡说，则应该理直气壮、义正词严地加以说明。不能有过错就没有底气，因为这不仅不应该否定和抹杀全国各级红十字会多年的工作，而且也关系到中国红十字会在国际上的形象、声誉和地位。否则，最终受到影响的，是那些希望得到红十字会救助的"最易受到损害的人群"。

（本文发表于2011年8月4日"新浪网"博客、"新华网"论坛）

为什么如此抹黑红十字会?

有位伟人说过:“辱骂和恐吓绝不是战斗。”

有位反面人物说过:“谎言重复一千次就成了真理。”

这两年中,有些人对中国红十字会就是这样:辱骂和造谣。甚至当红十字会全力投入芦山地震救援之时,无中生有地造出要台湾红十字组织500万元救灾“买路钱”等谣言,并掀起一股辱骂的浪潮。

当然,这绝不是说那些善意的批评甚至是有些偏颇的指责,包括一些愤怒的质疑。因为,人们对接收爱心捐赠的组织容不得半点灰尘和沙子,怎么严格要求也不过分。这种强大的舆论压力能促进红十字会痛改过错、减少失误、防微杜渐、保持纯洁,更加公开透明和廉洁高效。所以,红十字会要诚恳接受,有则改之、无则加勉,并体现在实际行动上。但是,对那些以点带面、以偏概全甚至是彻底否定的评价,那些无中生有甚至是颠倒黑白的胡说和诬蔑诽谤,则绝不能听之任之,应义正词严加以澄清和驳斥。否则,将在社会上造成极大误解,不仅给红十字会和其他公益慈善组织带来负面影响,而且会助长极不负责的任意胡说的歪风邪气,有悖于社会诚信建设和维护公平正义。现就几个主要观点作点分析。

一、对红十字会主要的不实之词和中伤辱骂

第一,“中国红十字会长期不公开透明、网络事件和舆论压力才迫使其开始公开透明”,“成立社会监督委员会开始了公开透明的第一步”。这是最核心最要害的问题,其他一切批判甚至谩骂盖源于此。

说公开透明不够、需改进完善,千真万确;说历来不公开

透明，不符合事实。红十字会从诞生起，开展救援的人力物力主要来源于社会捐赠和志愿服务，因而视公开透明为生存发展的生命线。100 多年中，红十字国际大会、国际联合会制定和多次修订了接收捐赠、款物管理使用必须公开透明、尊重捐赠者意愿、公平公正、接受社会监督等原则、条例和操作规范，将“同捐助人和受益人之间所有交往都必须公开而透明”作为10 个准则之一。中国红十字会成立以来，特别是上世纪 80 年代开始开展社会募捐以来，就制定并多次修改完善工作规范和公开透明的要求和做法。从 1983 年 9 月制定《中国红十字会接收社会捐助条例》到 2009 年 11 月下发《中国红十字会募捐和接受捐赠管理办法》，经过不少于 4 次修订，其间还下发了20 多个关于救灾募捐、款物管理使用、物资采购等方面的制度规定。仅 2008 年对支援抗震救灾募捐及款物使用，就先后下发了 10 个文件，其中都有公开透明、接受社会监督的要求和具体规定。全国各级红十字会也都有公开透明和接受监督的做法，如通过媒体、网站、简报、新闻通报会等多种渠道公开有关信息；向大额捐赠者特别是有定向意愿者报告使用落实情况；向理事会报告捐赠接收和使用情况等。即使在 2008 年接收捐赠高峰每天有成千上万笔的情况下，总会和各省红十字会都一两天内在网上公布捐赠名单、数额（有的还有收据号码）等信息，在接收了 100 多亿捐赠的情况下，时任会长彭珮云更加强调要“坚持公开、透明、公正、高效的原则，不断提高公信力”。华建敏任会长后，提出要将提高公信力作为红十字会四个法宝之一。总会和各地红十字会多次接受过国际联合会或捐赠国红十字会委托的和政府审计机构，以及捐赠方（如港、澳、台红十字组织）的审计，每次大的募捐和救灾都要接受审计。所以，怎能说红十字会长期不公开透明甚至是黑箱操作？当然，在公开透明方面还有缺陷：其一是至今全国红十字会系统还未建成统一的信息公开的网络平台（这也受技术条件制约），其二是支出还没细到每一小笔捐赠的具体去处，其三是信息公布中有时有失误和差错。中国红十字会近几年在努力改进，2004 年召开的“八大”和 2009 年召开的“九大”都将推进社会化开放式工作格局和公开透明运行机制列入工作规划，2011 年 1 月九届二次理事会又将完善信息发布、提升透明度列入当年重点工作。中国红十字基金会在坚持捐款和捐助信息公开的同时，主动接受社会监督，于2009年成立了社会监督委员会并切实发挥委员的作用。这都充分说明公开透明并非公众压力才起步。

第二，“层层雁过拔毛的克扣、挥金如土的奢靡丑闻”，“慈善外衣包装下的吸血鬼”，“捐款变成了人家的豪车和包包”，等等。这是最能激起民众义愤的话。

事实又是如何呢？中国红十字会总会1983年试行的《接受社会捐助条例》第五条明确规定，“一切社会捐助，除捐助人指定用途外，必须用于红十字会社会福利事业，不得用于其他开支”；1988年10月下发的《红十字会参与救灾工作的暂行规定》第三条规定，“为救灾所得捐款、捐物必须全部用于救灾”；1997年修订的《募捐和接受捐赠工作条例》第十三条关于捐赠物资转送费用的条款中规定，“根据红十字会与红新月会国际联合会规定和惯例，可从捐款中提取3%～5%的管理费支付”；2009年修订的《管理办法》第二十三条规定，“依照国际红十字运动惯例，各级红十字会用于项目的支持费用不得超过本级接受捐款的6.5%”，牵涉几地红十字会的不得逐级、重复提取，“总额不得超过6.5%”，而且必要支出只能用于项目聘用人员的工资或志愿者补助费和直接用于项目管理的费用。此外，还有其他有关规定。实际操作中，各级红十字会积极争取政府和有关方面支持，尽可能节省开支，往往不提取管理费或者大大低于规定的标准。试想，如果捐款真被层层克扣，变成豪餐、豪车和包包，怎么经得起严格的审计？怎么还敢将2008年40多亿元国际捐赠实施的项目让捐赠代表实地察看？怎么会有那么多爱心企业和人士向红十字会捐赠且2008年国内捐赠达到140多亿？中国红十字基金会2011年11月怎么会被福布斯评为中国最透明的25个基金会的第3位（在公募基金会中列首位）？

第三，“中国现在是唯一一个没有加入国际红十字会的国家”。这是没有任何道理的。两年前有位名主持人也这样说过，而且讲加入国际组织必须财务公开，所以中国红十字会不敢加入，这条信息被无数人转发并招来对红十字会的骂声。

尽管中国红十字会后来作过澄清，但没想到芦山地震后又有人发这样的话，而且是某著名大学的教授，真是惊人的无知，但不能小看有名校教授光环的人讲话的影响力。实际上，中国红十字会在1919年“红十字会国际协会”成立时就是参加国；1952年，中国红十字会经过努力而成为新中国第一个在国际组织中取得合法席位的组织，1989年起，中国红十字会常务副会长被两次选为红十字会与红新月会国际联合会副主席（只能连任两届）、连续被选为领导委员会成员至今。对这样简单的事实都不去了解就信口胡说，正印证了“偏见比无知离真理更远”的真理。

第四，“红十字会已彻底现了原形，从仙鹤变为乌鸡，是黑十字会”，“已彻底失信于民、走向末路，分明是团伙犯案，实属天作报应”，“已成为中国式官营慈善全面沦陷的标志”，“过去的中国红十字会已令国人伤透了心，可谓民心丧尽、咎由自取，招人唾弃是必然的”……此类耸人听闻的评价还有许多，有些也是上述知名教授的话。还有的网民以极下流的言语咒骂真不便列举。不知道他们是作了多少社会调查和统计分析得出的结论。

但是，公道自在人心，正如有媒体称“网络舆情并不完全等同现实民意”。芦山地震后中国红十字会迅速投入救灾，仍受到谣言攻击和网上收到数万个“滚”，也有报道说有个地方有些民众见到红十字会募捐点就绕道走，但还是有成千上万人到红十字会捐款捐物，其中有很多感人肺腑、催人泪下的动人事迹。至4月27日红十字会接收捐赠在社会捐赠中占比达53%以上，而且不知有多少万人是完全自愿通过手机捐款的（4月30日《人民日报》）。红十字会在灾区的努力工作得到了广大灾民、志愿者的充分肯定。各级红十字会始终以替政府分忧、为群众解难为己任。2011、2012两年中，各级红十字会主动及时地参与地震、洪涝、泥石流等灾害救援，捐赠救灾款物28亿多元；继续实施灾后重建项目（仅总会就投入资金9亿多元）；深入基层和贫困地区，救助孤、老、大重病患者等各种困难人群，捐赠款物18亿多元，4100多万人受益。此外，各级红十字会大力宣传推动无偿献血、捐献造血干细胞和遗体器官，至2012年9月已捐献造血干细胞和器官的志愿者分别有3100多人和639人（捐各种大器官1821个）；两年中开展民众自救互救和防病知识普及培训达4697万多人次，培训群众救护员764万多人次、培训救护师资4.5万多人次；还在红十字青少年活动、预防艾滋病宣传教育、关怀和帮助艾滋病患者、帮助失散亲人家庭重建联系、组织志愿者在社区助民便民服务、与港澳台和国际红十字组织交流及合作等方面开展了大量工作。绝大多数红十字会工作人员在尽心尽责、艰苦奋斗、努力工作，而且带头捐款，符合条件的带头无偿献血和报名捐献造血干细胞和器官。试问，这是一个“丧尽民心”“全面沦陷”的“黑十字会”能做到的吗？

二、辱骂和造谣的恶劣影响和后果至少有这几方面

第一，严重诋毁了中国红十字会的形象，干扰了抗震救灾工作。红十字会的工作、业绩、贡献和广大红十字会工作者、会员、志愿者的辛勤工作和奉献被抹杀和否定，红十字会在大多数原来不大了解红十字会而又不可能去探究真相的人们心中成了妖魔。有些人对红十字会不敢沾边，唯恐避之不及；有些虽然了解红十字会并想继续捐赠的人们迫于误导的舆论压力而不敢再公开捐赠或者暂时疏远；有些替红十字会说公道话的人受到攻击和谩骂。在需全力投入抗震救灾时，谣言和辱骂在伤害红十字会的同时，转移了人们的注意力和视线，分散了红十字会的精力，干扰了救灾工作。中国红十字会是红十字会与红新月会国际联合会领导委员会成员，中国红十字会的救灾工作得到过国际红十字组织的大力支援，各项工作也得到了红十字国际委员会和国际联合会的充分肯定，国内一些人这样诬蔑红十字会，不仅损害了中国红十字会的形象，更损害了国家的形象。

第二，彻底否定了党和政府对中国红十字会的高度评价。近些年来，江泽民、胡锦涛、习近平、朱镕基、温家宝、吴仪、回良玉等党和国家领导人多次高度赞扬和肯定中国红十字会的光荣历史和为国家、社会和民族作出的重要贡献。2012年7月国务院《关于促进红十字事业发展的意见》也充分肯定了红十字会在经济社会发展中的重要贡献和特殊作用。谣言和辱骂全然否定了这些，增加了民众对党和政府的不信任甚至抵触

情绪。

第三，严重伤害了捐赠者的爱心。在社会上爱心涌动、捐款捐物支援救灾救助和捐献骨髓、器官挽救他人生命的时候，有些人提出“拒红、抗捐、不合作”，并说“拒捐也是每一个觉醒者、自觉的公民不合作行动”，似乎继续向红十字会或其他公益组织捐赠的爱心人士、爱心企业都是不觉醒、不自觉的，而胡说八道和鼓动不捐款的倒成了“爱心人士”。

第四，极大地妨碍了公益慈善事业的发展，损害了需要帮助的弱势群体的利益。对红十字会的全盘否定和造谣辱骂，已对整个社会公益慈善事业、特别是公募基金和某些有一定官方背景的公益组织带来很大负面影响。有篇博文将“拒红、抗捐”上升和扩大到“由国家级失信引发的公民觉醒和不合作实践，以及间或出现的抗争意识，表明了中国社会发展的某种方向”。据2013年慈善发展蓝皮书统计，除去大的自然灾害的因素，平常的社会捐赠明显下降。由于对公益慈善组织缺乏信任，近两年中有许多人直接向受助人捐款捐物，这种爱心和减少中间环节的做法很可贵，但毕竟不是现代公益慈善事业的发展方向。现代慈善事业的一个重要标志，正是捐赠者和受助者分离、由众多慈善组织及其志愿者传递社会爱心，这样做既有利于扩大慈善人士和志愿者队伍，更有利于提升慈善事业专业化、制度化、规范化和社会化水平，也将从总体上降低慈善救助的成本。

第五，助长了不负责任的胡说歪风，损害了社会诚信建设。在人人都有话筒、都有发言权的网络时代，一个谣言、一句辱骂可以迅速传播并在这一过程中不断添油加醋而进一步放大，有些人因种种原因积压的不满情绪借机发泄、胡说八道，增加了社会的不信任感、塔西陀效应和思想混乱。

上述这么讲，并非说红十字会很完美没有问题，也不是说对一些问题不需要调查了解、弄清真相。相反，要承认红十字会还存在许多问题、瑕疵，必须严肃对待、切实纠正和改进；同时要大胆改革，加强自身建设，建立起国际红十字运动基本原则与我国市场经济体制相结合的、更加社会化、开放式的组织体系和运作机制；有的问题也应弄个水落石出，对公众质疑的重要问题必须有明白无误的交代。但不能因此就对造谣诬蔑、诽谤谩骂听之任之，对强加的不实之词忍气吞声，这绝不是一个追求公平正义和走向法治的社会应有的现象。因为，"只有忠于事实才能忠于真理"，每一个有良知、有责任感的公民和媒体，特别是那些有影响力的名人和媒体，都应该在了解事实真相和统计分析后再发表观点，再加上逐步完善监督管理，才会有健康的媒体空间和网络世界。

（本文在2013年6月发表于"人民网"和"新浪网"博客）

红十字会建设与改革

走出襁褓天地宽

——红十字会机构独立的必然性

红会机构是否要独立，实质上是“三列”（列位、列支、列编）的核心问题。新中国成立以来，红会作为人民卫生救护团体或挂靠、或隶属于卫生部门。目前，在我国大陆及江苏省范围内，红会机构的体制主要有三种状况：一种是和政府各部门并列的独立机构，这类为数很少；第二种是挂靠在卫生行政部门，但日常工作、业务活动基本上独立开展，人、财、物自主管理，卫生部门仅在某些方面（主要是干部、人事、党务）代管，有相当一部分红会属这种情况；第三种是红会机构附设或隶属于卫生部门，类似卫生部门内一个处（科、股）室或直属单位，人、财、物、工作计划、重大活动都由卫生行政部门决定，这种情况也为数不少。

红会机构隶属于卫生部门的体制下，卫生行政领导的认识水平、领导方法对红会机构的工作、红十字事业的发展有很大影响。卫生行政部门的领导多数对红会事业和工作特点比较理解，放手支持红会机构及其人员独立开展工作，并从人、财、物各方面给予一定保证，对红十字事业发展起到了积极的作用。

《中华人民共和国红十字会法》进一步明确了红会的性质、任务、与政府及各部门的关系，为红会机构的独立提供了依据。一是红会作为人道主义的社会救助团体，与政府行政机关性质不同。二是红会七项职责，远超出卫生事业，担负着卫生部门没有承担的许多其他工作。三是红会的职责任务与民政、卫生、教委、外办、台办等部门工作有密切联系或交叉，但开展工作的角度不同。红会是与国际有广泛联系的社团，体现了民间性、群众性，而上述这些部门则以政府机关的身份和职权开展工作，体现了强制力和行政性。四是政府及有关部门对红会是“支持、资助、保障、检查、监督”，红会对政府是“协助”。红会机构独立，不仅是红会依法履行职责、按照自身特点开展工作和维护红会合法权益的需要，而且有利于政府部门和红会在各自领域和范围内发挥优势和作用，相得益彰，共同为社会全面发展的目标而努力。

有些红会干部担心，红会人、财、物力量微薄，机构一旦从卫生部门中独立出来，没有了依靠，无法生存和发展，于红十字事业更不利。此担心虽有一定道理，但却更说明，正因为红会机构依附于卫生部门，才像襁褓中的婴儿，始终没有独立自主的实力，也无法在更大领域内和舞台上发挥作用。有人形象地比喻为既“饿不死”、也“长不大”。而且这种体制在工作程序上也很不顺，理事会、会员代表大会是红会的权力机关，而卫生行政部门又是红会机构的主管机关，很难保证两者之间能完全协调一致。当然，红会机构独立后，仍要主动协调与卫生等部门的关系，相互支持、密切合作，发展红十字事业和卫生事业。也有同志认为，红会机构尚不具备独立的条件，现在提出独立，是否过早？我认为这涉及基本的指导思想和努力目标。不力争，何时能具备独立的条件？以独立为指导思想和目标，自然要去争取、创造独立的必需条件，这个进程与人的主观努力有很大关系。

红会机构的独立，在一个地区和全国范围内，都有一个过程，不会一蹴而就，不能一刀切，要根据不同情况区别对待。已经独立的，代表了趋势和方向，应巩固发展，并创造“独立自主开展工作”的经验。仍挂靠或隶属于卫生部门的要积极创造条件，目前可以做到的是：红会争取卫生部门以制度、规范的形式明确对红会机构代管的范围和支持红会工作的职责，不能把红会机构等同于内部科室或下属单位那样管理；作为代管或挂靠部门，卫生部门要从人、财、物等各方面支持红会工作，并争取在政府经费上列上位置。有些地方红会机构只有一两个编制，首先要按编制数选配好干部。还有些地方红会没有编制，更没有明确的经费，这两种情况多在县（区）一级，需要解决。

社会主义市场经济体制的建立和社会经济文化的发展，使红会工作范围和服务领域更为广阔，红十字事业显得更为重要。与此相应，红会机构的独立是必然趋势，为红十字事业的长远发展，我们要努力争取早日实现。

（本文发表于1994年4月29日《中国红十字报》）

怎样当好秘书长

我于1993年到省红十字会任秘书长，自感工作做得不很令人满意，但对怎样争取把秘书长工作做得好一些还是有点体会。红十字会秘书长，既是管理者，又是具体工作的承担者。管理工作有共性，所以应该学习领导学和管理学的一般原理，如系统、整分合、能级、封闭、反馈、弹性等原理；还应努力培养一般领导干部应有的素质，如政治坚定、高度负责、克己奉公、清正廉洁、实事求是、公道正派、诚实守信、严格管理、宽容待人、知人善任、多谋善断、统揽全局、开拓创新等品质。但红十字会有其自身特点，各地各级红十字会机关也有各自不同的情况，所以每个秘书长开展工作也应有各自的风格和特点。红十字会组织的形象和影响，红十字会会长、常务副会长的地位和影响，为红十字工作带来许多优势和有利条件。但要把这些条件、优势转化为现实，还要通过许多环节，红十字会秘书长就是要在某些环节上实实在在地工作，发挥应有的作用。

一、摆正位置、当好参谋助手

红十字会的《章程》规定，常务副会长主持执委会工作，但秘书长一般是机关在编的工作人员（注：在理顺体制之前，红十字会机关由卫生部门代管，常务副会长一般由卫生部门的领导兼任，秘书长则由红会机关在编人员担任），所以应在常务副会长领导下负责机关的正常运转，完成会长、常务副会长交办的工作。秘书长是机关日常工作的管理者，而常务副会长是更高层次的领导者和管理者。秘书长对下级也是个领导者，但更主要的是管理者、执行者和落实者。所以，秘书长应是会长、常务副会长的参谋助手。要当好参谋助手，首先要注意了解、学习和适应会长、常务副会长的思想方法、领导风格和工作精神，还要有自觉性和主动性。

（1）尽可能多地了解和掌握情况，多请示汇报，并敢于提出自己的意见，供常务副会长拿主意、下决心、作决策时参考。对一些重要问题更应如此。如为了选址建设省备灾救灾中心，我和有关同志跑了30多个单位、看了20多块地，觉得可以考虑的，才向陈萍常务副会长汇报，并请她去现场察看、与有关单位进一步商谈。同时密切关注拆迁安置政策、动向和有关单位、人员对安置的要求、条件的变化，在是否与外单位合建和最终定址上明确提出了自己的建议，得到领导重视和采纳。

（2）对重要活动要主动拿出方案，认真细致做好各方面准备。即使是需要会长、常务副会长出面的事宜，也应先与有关方面联系、沟通，做好准备，避免措手不及或备而无用。1994年我和有关同志提出建立备灾救助基金（后改为人道救助基金）的建议，得到吴锡军会长、陈萍常务副会长同意并列入重要议事日程。我和机关同志们从活动方案、组委会成员单位、宣传提纲、请示报告、劝募信、领导讲话提纲，到基金募捐管理表彰办法，等等，都做了充分的准备，并反复斟酌修改，才递交给领导审阅。此项工作得到省政府的有力支持，而且一开始就管理规范。总会还专门发了简报。

（3）要摆正位置，注意工作的层次性。要自觉维护会长、常务副会长在红十字会和机关的重要地位和形象，重要活动、重要场合，要尽可能争取会长、常务副会长出席，有利于扩大影响、争取支持。同时注意一般情况下不越级请示汇报，特殊情况下直接向会长请示汇报后，也应及时向常务副会长报告；但对下级则明确表示，遇到重要问题可直接向常务副会长请示报告，事后告知秘书长一声即可。

二、身体力行、保证任务落实

秘书长应是工作计划的执行者、组织者、协调者、落实者。

（1）根据工作计划和会长交办的任务，组织人员，分工落实，经常检查，督促进度，这是首要职责。每年年初，都根据全年工作计划排出重点工作的责任部门、人员和进度、时限；每次大的募捐活动，都将机关工作人员分成几个组，有选择地分片到一些省直机关、企事业单位进行募捐宣传。对一些重要的突击任务更是要统筹调度，分工负责，及时检查督促，保证落实到位。

（2）以身作则、苦干实干。在人少事多的情况下，秘书长更加忙碌，节假日和晚上加班是常事。从接待人、谈工作、商量事，到起草或修改文件，往往许多事要同时做；从上门宣传募捐、救灾救助，到装订文件、装卸物资，都和大家一起做；无偿献血、捐款等自己带头做。这样，大家之间关系也融洽，管理协调工作也好做多了。

（3）依靠大家、创新工作。秘书长不仅自己要多想办法，更要鼓励、支持大家一起动脑筋、出点子、想办法，即使借鉴别人的做法也是好事。如“博爱一卡通”、爱心电话、建网站等，都是其他同志想出来的，我很支持并共同研究完善，向领导汇报得到认可后实施。

三、广泛宣传、争取多方支持

在专职人员少、救助款物主要来源于社会捐赠、需要多部门支持的情况下，更要努力争取政府和社会各界的理解和支持。

（1）主动上门宣传，争取理解。凡是与红会工作有重要关系的部门、单位，如政府办公厅和财政、公安、交通、教育、民政、宣传、行管、工商、物价等部门，我都同有关同志常去请示汇报。多汇报、多宣传，让他们多了解，对争取支持和解决实际困难起了积极作用。

（2）扩大社会宣传，让各界多了解红会。虽按分工我不直接分管宣传，但我对宣传特别重视，在经费、设备、阵地上给予支持保证。省红会从 1994 年起在公共场所设立了红十字阅报和宣传栏，后来又将此列入对各市的目标管理考核。支持宣传部建立红十字新闻志愿者队伍和全省红十字通讯员网络、举行通讯员培训班、与有关单位合作扩大媒体和公共场所宣传。对捐赠较多的单位和参加志愿服务的大学生，我多次同有关同志上门致谢、送荣誉证书。而到大学有关部门（党办、团委或学生处）送志愿服务证书，也是一种宣传。

（3）广交朋友，请他们为红十字会出谋划策。红十字会做的是人道博爱奉献的工作，又离不开各方面支持，所以待人更要尊重、热情、真诚。发挥老朋友的资源、不断结识新朋友，多交流以增加思想上的共同点、相通点，请他们在力所能及的范围内支持红十字事业。如请省委研究室的朋友将《红十字会法》的贯彻落实列入调研计划，并写了调研报告给省委和有关部门。

四、勤学多思、提高自身素质

（1）“干”和“学”。不以干代学，提高学习自觉性。忙于具体工作又不能陷于事务主义。在参加自学考试和党校函授学习之外，红十字知识主要靠自学，能找到的有关书籍、资料自己都认真看；总会文件、各地经验，尽可能学习、了解；党的路线方针政策，更要了解掌握，有利于从更高层次、更广阔背景上认识和指导红十字工作；还要善于在工作中不断总结，这是更直接有效的学习。

（2）“学”和“思”。多些理性思考，增强科学性。多思考，才能把学过的知识联系起来，进一步深化和拓展认识，也才能增强对工作的理性认识，有利于提高工作的自信心、自觉性、前瞻性和科学性。

（3）“思”和“行”。正确的认识必须付诸行动。学习和思考都是为了指导实践、推动工作。言行不一、知行不一不符合红十字精神，对红十字会形象和工作开展有害无益。

（本文是在2002年9月总会第一期领导干部培训班上的发言提纲）

历史的责任　现实的要求

——有感于全国红十字青少年工作会议

中国红十字会、教育部、卫生部、团中央共同召开的全国红十字青少年工作会议，在中国红十字青少年工作史上是第一次。彭珮云会长、江亦曼常务副会长及其他部门领导的讲话，无不传递着这样一个重要信息：更加紧密协作、形成合力、开创红十字青少年工作新局面，为培养中国特色社会主义事业建设者和接班人而共同奋斗。会议确定的任务和交流的经验，则给大家以明确的努力目标、工作思路和方法上的启迪。

彭会长在讲话中指出：青少年培养“是保证中国特色社会主义事业兴旺发达、后继有人的基础性工作，也是实现亿万家庭最大愿望和切身利益的民心工程”。诚然，青少年的培养和成长是需要家庭、学校、社会等多方面因素及包括社会团体在内的各种组织发挥各自的作用、协同配合，才能达到最佳的成效。但是，没有哪一个组织像红十字会那样，作为国际性人道救援组织，有被最广泛认同的七项基本原则及其“人道、博爱、奉献”精神。红十字青少年作为国际红十字运动的重要组成部分，在“我为他人服务”的行动口号下开展多项活动已有近百年历史。同时，他们还进行着广泛的国际交流。这些都决定了红十字会在开展青少年工作、促进青少年健康成长方面有其独特的优势和作用。彭会长指出：实践证明，开展红十字青少年活动，“对于培养他们成为德、智、体、美全面发展的社会主义事业建设者和接班人起到了很好的作用，对于构建社会主义和谐社会也有重要意义”。红十字青少年工作的重要性是客观存在的，不以我们的认识程度而转移，但是，只有充分认识和理解其重要意义，才能更加自觉地、有意识地抓好这项工作，并不断将其推向前进。

青少年是红十字运动的未来，更是国家、民族的未来。社会全面进步、人的全面发展既是我国现代化建设的目标，也是全面建设小康社会的条件。红十字运动是一个国家、民族文明进步及和谐程度的一个重要标志。组织尽可能多的青少年参加红十字知识的学习及其相关的活动，使他们成为“人道、博爱、奉献”精神的实践者和传播者，不仅保证了红十字运动后继有人，更有助于培养构建和谐社会的促进者和建设者。我们要从中国特色社会主义事业立于不败之地和中华民族的伟大复兴的战略高度，来认识红十字青少年工作的历史责任，增强工作的自觉性。

积极向上的思想道德是任何社会发展都必需的精神动力。我国正处于发展的黄金期，也是各种矛盾的凸显期。各种思潮、理念、价值观、荣辱观、苦乐观相互交错激荡；各种传播媒介愈益快捷、宽泛，对人们的影响也更直接、更迅速；人们思想活动的独立性、选择性、多变性、差异性也愈益增强；各种不利于青少年成长的社会风气和消极因素使一些青少年感到迷惑和行为失范，这些都对青少年思想道德建设提出了严峻挑战。青少年正处于可塑性较强和价值观、人生观初步形成的关键时期，对一生都有重要影响。红十字会倡导的人道主义精神，是做人最起码的品德，是促进人际关系和谐、同时也是向更高层次道德境界发展的基础。因此，对于以“发扬人道主义精神、保护人的生命和健康、促进和平进步事业”为宗旨的红十字会，协助和配合教育、卫生、团委等部门对青少年进行思想道德教育，是义不容辞、责无旁贷的工作，同时也是《红十字会法》赋予我们的职责，而红十字青少年活动正是一个很有效的载体和途径。面对各种落后、消极、腐朽思想及其行为以各种形式和渠道对青少年进行影响和侵蚀，我们要有现实的紧迫感，要进一步整合资源，加大红十字青少年工作的力度。同时，要根据新情况、新问题、新要求，认真总结经验，从当地实际出发，不断开拓创新。

江苏省在我国红十字青少年工作方面曾经开了先河。1946年中国红十字会就选择上海和江苏的南京、江都、武进等地试建红十字青少年组织。这些地区创建了几十个红十字青少年服务团和红十字少年会，开展各种会务培训、社会服务、国际交流等活动。新中国成立后，特别是改革开放及《红十字会法》颁布施行以来，江苏省红十字青少年活动的内容和领域大为拓展。省和各市都建立了红十字青少年工作委员会，目前建会的学校达3000多所，约占全省学校总数的34%；会员总数200余万，将近全国青少年会员总数的1/6。各地从上世纪90年代初就开始按照“五化”（工作制度化、管理规范化、活动主题化、服务社会化、资料档案化）的要求进行红十字青少年组织建设和开展各项活动，如：创建“达标”或“示范”学校、“红十字会社会实践基地”，开展“校园红十字文化建设”，建立“青少年互助金”等等。这些培训教育和实践活动深受学校、家长和学生本人的欢迎，收到了积极的效果。同时，也探索和形成了一些基本的工作思路和经验。如：一个坚持（把学校红十字工作纳入德育渠道）、两项规范建设（工作档案、红十字活动室）、三要（强化领导、优化活动、量化管理）、四有（健全的理事会、适当的工作位置、具体的工作计划、活动和宣传阵地）、五个结合融入（道德教育、劳动教育、健康教育、主人翁教育、团和少先队活动）。

江苏省红十字青少年工作虽然有了一定的工作基础，但与全国红十字青少年工作会议提出的要求和省外先进模范单位相比，还有相当差距，必须奋发努力。特别是要根据彭珮云会长和江亦曼常务副会长提出的“逐步形成品牌、建立长效工作机制、加大工作创新力度”等要求，及时调整充实学校工作委员会，并建立相关部门定期会商制度，同心协力推进全省红十字青少年工作，不断总结提高，形成齐抓共管的氛围，为培养更多的既有现代素质、又有民族精神和优良美德的红十字青少年而多作一份贡献。

（本文发表于2005年9月30日《中国红十字报》）

顺应社会变化　拓展募捐思路

我会已成立50周年。目前，全省13个市、106个县（区）都建有红十字会，现有基层组织5000多个、会员242多万，其中有红十字青少年会员210万人。近些年来，我会认真履行《中华人民共和国红十字会法》和《江苏省实施〈中华人民共和国红十字会法〉办法》赋予的职责，围绕国际联合会“2010战略”中提出的四项核心工作，以“三救”（备灾救灾、社会救助、群众救护培训）为重点，同时认真抓好国际人道法和红十字运动基本知识的传播，大力推进红十字社区服务，各项工作取得了长足的发展。

在中国红十字会总会和我省各级政府支持下，省和无锡、扬州、盐城、徐州等市红十字会建成了备灾救灾中心，省和各市以及部分县（区）红十字会建立了人道救助基金。十年来，全省红十字会共募集救灾救助款物达3亿多元，支援灾区2亿多元、支援外省灾区4000多万元；省红十字会连续十年在冬季开展“博爱送万家”慰问活动，为困难群众送去3000万元的款物和从社会募集的100多万件衣被。这两年中，省红十字会投入近700万元资助孤儿、残疾或大重病等特困学生，资助困难农户参加新型合作医疗以及改厕、改水和实施养羊等扶贫项目。省和各地红十字会还以开办“博爱超市”、老年康复（护理）医院、博爱幼儿园等形式，为孤、老、残等困难群体提供力所能及的帮助和服务。十年来，全省红十字会结合安全生产、职业培训、社区保健，在容易发生意外伤害的行业和人群中开展现场救护培训，总共达300多万人；还在全省主要公路沿线设立了500多个“红十字救护点”，每年现场救护各类突发事故达1万多起，对减少伤亡起了重要作用。

省和各级红十字会大力推动无偿献血和造血干细胞捐献工

作，目前全省无偿献血量已占临床用血量的98.39%，省造血干细胞捐献者资料库已对志愿者采样63000多人份，检测入库资料42000多人份，已有62名志愿者实现了捐献。省和各地红十字会主动协助卫生等部门开展预防艾滋病宣传教育工作，仅2004、2005年，就印发各种宣传资料37万多份，目前开始实施的由荷兰红十字会资助的预防艾滋病宣传项目，将会使更多的人受益。

我会自1996年以来大力推进社区红十字服务，目前全省建立了1800多个社区红十字服务站，有2万多名红十字志愿者在社区中开展扶贫帮困、敬老助残、便民利民等服务活动。全国首批命名的22个社区红十字服务示范区中，我省就有8个。今年又有2个市、10个社区申报全国示范市、示范社区。1998年以来，省和各地红十字会采用培训班、知识讲座、知识竞赛、传播夏令营以及制发光盘、录像带、宣传资料等多种形式，向社会广泛宣传国际人道法和红十字运动知识，先后举办省级培训班16次、市级培训班62次、县级培训班232次，接受培训6万多人次，制作发放宣传资料30多万份。省和各地红十字会在红十字青少年和捐献遗体、眼角膜等方面也做了大量工作。我会各方面工作虽然都取得了一定的成效，但是，对照联合会关于加强红十字会能力建设的要求，从红十字会在经济社会发展中应起的作用来看，仍存在很大差距，应当努力改进和提高。当前，尤其要努力增强社会救助的能力。

近几年中，中国共产党和中国政府提出了“内建和谐社会、外促和谐世界”的和平发展战略，最近又对构建和谐社会做出了全面部署。加强对困难群众的救助、促进公平正义是其中的重要内容，而这也正是红十字会“三救”工作的重点。虽然社会救助的主要渠道要靠政府，但作为社会第三次分配的社会捐赠仍不可或缺，即使在发达国家也是如此。国际联合会在《2010战略》中指出，“动员富裕群体的力量，关注贫困群众的需要”是各国红十字会与红新月会的基本职责。可见努力募捐筹资始终是红十字会履行自身职责、实现自身价值的基础工作。

我会一直致力于多种形式的募捐工作，坚持重大救援活动和经常性募捐相结合，但经常性的募捐效果不甚理想，几次重大救灾募捐却给人们留下了深刻的印象。1991 年长江流域特大洪灾，我会接受救灾款物近 7000 万元，90% 以上来自国际联合会、总会和我国港、台地区的捐赠；1998 年“三江流域”特大洪灾，全省红十字会接受捐赠款物 4020 多万元，90% 以上则来自省内各界捐赠，其中还支援外省 300 多万元。这是一个重要的转折，说明我省广大民众和企业“社会公民”责任意识及其回报社会能力的提高。2003 年抗击 SARS 和抗洪救灾，全省红十字会共接受款物 8000 多万元，主要也来源于省内。2005 年初短短一个多月中，全省红十字会为印度洋海啸灾区募捐到 3000 余万元捐款，则完全来自省内。这又是一个明显的信号，表明我省广大民众和企业“世界公民”责任意识在明显提升。在这些可喜的成效和变化的后面，除了红十字会积极主动、广泛宣传和争取外，我省经济社会发展特别是民营、外资企业的发展，以及广大群众收入的提高是重要因素。由此给我们的启示是：社会募捐与经济社会发展和文明程度密切相关，红十字会要有意识地了解分析出现的新情况，才能适应新的变化，使募捐工作更具前瞻性、主动性和创造性，从而取得更好的效果。

作者（右）在印度洋海啸发生后接受捐款

对募捐救助工作最具影响的莫过于民众和企业的社会责任理念，以及回报社会能力的增强。有人在评价中国与西方发达国家慈善捐助的差距时说，中国的富人、企业家缺乏社会责任感和慈善心，我认为应作具体分析。其实，对我国影响深远的儒家文化虽然抑制了商业的发展，但它的核心却是仁爱。乐善好施、扶贫帮困、济世利人是中国传统文化的美德，而且不乏其人其事。但是现代公益慈善事业不是个人行为，而是一种有组织有规模的民间社会救助行为。中国的富人、企业家并不缺乏爱心，缺乏的是建立在现代公民社会基础上的权利责任意识和科学理性精神。现代公民意识是欧洲伴随着中世纪封建专制制度消亡摈弃了臣民意识后培育出来的，由城邦文化而兴起的公民社会在欧洲已有500多年历史，以工业革命为标志的现代企业家成长也有200多年历史。而中国的现代企业家从上世纪80年代改革开放和发展市场经济起至今才20多年历史。西方已形成一种富人“回报社会”的理念，美国钢铁大王卡内基说：“如果富人死的时候仍然富有，那他死得可耻。”这话很有代表性。20世纪80年代，在中国现代企业家刚开始起步发育的时候，西方国家企业已经掀起了“企业社会责任”（CSK）建设运动，欧美的商业组织甚至还制定了“企业社会责任标准8000”（SA8000）来规范企业的道德行为。一些有影响的外资企业把这种理念带到了中国。如摩托罗拉公司提出“做中国企业好公民”“取之于社会、用之于社会”的口号；已多年与我会合作助学的美国AO史密斯（中国）热水器公司的理念是“做社会的好公民”，这些都在社会上产生了积极的影响。我国民营企业发展时间虽短，但发展很快，目前我国民营企业已有相当的生产规模，在GDP中占有较大的比重，而江苏又是外资、台资和民营企业发展更快的省份，今年全省民营企业注册资本可达1万多亿元。市场经济、民营经济和民主政治的发展正在催生“公民社会”的发育，广大公民特别是富人和企业的社会责任意识逐渐增强，而且开始具备一定的回报社会的能力。民营企业家武克钢讲：“我们要记住，第一桶金是社会对我们的贷款，如果我们是有责任、有良知的，那么对于这第一桶金的机会和贷款，就应该做到十倍、百倍地回报社会。”这可以说是代表民营企业回报社会事业的发展。我会今年开展“博爱在江苏、人道万人捐”活动和计划实施的10个社会救助项目，得到了天地集团、金鹰集团、黄埔集团、金阳公司、南极星科技公司、红太阳集团等企业的大力支持和参与，香港苏浙同乡会也多次给予援助，扬子江药业、苏州新宝制药厂、汇才等公司从媒体上了解到这些信息后，主动与我会联系捐赠救灾款物或定向资助孤儿、特困生和困难病人，有的企业则对与红十字会长期合作开展救助项目更感兴趣。我省市场经济、民营经济及外资、合资企业较发达的苏州市，一些企业家主动组织为救助肾病患者的“德善”理事会，并经常开展募捐活动，效果显著。这都使我们看到了拓展募捐工作可喜而乐观的前景。

综上所述，我们红十字会要认真总结近些年募捐工作经验，应从三个方面改进和创新工作思路和方法：

一是多向富人和企业宣传社会责任理念，增强他们回报社会的公益意识。我国以明晰产权为核心的现代企业制度的改革，确立了企业在市场经济中的法人地位。企业具有市场经济法人和社会公民的双重身份，不仅自身要发展，还应为社会和谐发展承担企业公民的责任。但是，企业社会责任建设不可能也不应该以行政摊派的方式进行。在全社会大力开展和谐文化建设中，红十字会多向企业宣传将“人道、博爱、奉献”的红十字精神融入企业文化建设，有利于企业使命和价值观的重建，有利于促进富人和企业履行社会责任从非自觉到自觉的飞跃。

二是要用“共赢”理念争取企业捐赠。好的社会空间环境是企业免费获得的外部红利，如果企业仅仅满足于搭便车、单方面免费享受这种外部红利，这个红利就会越来越少。许多国际品牌企业从社会获得的外部红利回报远大于它们参与公益慈善事业的投入，这正是他们对公益事业投资乐此不疲的原因。红十字会在争取企业捐赠中，也要为企业获得外部红利创造条件，如给予适当的媒体宣传、荣誉或冠名合作项目，提升企业的公益形象。当然要避免变成推销商品的炒作。

三是要以更灵活多样的方式开展募捐。学习和借鉴市场经济发达地区红十字会募捐工作的做法和经验，如有的地区红十字会成立由企业家组成的专门负责募捐的“董事会”或为专项募捐的理事会，请热心的企业家参与策划甚至直接组织企业募捐活动；用舞会、音乐会、宴会、义演义卖等愉悦方式募捐；请企业给红十字会救助项目以技术或管理上的支持、帮助，等等。近几年我会某些做法也可以总结并加以改进和提升，如：

更多地以项目争取捐赠或与企业建立长期合作关系；面上广泛宣传和争取重点企业支持相结合；建立既方便捐赠者又方便受助人的博爱超市；让捐赠者或企业代表到救灾救助现场参加款物发放以增加感性了解和认同感；发挥网络容量大、传输广、速度快和图文并茂、更新迅速的特点，建好网上博爱超市；与媒体、金融、电信等机构或其他公益团体合作，互助互动互补，共做公益事业。总之，通过多种渠道、多种形式的募捐，协助政府给困难群体多些帮助，为构建和谐社会多作贡献。

（本文是在2006年11月江苏省红十字会纪念成立50周年举办的“以博爱心怀构建和谐社会国际交流研讨会”上的发言）

红十字会干部“五会”的提高

对任何组织来说，其成员特别是领导干部的能力水平对该组织的整体素质和活动能力影响极大。能力是多方面的，可以列出几十种甚至更多，但基本能力是“五会”，即会学、会想、会说、会干、会写。其他各项能力是通过这五个能力得到提升和实现的。红十字会作为具有广泛社会性、群众性的人道救助团体，其工作人员特别是领导干部更要自觉地、有意识地在提高“五会”上下工夫。

一、会学

古今中外论述学习的文章不计其数，许多精辟格言人们耳熟能详，特别是提出学习型社会和终身学习的理念后，人们更认识到学习和学习能力的重要性。但是，这里仍有肯不肯学和会不会学的问题。当今各种传媒极大地加快了各种知识、信息的传播，大大方便了人们对各种知识的获取和了解，而眼花缭乱、目不暇接的各种文娱体育节目也令人很难静下心来认真而系统地学习一些东西，这就需要有决心、毅力和定力。各种学历教育、继续教育的培训和轮训、学习会、报告会等形式和机会固然重要，但真正有效的学习仍然是日积月累、潜移默化的自学。这不仅是因为学习的动力只有来自内心需要才最持久、最有效，而且许多知识并不限于书本、教材和网络，要从观察、思考、分析、总结中学习提高。

学习不仅是做好工作的需要，更是提升和完善自身素质的需要，但是毕竟时间、精力有限，只能根据工作需要和兴趣爱好来决定必学和选学的内容。有人提出“T”形知识结构，即广博的横向知识和精深的纵向知识。同样，红十字会干部的横向知识应占 80%，专业知识为 20%。具体讲有四个方面的必学知识。一是哲学的基本原理。作为世界观和方法论，哲学是揭示世界一切事物普遍规律的知识，学习哲学可帮助我们树立正确的世界观、人生观、价值观，能使我们更加聪明、高明和开明，能比较全面辩证地分析问题，增强对事物的洞察力、预见性和工作的科学性。恩格斯在《自然辩证法》中写道："我们不要过分陶醉于对自然界的胜利，对于每一次这样的胜利，自然界都会报复我们。"140 多年的历史说明了这具有何等的预见性，这就是哲学的力量。今天，我们如果从哲学的高度来理解科学发展观，必将大大提高贯彻落实科学发展观的自觉性。二是中国特色社会主义理论，党和政府的路线、方针政策和战略目标、指导思想。知全局方能更好地谋一域，才能在经济社会发展的大环境、大背景中谋划红十字工作，服务大局，从而履行好人道工作助手的职责。三是与红十字工作有关的知识。如经济学、社会学、伦理学、心理学，以及法律、传媒、市场等方面的知识，这有利于我们的思维从平面走向立体、从单向走向多向，对避免局限性、提高工作的艺术性和依法办事的水平大有帮助。四是红十字会的专门知识，如红十字运动的历史、组织机构、七项原则、人道法、各项业务工作等等。对于选学，则可根据个人的兴趣爱好和条件，广泛涉猎，增加横向知识，努力拓展人生的宽度，提升境界和人文精神，从而成为复合型人才。这不仅有利于做好红十字工作，也为从事其他工作储备了知识，如果红十字工作队伍中能多出一些胜任其他部门工作的领导人才，对红十字事业发展一定大有益处。

还有一种更重要的学习，是把学到的知识运用到实际工作的过程，并不断地总结提高，同时发现和总结自己和他人的经验教训，避免重复自己或他人犯过的错误，把成功的做法上升到理性的认识，以更好地指导工作。

二、会想

就是要勤于思考、善于思考，毛泽东曾专门题过"多思"两个字。深入思考、想问题是很艰苦的事，但要学到知识、做好工作，绝对离不开思考。"学而不思则罔""不思故有惑"

"学而思之，可以致睿""思以得之""思以精之"。经过思索加工，才能把知识变成自己的并加以运用，而且能深化已有的知识结构，实现量的增加和质的提升，并促使自己深入学习新知识。对红十字会干部来说，多想才能增强工作的主动性和创造性，作为党和政府人道工作的助手，不应该也不可能被动地等党和政府布置工作，而是要根据需要和条件主动找事做，头脑想事、眼中有活，特别是要开拓新的工作，更需要多想，才能有所发现。多想才能增强工作的科学性和有效性。"行成于思，而毁于随""凡事预则立，不预则废"，多想出智慧、出方法。确定了目标、计划、方案，怎样才能做得更好，怎样避免可能的差错？怎样应对可能的情况？这都需事先运筹、未雨绸缪。细节决定成败，为什么对已做过的事仍会产生疏漏、差错？就是事先考虑不细或缺乏规范，更不用说对一些新开拓的工作、没做过的事，更要三思而行。

为增强"会想"的能力，要重点学习和培养四种思维。一是理论思维。作为一种抽象的创造性的思想方法，它不是直观被动地看见事物而是主动地发现看不见的事物（内部联系、客观规律、发展趋势等），是认识真理的桥梁、探索新知识的向导。它能帮助我们虽忙于事务而不陷于事务、以经验为基础又不囿于经验、尊重书本又不唯书是从、承认事物现状又不就事论事，从而将经验上升为理论，将零碎的认识上升为系统认识，将知识转化为智慧。"一个民族要站在科学的高峰，就一刻也离不开理论思维，……没有理论思维，就连两件自然的事实也联系不起来，或者连两者之间所存在的联系都无法了解"（恩格斯《自然辩证法》）。二是战略思维。这是谋划全局、立足长远、确定方向的思维，有利于我们以世界的眼光、宽阔的胸襟，从经济社会发展大势来思考红十字工作。具体而言，其作用主要在于：一能更好地服务大局、驾驭全局；二能立足当局、谋划长远，从宏观、整体、长远角度来考虑红十字工作；三能开阔视野、抓住机遇；四能把握重点、统筹兼顾。三是辩证思维。相对于"知性思维""形而上学思维"，它是一种矛盾思维。能帮助我们从正反两面认识事物，在联系和发展中认识对象，透过现象把握本质，分析现状预测未来，抓住关键破解难题。四是创新思维。这是一种不同于常规的思想方式，已成为一种核心竞争力。能帮助我们克服思维惰性，摒弃因循守旧，尽量以不同方式更灵活地思考，拓展联想和想象的空间，提出以往和常人没想过、不敢想的问题，敢于标新立异、另辟蹊径、独树一帜。

三、会说

不论个人还是组织，会说、会宣传是事业成功的重要条件。红十字会的特点决定了红十字会干部都应该是宣传员，特别是在公众和领导面前，会说更为重要。不能正确表达思想，无法得到理解支持，就无法实现自己的价值。首先要敢于说，有勇气、有底气、有自信。还要善于说，语言流畅、准确恰当、把握分寸，争取达到最佳效果。

敢于说，既要有不怯场的心理素质，更要有对相关的知识和情况的充分了解，胸有成竹，心中不慌，充满自信，努力达到“腹有诗书气自华，胸藏万汇凭吞吐”的境界。

善于说，首先要根据不同对象、不同场合、不同目的，说不同的内容，各有侧重；其次要充分准备，既要比较完整地表达思想，又要简洁扼要、突出重点，要有一定的语言功底和逻辑思维，如果再加上一些幽默的佐料，更可增加亲和力；再次，能把握时机、临场发挥、随机应变；还有，在不是很必要的场合，尽量不要读稿子，可按腹稿或拟就的提纲讲话。同时，少讲空话、套话，也不要夸夸其谈、哗众取宠。会说，不仅是一种技巧，更是传递一种思想和价值观念。说话中的知识含量、逻辑力量和表达艺术，对于打动人心、抓住听众很重要。斯大林讲列宁有非凡的说服力，演讲中有不可战胜的逻辑力量紧紧抓住听众，最后把听众俘虏得一个不剩。我们提高对红十字事业“能说会道”的能力，必能争取社会各界更多的理解、支持。

四、会干

干就是行动、实践。再好的愿望、目标、计划、方案，不干不会变成现实。救助弱者、服务民众，是红十字工作的出发点和落脚点，不干就无法实现红十字会工作目标和存在价值，更不可能将潜在的优势转化为现实的力量。红十字会的性质、特点决定了红十字会干部应有不甘于平庸、不安于现状、不囿于成规的干事愿望和艰苦奋斗、脚踏实地、坚忍不拔的实干精神。光说不干、言行不一、作风漂浮，即使能诳人一时，终不会长久，而且有损红会形象。但是，想干、肯干，还要会干。会干就是用脑子干事，会干将事半功倍，不会干则事倍功半，甚至事与愿违。会干，要有科学的思想方法，要因地因时因事制宜，找准工作的结合点和突破点，把有限的力量用在刀刃上，起到四两拨千斤的作用；要善于发现和把握机遇，灵活机动、不失时机地开展有关工作，掌握主动、抢占先机；要多做可行性研究论证，分析事物正反两面，反复比较、优选方案，寻找更好的方法，实施中及时修订调整使之更符合实际情况；要善弹钢琴，统筹协调，抓住重点、带动一般；要发挥优势和长处，做最擅长的事和比别人做得更好的工作，把最具红会宗旨和特色的工作做大、做精、做强、做优，创品牌效应；要真诚待人、广交朋友，争取爱心企业和爱心人士的支持参与，多募善款，增强实力；要严格管理、规范操作、公开透明，让有限的款物发挥最佳的救助效益，维护和树立红十字会的公信力；要边干边说，在做实事、善事的同时广泛宣传，营造声势，形成氛围，扩大红十字会的社会影响；要相融合作，发挥志愿者的作用，与其他团体共同开展有关活动，资源共享、优势互补，增强人道工作合力，等等。总之，会干不是投机取巧，更不是弄虚作假、形式主义，而是用巧劲干实事、做善事、办好事。

五、会写

这里仅仅讲的是与工作有关的公文写作，这是表达思想、对外宣传、沟通交流、汇报情况、总结经验、调查研究、布置工作的重要手段和形式。各种关于写作的教材和培训虽然能有所指导帮助，但是绝对代替不了本人的练习提高，“纸上得来终觉浅，绝知此事要躬行”。会写和会说都要以会学、会想为基础，但比说更重要的是写，因为写的东西要见诸文字，会流传和保存，因此比说要更严谨、更准确。写是立场观点、思想方法、认识水平、实践经验、风格志趣、语言艺术、辞章修养等因素的综合体现。所以，不仅要有与红十字工作相关的知识，还要尽可能地了解掌握红十字会系统的有关信息，也应有亲身参加红十字活动的感受和体会，才能写得出东西，写得有血有肉、有理有据。同时，要培养阅读的兴趣和习惯，虽然难以做到“读书破万卷，下笔如有神”，但如同“汝果欲学诗，功夫在诗外”一样，写好公文的功夫也在写作之外，如丰富的知识、开阔的眼界、自身的修养、独立的思考，等等，这些是会写的重要基础。动笔之前还要反复谋划，从主题、提纲、结构、层次到引用资料、遣词造句等等，都要反复思考、拟定。形成初稿后，从观点、论据、逻辑关系、章节段落、语句用词甚至标点符号等方面，都要仔细斟酌、反复推敲和修改。文章只会越改越好，鲁迅曾说文章至少要改十遍。如果我们愿下这个苦功，何愁写不出像样的公文？

上述的“五会”是相互融合、相互促进的，是没有止境的，我们只能争取“会”得更好一些、更多一些、更高一些。更重要的是：对红十字事业的感情、信念和责任感，是促进提高“五会”能力的原动力。缺乏事业心、责任感，即使能力很高也不会都用在工作上，更不可能下苦工夫去提高它们。

（本文发表于2011年4月15日《中国红十字报》）

危机公关和领导艺术

近几年来，各级红十字会制定了自然灾害和突发事件应急预案，在一些重大的救灾救援中发挥了很好的作用。但是尚没有制定或完善红十字会组织自身遇到突发事件（现在通称为危机）的应急预案和工作机制。今年以来，红十字会因“高额餐费”“郭美美”和“审计”等问题而深陷舆论漩涡，并受到了一系列的质疑和指责，甚至是偏激的谩骂。有些问题虽然已经说明和澄清，但社会上对红十字会的误解或猜疑等负面影响不会很快完全消除。为此，有必要制定红十字会危机管理预案，并提高危机公关的领导艺术，以及时纠正过错和弥补缺陷，最大限度地消除社会误解和负面影响，维护红十字会的形象和声誉，保护红十字会及其工作人员的合法权益。

一、危机公关的重要性和基本原则

这里说的危机指的是公关关系危机，就是一个组织因各种原因致使声誉受到损害，它的本质是形象危机、信誉危机，是社会传媒和社会公众对这个组织的负面态度和负面意见的公开报道、流传和表达。危机公关就是这个组织采取的消除影响、恢复形象的一系列自救行为。

当今社会，媒体追求更快的传播速度，媒体的炒作成为威力无比的武器。互联网改变了媒介与受众的关系，同时也改变了整个传播的话语环境，成为危机的触发器、加速器和放大器。互联网将整个地球变成一个村，媒体之间又有很强的互动性，使得人们关注的信息能像核裂变那样瞬时快速传播，一个火星能燃起熊熊大火。所以，危机有着意外性、聚焦性、即时性、纵深性、破坏性、紧迫性的特点，如不及时正确处置，可能给组织带来不可估量的损失。因此，危机公关格外重要，由此甚至催生了专门经营公关的公司。中国红十字会是有着100多年光荣历史、在国内外有着良好声誉的公益团体，全国有纵横交错的组织网络，其中某一个地区或者某个基层组织发生问题，一旦被媒体热炒，就必然会使公众对其上、下级红十字会乃至整个红十字会系统产生怀疑和不信任。红十字会作为与社会各界有广泛联系的社会团体，具有一定的公众和媒体工作的基础，危机公关应该作为一种基本能力来培养和提高。

公共关系危机发生、发展有其规律。其周期大致为：起源阶段（潜在问题）→干预和扩大阶段（问题爆发）→成型阶段（形成危机）→解决阶段（休眠问题）。危机公关也有其内在规律。我国著名危机公关专家游昌乔提出了危机公关5S原则：一是承担责任（Shoulder the matter），如自身确有过错，应公开承担；二是真诚沟通（Sincerity），主动与新闻媒体和公众沟通，说明真相，要诚意、诚恳、诚实；三是速度第一（Speed），危机出现后24小时即可扩散到全球，所以必须当机立断、快速反应、果断行动，尽可能使其不发酵、不升级、不蔓延（有的学者提出黄金60分钟法则，认为没能在60分钟内进行有效沟通处理，就会留给所有事件关注者一个“信息空档期”，引起人群猜疑、质问，有的甚至制造虚假信息导致负面报道弥漫）；四是系统运行（System），在避免一种危险时要防止出现其他危险，不可顾此失彼；五是权威证实（Standard），不要自夸自赞或喊冤叫屈，可请有权威影响的第三者说话，使公众解除对自己的警戒和逆反心理，重获他们的信任。知名网络危机公关专家王天星也提出了网络公关5个原则：一是要善于抓住“软肋”，对事实不清的用事实说话，对缺乏鉴定的引用权威裁决；二要以退为进，先表示理解别人，再恳求大家谅解；三要拨开云雾，揭开事实真相，用事实和数据说话，举行媒体沟通会或运作一些高质量有影响力的正面报道；四是有效利用自身的网站，快速更新，采取立场声明、常见问题检索、有说服力的事实、权威信息的数据、领导人访谈、最新新闻报道等方式来消除负面影响；五是在组织内形成一致的声音，统一口径对外宣传。

二、领导艺术能提高危机公关的成效

“领导艺术”是一种非程序化决策的技巧，是根据不同环境、体现个人（或领导集体）特点、对科学的领导方法或工作规范（程序、原则）的巧妙而灵活的具体应用，它具有权变性、个人特性、经验性和创造性的特点。危机公关是最需要领导艺术的管理，即使已有明确的处置原则和预案，实施中因有许多不确定因素且瞬息万变，必须巧妙运用、灵活处置。这是领导者（领导集体）的聪明、学识、胆量、经验、作风、气度、方法、能力的综合体现，需要有临“危”不惧、化“危”为机的沉稳意志和勇气魄力；对危机的认识判断和应对措施，必须及时而明确、迅速决断，以防错失良机，但又不可仓促、急躁和草率；既要周密考虑，把握利弊得失，还要分析危机及其应对措施可能衍生的其他问题；在情况不很明确或可能变化的情况下，既要态度明确、认真处理，又要防止处置过头，没有回旋或修正的余地。对外发布的信息必须精心准备、严格审核，特别是对敏感问题的回答必须清楚一致，避免造成公众误解和猜疑；用词要严谨，避免因承认有缺陷不足而否定整个组织已有的正确做法和成绩；同时对内、对外必须保持信息双向畅通，避免因信息不对称而增加混乱。

当今，互联网已成为信息沟通、传播最便捷的渠道，领导干部要善于发挥互联网的作用。近几年不少领导干部通过博客、微博和网上信箱与群众沟通，对有关工作的开展、问题的解决起到了事半功倍的成效。特别要看到，媒体尤其是互联网已成为社会监督的有力工具，是社会利益博弈的舞台，是危机信息传播的主要渠道。而且，任何会上网的人都可以披露某种信息和发表自己的观点，所以，危机公关能力和艺术的一个重要方面是如何面对公众和媒体，这关系到危机公关的成效和成败。对公众舆论不可能控制，只能引导，更不能使公众产生抵触情绪。公众和媒体非常在意处于危机漩涡中的组织的一举一动，特别是对公众和媒体意见和感受的态度，并且心理上已有一定的预期，即怎样处理才会感到满意。所以，对待媒体和公众态度要积极、意见要明朗。要善于借助新闻媒体整合传播，通过各种不同媒体协同，使公众通过不同渠道获取信息，对信息发布的时机、地点甚至名称，都应很好地策划选择，这将有利于增加与媒体和公众的亲和力，缩小与公众的心理距离。

新闻发言人的言行左右危机公关的成败。新闻发言使他们有充分展示才华能力的机会，更是肩负的巨大责任，因为他们是组织的全权代表，是组织与媒体及社会直接联系的重要纽带、桥梁和窗口，代表这个组织的形象，更需要较高的领导艺术、涵养素质。新闻发言人的言论不但公众很关注，而且会引起对整个组织的评头论足。所以事先必须尽可能掌握真实情况，尽可能收集、了解有关信息，要预先演练，并有应急备选方案。在与公众和媒体沟通时，最大限度地实现对等沟通，要真诚、坦诚。如果公众和媒体感到他们是受到尊重的，后面的信息就容易被理解、接受。发言人只作必要的事实陈述，对未经核实的情况既不轻易否定、也不随声附和，应委婉表达，切不可狡辩。无论遇到如何刁钻、刁难的问题，都应始终如一、不发脾气。发言人的发型、服装、表情等细节也不可忽视，这些同样是人格魅力的因素。

总之，提高危机公关的领导艺术，将有利于以最小的代价、最短的时间化解危机、转危为安。

三、如何提高危机公关的领导艺术

红十字会作为社会公益团体，虽然不像处于激烈竞争中的企业那样容易发生公共关系危机，但由于种种原因，也随时有可能遇到危机，提高危机公关的领导艺术成为红十字会领导能力的一个重要方面。

1. 树立危机意识、制定应对预案

“凡事预则立、不预则废”。网络时代危机无处不在，危机一般出其不意、攻其不备，缺乏良好的危机处置机制，小事件将引发大危机，因而有必要制定公共关系危机应急预案。预案应根据危机的种类（自身行为不当、外部误解或歪曲、媒体报道不全或失实、工作人员受到意外伤害等）、危害程度和影响范围等不同情况采取相应措施。预案应赋予危机管理者实行“集权管理”，凡涉及危机公关的一切工作，管理者都拥有决断权。必要时应建立专门危机管理小组，负责内外部信息沟通并有发布危机信息的权威性，同时总体统筹整个危机处理过程，确定统一的对外信息发布渠道、发言口径和发言人，提供敏感问题的标准答案。这样才可以临危不乱，从容应对。

2. 善于与媒体特别是主流媒体建立合作关系

传播媒体有信息传播、教育引导、沟通融合、疏导调压等功能，要认真研究媒体、高度重视媒体、主动关心媒体、学会善待媒体、擅于借助媒体。平时就应与媒体建立合作关系，通过媒体及时发布信息，有效引导舆论方向。有学者指出，通常公关危机中，10%的人是发起者、30%是参与者、60%是围观者，很难改变10%的发起者的态度，要通过正面宣传在公众中树立正面的印象。所以，要争取第一时间通过媒体发布真实信息，并且滚动发布，不断公布最新情况，这样可将负面影响降至最低，甚至可以化危为机，扩大组织正面影响。办好并充分发挥自身媒体（报刊、网站）的作用也很重要，这有很大的自主权，此时也是公众关注的焦点。

3. 学习借鉴危机公关的典型案例

近几年，不论是党委、政府，还是其他团体、企事业单位，都有应对危机公关的案例，特别是企业应对危机的事例不胜枚举，正反方面的经验教训都有，可从中得到启示。如“三明主义”（态度明确、信息明朗、思路明晰）、要自救不要自缚以及摆平心态不可有、鸵鸟政策不可行、鹰派立场不可取、权威公正不可缺、社会责任不可少等等，就是从许多企业危机公关中总结的经验。

4. 新闻发言人的培训和提高

新闻发言人需有多方面的知识和能力，还要有良好的形象（容貌、仪态、着装、声音等）和心理素质。一要知识广博，通晓危机管理和社会心理学知识，善于掌握“新闻眼”和与媒体打交道；二要思维敏捷、逻辑性强，有很好的沟通能力，既善于倾听、又能随机应变，有驾驭现场的本领；三要婉转与刚毅并蓄，能够很好控制情绪，外界压力再大，也能沉着稳健、临危不乱、冷静对待；四要不断总结提高新闻发布的技能。

5. 提高网络公关的能力和技术

一要建立网络危机预警监测，随时了解网络上的有关信息，将有利或不利的信息及时报告和反馈，并做出积极的回应；二要及时与危机发生的源头网络沟通，及时找出危机源头，尽快处理化解，并有应对长尾效应（即使某个页面被删除，依旧可以用技术转存到另一个页面）的措施；三是争取在已经排到前面的论坛、博客、新闻门户、书签、视频网站上，发表正面的帖子和正面的新闻，并且再造几个外部链接，让正面新闻页面权重超过负面新闻，特别是争取通过知名度和流量强大的门户网站发布正面新闻；四是努力优化自身网站的搜索引擎和网络档案，增加自身网站的访问量，提升组织正面形象。

6. 防患于未然

防火胜于救火，这是最根本的。身正不怕影斜、说得好不如做得好，因此要严格执行各项规章制度、主动接受社会监督。特别是对危机易发生部位、易发生环节更要有高度敏感性，以防微杜渐、消除隐患。

总之，危机公关能力是个不断提高的过程，中国红十字总会和上海红十字会在应对“高额餐费”“郭美美”“超量采购”等媒体热炒以及衍生、纵深引发责疑的一系列问题中，既有一些成功有效的举措，也有需要改进和完善的做法，值得深思和总结，这将是全国红十字会系统危机公关的一笔宝贵财富。

（本文发表于2011年9月20日《中国红十字报》）

锐意改革创新　加快事业发展

——学习国务院〔2012〕25号文件有感

国务院最近下发了《关于促进红十字事业发展的意见》(国发〔2012〕25号，以下简称《意见》)，充分体现了党和政府对发展我国红十字事业的高度重视。2004年12月，国务院办公厅曾转发过中国红十字会总会关于进一步加强红十字会工作的意见。时隔8年，国务院制定的这个《意见》，无论是从对红十字事业的认识、还是红十字会的职责任务，无论是红十字会自身建设和改革、还是政府对红十字事业的支持保障，都要比2004年的文件更加高屋建瓴、深刻丰富、具体有力。

近年来，党中央把加强社会建设摆上重要的议事日程，民政部门进一步降低了各种社会组织登记的门槛，财政部对社会组织参与社会服务也给予重大专项支持。这对红十字会来说，既是机遇，更是挑战。《意见》从我国正处于重要战略机遇期、建设中国特色的社会主义社会管理体系、繁荣和发展社会主义文化、促进民间外交和国际人道援助、推进祖国统一大业等广阔而深远的历史背景高度，精辟而深刻地指出了红十字事业在其中的重要地位、独特优势和特殊作用。同时，对红十字会通过改革创新更好地履行职责和加快自身建设提出了要求；并且对支持红十字事业发展做出了一系列有力而具体的规定，创造了更有利的环境和条件。这对各级红十字会，广大红十字工作者、志愿者和会员是极大的鼓舞，必将对红十字事业发展产生重大而长远的积极影响。

《意见》提出了多方位、多方面改革创新的要求、方向、目标、思路或措施。如，体制机制创新，建立与社会主义市场经济体制和国际人道主义原则相适应的体制机制，开展社会组织改革试点，完善红十字会法人治理结构，强化和健全民主决策，完善专家咨询论证制度，通过竞争和培训提高红十字工作人员职业化水平；加大垂直指导、督察力度，下级红十字会主要专职负责人任免提名要听取上一级红十字会的意见；将红十字会信息化建设纳入当地信息化建设总体规划，提升科学管理和信息公开透明的水平；建立全面综合的监督体系和绩效考评及问责机制；将红十字会备灾救灾中心或物资库建设列入当地防灾减灾规划，保障红十字会执行国内国际应急救援服务；建立红十字会救护培训“五进”（进社区、进农村、进学校、进企业、进机关）的长效机制；推动实施人道救助品牌项目，完善城乡红十字人道服务体系，对红十字会兴办有关社会公益事业给予政策扶持；设立人体器官捐献救助基金，为捐受双方提供人道救助；将红十字会对外人道救助纳入国家对外援助整体部署，支持和指导红十字会设立民间国际人道援助基金；在乡村、街道、社区、学校等积极发展红十字志愿服务组织，将红十字青少年工作纳入未成年人思想道德建设和大学生思想政治教育整体规划；将红十字志愿服务工作纳入当地志愿服务整体规划和公共文明指数测评体系；政府有计划、有步骤地委托红十字会承担有关工作和项目；红十字会使用捐赠资金开展人道救助工作产生的实际成本从捐赠资金中据实列支并向社会公开；新闻宣传部门要加大对红十字事业的宣传力度，支持红十字会建立人道传播平台，大力宣传红十字文化在引领社会道德风尚、提升精神文明程度和推动文化大发展、大繁荣中的积极作用；各级政府要把红十字工作列入主要议事日程，在编制国民经济和社会发展综合规划时同步编制红十字事业发展专项规划；建立并完善政府向包括红十字会在内的社会组织购买服务制度，推动红十字事业可持续发展，等等。其中有一些是红十字会多年来努力争取或是某些地方的成功经验，更多的是根据经济社会发展的需要对红十字会提出的新要求，由国家最高行政机关——国务院加以肯定和明确，则大大增强了其权威性和可行性。

这些改革创新的要求和措施，凡是体现政府和有关部门加强对红十字事业支持、资助、保障和监督的，红十字会应积极主动争取当地党委、政府和有关部门根据当地实际，进一步具体化，制定实施细则，加以贯彻落实；凡是红十字会自身加强建设和履行职能、经过努力能够做到的，就应抓住机遇、付诸实践、大胆探索、敢于创新，以时不我待的紧迫感和责任感，推动红十字事业更好更快发展。

当前一个很重要的机遇，就是政府在进一步转变职能、创新社会管理中，加大加快向社会组织购买服务的力度和进度。今年 3 月温家宝总理在民政会议上指出，公共服务可适当交给社会组织承担。北京市政府今年购买服务项目达 1600 多项；广东省政府已开始公布向社会组织购买服务目录；江苏省设立了社会组织培训管理专项资金（南京、苏州、南通等市各安排 1000 万—2000 万元资金征集社会组织涉及的公益项目）；上海等地政府开展了购买社会组织公共服务的培训，等等。服务社会、造福民众是红十字会的传统工作，并且已经打造了一批品牌项目。在新形势下，更要善于根据经济社会发展的大局，因地制宜地设计服务民生、面向基层的人道救助和社会服务的公益项目，争取政府以购买服务的形式和社会爱心的捐赠给予支持。要通过引进人才和培训，提高人道公益项目的设计、运作、执行和管理的能力，使红十字会承接更多的人道服务项目成为自身事业可持续发展的一个重要途径。

总之，《意见》的贯彻，大大开阔了我国红十字事业改革和发展的视野与前景，使其在“内建和谐社会、外促和谐世界”中必将发挥更重要的作用，广大红十字工作者对此充满信心，并将以创造性的努力工作使其变为现实。

（本文发表于 2012 年 8 月 14 日《中国红十字报》）

改革创新合作　共促公益事业

人道慈善事业是公益事业的重要组成部分。党和政府将大力发展人道慈善等社会救助事业作为完善社会保障体系、构建和谐社会的一个重要举措。中国红十字会作为中国公益组织中的一个重要成员，在各个历史时期的救伤、救难、救助、保护人的生命健康、开展社会服务、促进社会文明等各方面做了许多工作。当前，我国又一次面临社会转型的新时期，红会组织要通过进一步改革、开放、创新，以及与其他公益组织的团结合作、共同发展，为推进我国公益事业作出应有贡献。

一、顺应时代之需，开展公益活动

红十字会是国际性的人道主义公益组织。日内瓦公约签约国政府和各国红十字会都共同承认和遵循的《国际红十字与红新月运动章程》明确指出：本运动的“本意是要不加歧视地救护战地伤员。在国际和国内两方面，努力防止并减轻人们的疾苦，不论这种疾苦发生在什么地方。本运动的宗旨是保护人的生命和健康；保障人类尊严；促进人与人之间的相互了解、友谊和合作，促进持久和平”。各国红十字会共同的工作目标是“改善最易受损害者的境况”。中国红十字会作为国际红十字组织的重要成员，诞生于 1904 年日俄战争的危难之际，起源于战地救护和志愿服务。中国红十字会曾多次面临社会变革和历史转折，都能始终秉承人道主义宗旨，相应地对自己的组织机构和工作任务进行改革和调整。江苏省红十字会会长吴瑞林曾将其高度概括为“源于战时救护、凸显灾难救援、扎根平时救助”。

从日俄战争到抗日战争胜利，中国红十字会主要从事战场救护、难民救助、尸体掩埋、救灾赈济、在民众中开展防治疾病等工作。1904 年日俄战争中，红十字会救伤治病、救难出险、收容资遣、赈济安置人数达 46.7 万多人，所有参加红十字会救助活动的中西董事（后改为理事）及有关要员均未支付薪水和车马费用，纯属义务服务；1937 年 12 月南京沦陷后，南京市红十字会 80 余位员工和会员在毫无外援和社会募捐的情况下，自觉开展施粥（86 万多人次）、救伤、义诊、义渡、掩埋尸体（22683 具）等人道工作，直至款尽粮绝；8 年抗战中，红十字会各救护队共进行外科手术 11 万多例、敷伤 800 多万人次，114 名红十字工作人员在人道救护中献出了生命。抗战胜利后，中国红十字会开始了以“博爱人群、服务社会”为口号的社会服务工作，建立乡村医疗队、贫民救济站、儿童营养站等各种服务机构，成立红十字青少年组织为民众服务。战争年代，为便于联系和开展工作，中国红十字会各级地方组织均直接隶属于总会。新中国成立后，中国红十字会作为第一个在国际组织中取得合法席位的组织，积极开展民间外交、帮助日侨回国、组建 600 多人参加的国际医防服务队到朝鲜战场服务、协助政府开展除害灭病、培训基层卫生人员、进行群众救护培训、参与爱国卫生运动。各地组织由直接隶属总会改为按行政区划管理。改革开放恢复国内工作特别是《中华人民共和国红十字会法》颁布实施后，中国红十字会从开展民间外交、参与“五讲四美三热爱”、开展与“救死扶伤、扶危济困、敬老助残、助人为乐”有关的社会服务活动，到募捐救灾、社会救助、群众现场救护技能培训、普及防治病知识、倡导和推动无偿献血、红十字青少年道德教育与实践活动、海峡两岸查人转信等，人道主义工作的领域逐步拓展。进入本世纪以来，根据经济社会发展需要，又进一步拓展了参与灾后重建、推动捐献造血干细胞和遗体器官、组织志愿者开展社区服务、传播国际人道法、预防艾滋病宣传教育、关怀和帮助艾滋病患者与感染者、两岸和国际民间交流合作、心理健康咨询服务、失散亲人寻亲联系等工作。自 1989 年担任国际红十字会与红新月会联合会副主席和领导委员会成员后，中国红十字会在国际人道公益事业中，特别是在国际救援方面也承担起更多的责任和义务。

就江苏省红十字会来说，这10年中，全省红十字会共募集款物达27亿多元，用于备灾救灾和社会救助，其中支援印度洋海啸灾区和台湾莫拉克台风灾区分别达2700多万元和4200多万元、支援汶川和玉树地震灾区分别达14.8亿和1.58亿多元。2011年面对网络事件影响，募集款物仍比上年增长9%达3.9亿多元。全省红十字会每年开展现场救护培训50多万人次，普及救护和防病知识150多万人次。在2800多个社区中建有红十字工作站，有10多万红十字志愿者在社区中开展便民利民和扶贫帮困等服务；全省25个市、区（县）被民政部、中国红十字会总会评为全国红十字社区服务示范市、区（县），占全国获评数的五分之一多。在全省第二届志愿服务“十杰百优”评选中，红十字系统有8个集体和个人当选；在第二批百优志愿者和首届十优志愿者服务组织评选中，红十字系统有12人当选。至今年8月，全省已有10多万捐献造血干细胞志愿者登记和采样，检测入库92000多份，实现捐献266人（其中9例捐向境外、国外）；21人捐献了器官，使78名患者得到不同器官和组织移植。全省红十字会还以多种形式开展博爱助医、助学、助孤、助困、助老、助残和援建博爱学校、卫生院，帮助农村改水改厕等公益项目。省红十字会本级2008年以来援建240多所博爱卫生站；2009年起实施中国红十字基金会“天使基金项目”，已拨款850多万元，资助了280多名白血病和先天性心脏病患儿；通过援建博爱小学和“爱心一对一”资助了2000多名孤儿的学习、生活；资助乡村医生培训7600多人；已连续16年在元旦春节前举行“博爱送万家”慰问活动，成为省“三下乡”重要组成部分。此外，全省红十字会系统的“台事服务”使近万名台胞亲属取得联系获得团聚，帮助处理有关事宜500多起。上述这些人道工作造福了众多需要帮助的人。

二、适应社会转型、坚持改革创新

进入本世纪以来，我国确立了“以人为本”的科学发展观和“内建和谐社会、外促和谐世界”的战略目标，同时将社会建设提到更重要的位置，支持各种社会组织参与社会管理和公共服务。至2011年年底全国在民政部门登记的各种NGO社会组织有45.2万个，还有基层群众自治组织67.9万个，没有登记的草根民间组织更是无法统计。面对日益增多并需积极发挥作用的公益组织，已有100多年历史的中国红十字会，在组织建设、工作内容及形式方法上也酝酿着又一轮的改革创新。

1. 突出核心工作，凸显宗旨特色

人道主义工作领域非常广泛且随着社会发展和人类需求还将不断开拓，但在能力有限的情况下，摊子太大就很难做好每项工作。日内瓦公约和国际红十字运动章程规定各国红十字会战时主要从事战场救护救难等工作；和平时期围绕保护人的生命、健康和尊严，协助政府开展紧急救援、救护培训、传播国际人道法等工作。我国《红十字会法》赋予红十字会备灾救灾、群众救护、推动血液事业等七个方面职责。面对众多的公益组织，红十字会应适当收缩战线，突出并精心做好几项核心工作。一是备灾救灾、紧急救援。这是法定的首要职责，应通过完善应急预案、健全救灾网络、组织紧急救援志愿者队伍、储备必要的款物，提高应急救援能力。二是保护生命和健康。这方面工作还需进一步拓展，重点抓好群众救护培训、“三献”和拓展心理健康服务。普及公众自救互救是提高社会应急能力的重要措施，要坚持不懈地推进救护培训“五进”（社区、农村、学校、企业、机关）；“三献”（血液、造血干细胞、遗体和器官）是弘扬人道、博爱、奉献的红十字精神和保护人的生命健康的最佳结合点，也是“仁爱助人、救死扶伤”传统美德与培育社会主义核心价值观相结合的生动体现，捐献器官的工作困难再多、阻力再大，红十字会也要攻坚克难、大力推进；心理健康是人体健康和社会和谐的一个重要因素，各种灾害、突发事件、社会竞争压力、社会矛盾凸显和老龄化等原因，使各种心理疾患增加，有些地方红十字会开展这方面志愿服务（包括灾后心理健康重建）起到了很好的作用，各级红十字会正在组建这方面志愿者队伍，拓展有关服务。三是与港澳台和国际的相互援助及交流合作。2008年抗震救灾中国红十字会接收了国外红十字组织50多亿元捐款，多个国家红十字会派出医疗救援队到灾区工作。中国红十字会与港澳台及国际红十字组织要进一步加强交流合作和相互援助，以共同应对人类面临的各种人道危机。四是相对集中力量做好一批社会救助品牌项目。中国红十字基金会推出“天使”系列基金等几十个项目救助不同的对象，效果很好。各级红十字会应因地制宜、量力而行，巩固已开展的“博爱送万家”“博爱家园建设”等品牌项目，设计一些有条件、有优势、有能力做好的救助项目，给某些困难群众以关怀和帮助。在突出重点的同时，仍要统筹兼顾、全面履行法定职责，如红十字青少年工作、社区红十字服务、传播国际人道法和红十字运动知识、帮助寻亲、重建家庭联系等人道工作。

2. 建设更加开放、社会化的组织体系

由于红十字会在日内瓦公约和国际人道主义运动中的特殊地位和作用，各日内瓦公约缔约国政府必须支持保障红十字会的工作，红十字会必须协助政府开展有关人道工作，因而多数国家首脑、政要出任红十字会名誉会长，政府有关部门领导是理事，并且有支持红十字事业的政策措施。我国红十字会在计划经济时代形成的组织体系中，各级党政部门的领导占了理事会、常务理事会的相当比例，给社会以“官办”“行政化”的误解。当前，要通过改革、调整，建立起与市场经济和公民社会发展相应的开放性、社会化的组织体系，更加体现国际红十字运动七项原则之一统一性关于“必须向所有的人开放”的要求。一是增强理事会的代表性和包容性。除政府及红十字工作密切相关的部门之外，理事中要增加社会各界特别是捐赠者（爱心企业和个人）的代表，包括一些扎根于民众或某些特殊群体之中的草根组织的代表，以尽可能广泛地了解和反映社会的诉求。二是在通过竞聘、培训、淘汰机制加强专职队伍和内设机构建设的同时，依靠志愿者建立不同任务的社会化工作机构。要依靠有爱心、有实力、有能力、有影响的志愿者组成一些工作机构，帮助红十字会运筹谋划、组织协调，开展多方面工作，如成立由志愿者组成的宣传、募捐筹资、社会监督、志愿服务、红十字青少年等工作委员会。有条件的地方还可以试建董事会，即由捐款达到一定数额的企业代表和个人组成，在理事会领导下负责募捐筹资，根据红十字会的宗旨和理事会的工作部署，对捐款进行管理和提出使用意见。三是发展和组织志愿者开展多方面多层次的服务。特别是在街道、乡镇、企事业等基层单位，在巩固发展基层组织的同时，更要下大力气抓志愿服务组织的建设和活动开展，使民众真正得到红十字志愿服务的实惠。

3. 打造更加公开透明的信息平台

红十字会人道救助款物主要来源于社会捐助。所以，自红十字会诞生起，公开透明就是一个重要准则，国际和国内各级红十字组织都制定了一系列规章制度和操作规范。即使在2008年抗震救灾募捐高峰时每天有多达几百、几千笔捐款的情况下，总会和各地红十字会仍在一两天内在网上公布每笔捐赠。2009年中国红十字会“九大”将“健全内外监督机制、更加公开透明”列入五年规划的重点工作，并借助信息技术加大了推进的力度。但是，2011年“网络事件”仍暴露出公开透明方面的缺陷：除大额或定向捐款外，尚不能公布到每一笔捐赠的具体去处（虽然总的使用都是合理合法并经过审计）；信息公开不及时或有遗漏；不便于捐款者查询等。为此，各级红十字会在借鉴中国红十字基金会建立社会监督委员会成功做法的同时，正在研制开发更加完善的信息发布系统，真正让每笔捐款来源和去处像缸里的金鱼那样透明清楚。同时，还要与社会媒体合作，增加公开透明的渠道和平台。

三、合作互补共赢，共同造福民众

在现代法治国家和市场经济发展中，公民社会正成为不可缺少的、日益发挥重要作用的第三部门。各种社会组织正是公民社会发挥作用的载体、平台和纽带。有些民间组织因代表不同群体的愿望、利益和诉求而有可能在某些利益观点上不一致甚至相互矛盾，而人道慈善类的公益组织不代表本组织成员的特殊利益，他们维护的是社会的公共利益，即使是以救助某些特定困难群体为宗旨的公益团体，维护的也是社会整体利益。因此，公益组织有合作、互补、共赢的基础。有限的社会公益资源必然会使公益组织间产生竞争，一定的竞争有利于提高公益组织的活动能力和公开透明度，有利于公益资源的分配使用更有效率和质量，但是公益组织间更多的应该是相互合作与共生关系，过度的或不合理的竞争有可能影响公益事业健康发展。

1. 错位发展，形成特色

公益组织应根据自己的宗旨、职责和能力条件，合理定位，选定有限目标，做自己有优势和潜力、又擅长的项目，做精做好，做出特色甚至成为品牌。即使都是以同一群体、同一事业为服务对象的公益组织，也可以在服务内容、层次、方式上有所差异，做得更专业和精细，尽可能减少同质化竞争。

2. 优势互补，形成合力

每个公益组织都有各自一定的优势和资源。但是，任何一个公益组织，即使很强势，也不可能控制公益资源达到非常自足的地步，都需要与外界进行一定的资源交换，这就是合作的必然性。即使是竞争性的公益组织间，也可以引进第三方进行合作，更不用说互补性公益组织间，合作可以得到互补性资源。因此，公益组织间合作将能扩大可利用的外部资源边界，导致竞争优势增强，达到双向或多向共赢。各公益组织服务对象及其重点、理念和评价标准等方面会有差异，所以合作中不仅要善于求同存异，更要善于将合作方的差异和建议转化为促进自身能力提升和改善的力量，这样的合作才能达到共同提高和1+1>2的效果。一些规模大的或与政府有紧密合作关系的公益组织、基金会更应放下架子，以平等态度，主动与其他团体甚至是草根组织合作。

2008年，中国红十字基金会支援抗震救灾募集了13.8亿多元的捐款，为了让更多的民间组织参与灾后重建，更好地发挥专业公益机构的作用，于当年6月拿出2000多万元，对17个灾后重建项目进行公开招标。3年后，经第三方北京大学公民社会研究中心对这批项目实施结果进行多方面的严格的量化评估，其中12个“比较成功”，对5个“较不成功”的，将限期整改，不达标的将停止拨款甚至追回项目款。专家认为，中国红十字基金会此举打造了第一条联结公募基金会与草根公益组织的公益链，是中国公益界专业化分工合作的一个范例，对中国公益事业发展有深远意义。江苏省红十字会在近十多年中，曾经与残联、爱德基金会、团省委希望工程、工商联、老促会、慈善会、民主党派、友协、侨联、记者协会、美术协会、书法协会、艾滋病患者感染者草根组织等团体和组织合作，开展募捐、扶贫、助残、慰问老区、推动造血干细胞捐献、援建博爱学校和卫生院、预防艾滋病宣传教育、关爱艾滋病患者感染者等公益活动，使公益资源得到共享和更有效的整合，受助对象得到更多实惠，合作双方或多方的工作都有提高。

不久前，国务院下发了《关于促进红十字事业发展的意见》，高度评价和充分肯定了中国红十字会在我国经济社会发展、先进文化建设、民间外交等方面的重要贡献、不可替代的特殊作用和独特优势，并对新时期红十字会的改革创新、履行职责，以及政府对红十字事业的支持保障等提出了一系列新的更高的要求。江苏省红十字会在学习贯彻国务院《意见》的过程中，将以改革的精神，更加积极主动地与其他公益组织建立更加灵活多样的友好合作关系，取长补短、优势互补，实现共赢，共同促进我省公益事业的健康可持续发展，为实现“两个率先”、建设和谐美好幸福的新江苏多贡献一份力量。

（本文为2012年9月在首届中国公益事业发展（南京）高层论坛上的交流发言并被收入论文集，登载于《红十字》2013年第1期）

莫为浮云遮望眼

——着力打造红十字会的“第一印象”

“莫为浮云遮望眼”。引用这句话有两重含义：既不为有光荣历史和显著成绩而沾沾自喜，也不为遭遇挫折而陷入迷茫。过去的一年，中国红十字会遭遇诸多毫无依据的批评、质疑甚至是谩骂，许多同志感到委屈、沮丧，甚至心灰意冷。但笔者以为，越是这种时刻，越是要挺起胸膛，以冷静、坦然、积极的态度堂堂正正面对一切，“鸵鸟心态”万万要不得。

谤随名高、毁随誉生。中国红十字会历经百年风雨，其间也曾遭遇多次质疑与挑战，但随着时间推移，当质疑者深入了解红十字会后，质疑者将转化为红十字会的坚定支持者。这一点，我们要有自信。

去年8月，著名书法家言恭达在捐款125万元时，掷地有声地表示，“不能因为有黑子而否定太阳的光辉”。言恭达先生是这部分深深了解中国红十字会的人的缩影。

但这还远远不够。当今社会是个“酒香也怕巷子深”的时代，我们不能枯坐等待人们“闻香而来”，更要主动出击，广泛传播红十字知识，帮助人们了解红十字运动的本质。这一点，中国红十字会总会及各地红十字会仍有不足，期待在新的一年里得到加强。

与主流媒体沟通、联系、合作仍然不够，正面或澄清真相的报道很少。2011年8月26日，回良玉副总理充分肯定中国红十字会，但其讲话内容除了见诸《中国红十字报》以外，其他媒体几乎看不到此方面内容。“7·23”动车事故后，红十字会紧急采取救援行动，也无相关媒体进行报道。缺乏第三方或权威方面的表态，在多起重大事件中，缺少来自法律专家和承担过红十字会课题研究的学者的声音；部分地方红十字会缺乏敏感性，有些原本可以及时弥补或完善的问题没能得到及时解决，以至于在后继处理中过于被动。如去年年底，北京大学与有关科研机构进行 2010—2011 年度透明度调查中，超过一半的省级红十字会没有答复。

这些问题看似细枝末节，但关系到公众对一个组织的“第一印象”，影响非常大。科学研究显示，在社会交往过程中，“第一印象”并非总是正确，但却最鲜明、最牢固，并且决定着以后双方交往的过程。新的一年，建议中国红十字会组织有关学者、专家和红十字会工作人员，从理论与实践结合上认真研究好几个课题：中国红十字会究竟是什么性质的团体？人道组织和慈善组织的区别和差异是什么？红十字会能否与企业展开“双赢”合作，合作原则应该是什么？如何与有关部门合作，积极加强红十字文化建设，怎样配合社会媒体宣传、多出“精品”，从而切实提高公众知晓率？为此，应重视红十字运动的理论研究工作，对于做得好的项目应予以重视，并给予支持。

（本文发表于 2012 年 1 月 6 日《中国红十字报》）

红十字精神和文化建设

关于“志愿服务”“会员”和“志愿者”的思考

红十字运动靠志愿服务起家，并将志愿服务作为七项基本原则之一。红十字会的各项工作，既需要广大会员的广泛参与，更需要一大批热心的志愿者的积极支持和无私奉献。红十字会与红新月会国际联合会关于《联合会志愿工作政策》（1999 年 10 月制定）对红十字会员和志愿者作了明确界定。但在现实中，仍有许多同志感到“会员”和“志愿者”难以界定，或者简单地以“交不交会费”来区分是会员还是志愿者；或者认为“是会员就不能是志愿者”，“是志愿者就不是会员”。对此，笔者谈些粗浅看法。

（1）“志愿”，《辞海》解释其为“志向、意愿”和“出于自愿”两种含义。顾名思义“志愿服务”就是出于自愿、不要报酬的服务。“志愿服务”的原则贯穿和体现于红十字会各项工作和服务活动中，国际红十字运动对“志愿服务”原则的表达为：“本运动是志愿救济运动，绝不期望以任何方式得到好处。”志愿服务原则的精髓就是为他人服务而不索取报酬。红十字会无偿开展的“三救”和社会服务工作，都属于“志愿服务”的范围。可见，“志愿服务”不是一项孤立的工作，它是一种体现于红十字会各项工作中的原则和奉献精神。

（2）参加红十字会各项志愿服务工作的人员，既有红十字会的专职工作人员，也有会员和志愿工作者，并不是所有参加志愿服务工作的人员都叫志愿者。

（3）红十字会专职人员应是在红十字会工作岗位，并以此为职业获得工资报酬的人员。专职人员一般都应是红十字会会员，他们应模范地贯彻志愿服务的原则。他们担负或参加的各项工作或社会服务活动，虽然对社会来说具有志愿服务的性质，但专职人员的行为，是履行自己所在部门、岗位的职责，因而是分内工作。当然，当他们放弃个人休息时间，不图报酬开展工作时，也带有“志愿服务”的性质，但不能称之为“志愿者”。

（4）《中国红十字会章程》对“会员”的条件、权利有明确规定，“交纳会费”和“参加红十字会举办的活动，完成红十字会交办的任务”是应尽的义务。如果从参加红十字会也是“出于自愿”这个角度来看，除专职工作人员外的所有会员，只要参加红十字会的工作和活动，都可以视为志愿者。但是，这样就无从区别会员和志愿者，或者只能分为是会员的志愿者和不是会员的志愿者，这样不便于界定会员和志愿者。所以，必须明确：会员参加所在组织的某些志愿服务活动、完成组织交给的工作任务，只是在履行会员必须应尽的义务，不能视为志愿工作者。

（5）红十字志愿者，顾名思义，是自愿地帮助、支持、参与红十字会工作或活动的人。从《中国红十字会章程》第23条的条款中，可将红十字志愿工作者理解为“热心红十字事业、志愿参加红十字会活动的人士”。《联合会志愿工作政策》将志愿者定义为“为国家红十字会偶尔或定期从事志愿活动的人”。这就说明：既有偶尔、甚至一次性参加工作（活动）的志愿者，也有经常、定期或相对固定地参加红十字工作（活动）的志愿者。志愿工作者与会员的相同之处是都参加红十字会工作或活动，区别在于权利义务有差异：志愿者没有交会费和在红十字组织内的选举权及被选举权。

（6）如果一个不是红十字会专职人员的会员，经常、定期或相对固定地协助红十字会从事或直接负责某些管理、组织、协调工作，经常、定期或固定地参加红十字会“三救”或社会服务工作，并不图报酬，这种行为实际上已超出一个普通会员应履行的义务，这样的会员可以称志愿工作者。如果参加志愿服务机构或小组，就更可以确定为志愿者。像这样交会费的志愿者，是会员中的骨干、积极分子。

（7）一个志愿者申请加入红十字会并被吸收为会员后，如果在工作方面只是按章程规定的，“参加红十字会的活动，完成红十字会交办的任务”，那么他就不再是志愿者而是会员。

如果他的工作超出一个会员应尽的义务的范围，经常、定期参加红十字会工作或社会服务活动，就既是会员又是志愿者。这部分是会员的志愿者（或者是志愿者的会员），既要履行会员的权利和义务，更要履行志愿者的权利和义务（志愿者的权利和义务，在“联合会志愿工作政策”中有规定）。至于在实际工作中如何界定是履行会员的义务还是超出会员义务范围的志愿工作，要根据当地工作情况来分析判断。

（8）《联合会志愿工作政策》指出：“志愿者可以是、也可以不是红十字会的会员。”说明了会员和志愿者两者的关系。从逻辑学上看，会员和志愿者两者间不是全异或排斥的关系，而是交叉关系，一部分人员既是会员，又是志愿者。是会员的志愿者，要比一般会员承担更多的工作、尽更多的义务、作更多的奉献。

（9）大力发展红十字志愿者队伍，并组织他们参与红十字会工作和社会服务，对壮大红十字会力量、扩大红十字会影响、为群众排忧解难、在社会上弘扬人道博爱奉献精神、促进精神文明建设有着重要意义。《中国红十字会章程》第23条规定：“各级红十字会应吸收热心红十字事业、志愿参加红十字活动的各界人士为志愿者。”红十字会人道工作需要向社会广泛争取和发动，特别是开展一些宣传、咨询、便民服务、救灾救助等大的活动，更需要志愿者的支持和参与。但是，章程中指出的“吸收”二字，则表明必须履行一定的程序，这样的志愿者应是能经常地、定期地或相对固定地参加红十字活动的工作者，他们是志愿者中的骨干、积极分子。他们能影响、吸引、团结、带动更多的人关心、支持和志愿参加红十字会工作，对这样的志愿者要有规范的组织和管理，才能更有效地发挥作用。江苏省红十字会自1996年起要求各级红十字会建立“红十字志愿工作者工作委员会”，并设计了全省统一的“红十字志愿工作者登记表”（内容包括本人特长、可志愿服务的时间、联系方法等），制定了《省红十字会志愿工作者管理办法》，而且组建了不同服务内容的志愿服务组织，要求有工作计划和活动记录。对各地提出了“五个一”（一个组织、一套制度、一支队伍、一定活动内容、一定保证措施）的规范要求，推动了全省志愿者队伍的建设和志愿服务的开展。

（10）《联合会志愿工作政策》指出：“如果要对他们（指志愿者）所做的工作或任务给予报酬时，他们将成为雇员、合同工或普通劳动者。”这说明真正的志愿者是无私的奉献，那些为图报酬甚至计较报酬的工作者只能称为红十字会聘用的工作人员，不能确定为或自称为“志愿工作者”。但是在我国现有的经济文化条件下，只要不是以获取报酬为目的而自愿协助和参加红十字工作的人士，就可以是志愿工作者。即使红十字会适当给予报酬，以补偿他们参与红十字会工作的损耗或成本（与社会上相比，这种报酬与他们的付出并不相称，报酬远少于付出），这样的工作者仍是志愿者。他们能够相对稳定地协助红十字会开展大量的工作，甚至成为某方面工作的重要组织者、管理者。在红十字会专职干部很少的情况下，更需要这样的志愿者，为发展红十字事业作出贡献。

（本文发表于2001年10月19日《中国红十字报》）

实践的呼唤　前进的脚印

——从“破冰之旅”的国际学术研讨会想到的

参加2009年4月10日—12日在苏州召开的“红十字运动与慈善文化国际学术研讨会”，受益匪浅，感慨良多。中国红十字会常务副会长江亦曼、江苏省红十字会会长吴瑞林称之为中国红十字运动研究的新的开端和“破冰之旅”，意义确实深远。据相关资料，这还是第一次由红十字国际委员会代表处、红十字会和大学共同主办的，由社会学专家、教授和红十字会工作人员共同参加的学术研讨会，可谓优势互补、相得益彰，确实具有开创性的意义，同时也是中国红十字运动100多年来在理论工作研究方面承前启后、继往开来的必然要求。

有三位伟大的哲人说过这样三句话：

“理论在一个国家实现的程度，总是决定于理论满足这个国家的需要的程度。”

“一个民族要想站在科学的最高峰，就一刻也不能没有理论思维。”

“实践、认识、再实践、再认识，这种形式，循环往复以至无穷，而实践和认识之每一循环的内容，都比较地进到了高一级的程度。”

中国红十字运动也是如此，从它诞生到事业发展，都离不开知识的传播、理性的思考和理论的指导。

在有着仁爱文化传统的中国，红十字会之所以诞生于日俄战争的1904年，是为拯救和保护饱受战乱之苦的难民之需要。而此前，已经历了多年的舆论宣传。如上海《申报》自1898年5月至1899年4月，就先后发表了《创兴红十字会说》《红十字历史节译》《红十字会说》《中国亟宜创兴红十字会说》等文章。孙中山、孙淦分别翻译和出版了《红十字会救伤第一法》和《博爱》一书，这些知识介绍和理论阐述，使国人和清政府认识了红十字会，并为它的创建奠定了基础。

在战争年代，随着战场救护、赈济救灾和其他业务工作的拓展，以及组织发展的要求，中国红十字会先后创办发行《人道指南》《中国红十字会杂志》《中国红十字会月刊》《会务通讯》《红十字月刊》，既是向社会大众传播红十字知识的重要媒介，又是理论探讨、指导工作的一个有效途径。《中国红十字会历史资料选编，1904—1949》收录的八篇论文可以说是其中的精华、代表。其中关于人道主义的作用、红十字会服务信条、红十字会的基本原则、红十字会的基本任务、红十字会的性质与任务、募集事业基金的意义和如何举办红十字周等文章，至今仍有学习、思考、借鉴和指导的价值。如"服务社会、博爱人群"的目标、扩大三大财源（会费、募捐、遗产馈赠等公私协助）、四种宣传方式（图文、口头演讲、电影戏剧、业务活动表演）等等，特别是关于"红十字会服务人群，不仅是消极的救济，而是积极的寓教育于服务，唤起民众，人人互助，自助助人，减免灾害，增进幸福"的观点，仍很有现实意义。正是这些理念的指导，中国红十字会在极为艰苦的战争年代，除战场救护、救济灾民外，在社会服务、红十字青少年活动方面也做了大量工作和进行了有益的探索，留下了光荣的脚印。

新中国成立后，中国红十字会经过改组，作为"人民卫生救护团体"，为交流研究和指导工作，中国红十字会于 1950 年 9 月创办《新中国红十字》。李德全会长根据新的工作实践和调查研究的成果，在《新中国红十字》第 5 期发表《新中国红十字会的工作方向与发展步骤》，从理论和实践结合上指导了全国红十字会的组织建设和工作开展。在特殊的历史条件下，中国红十字会除大力开展群众防病治病、普及救护和卫生知识、培训红十字卫生员、参与爱国卫生运动等工作外，在协助政府处理战争遗留问题、组织赴朝国际医防队、开展民间外交等方面，发挥了不可或缺的其他团体无法替代的重要作用。

党的十一届三中全会以后，随着思想解放和改革开放的发展，新的历史时期的红十字工作呼唤着理论的指导。1980 年《中国红十字》杂志复刊（后改为《博爱》），1987 年开始创办

《中国红十字报》。北京市红十字会把新形势下的红十字工作基本任务概括为“救死扶伤、扶危济困、敬老助残、助人为乐”，成了广为流传的红十字工作的指导思想。1985 年 6 月中国红十字会“四大”修改章程中规定“中国红十字会以实行人道主义为宗旨”，人道主义前面取消了限定词，不能不说是个重大突破，大大拓宽了红十字会的人道工作领域。中国红十字会总会宣传部长熊世琦在 1988 年 11 月 5 日《中国红十字报》发表的《红十字人道主义思想的起源及其在我国的发展》，第一次提出“红十字人道主义”这个概念并进行阐述，有着重要的理论意义。从“四大”提出“办成具有中国特色的社会主义的红十字会”到“五大”提出“建设具有中国特色的红十字会”，既是理论探索的初步成果，又为理论研究和工作实践提出了新的重大命题。从某种意义上说，《中华人民共和国红十字会法》就是改革开放以来红十字会新的工作实践和理论研究在立法上的重要成果。同样，“以法建会、以法兴会、以法治会”又是新的工作任务和理论研究的课题。中国红十字会“六大”以后，根据顾英奇常务副会长的要求，总会曾连续两年组织“中国特色红十字事业”的研讨，不过当时范围太小，主要有袁天义、梁少华、何钟生、张霞、龙军胜等十来位红十字会专职干部参加，但也还是有所收获，对“中国特色红十字事业”也有初步轮廓的概括。中国红十字会“七大”将依法建会的基本思路和方略概括为“一、二、三、四、五、六”，对全国红十字会推进理顺管理体制、开展三项博爱工程和理论研究起了重要指导作用。

中国红十字会“八大”提出了“加强红十字运动理论研究，增强工作的科学性、创造性和系统性”的要求，并将其列入五年发展规划。为了提高工作研究和理论指导的层次，总会与清华大学 NGO 研究所、北京大学公民社会研究中心、中国社会科学院等研究机构合作，开展红十字事业发展战略、理顺红十字管理体制等课题研究，总会多次召开“红十字博爱”高层论坛和组织建设、宣传筹资、志愿服务、社区服务、红十字青少年等专项工作的研讨和培训班，有力地指导了各地工作的开展。总会还多次与有关部门合作，举办“中国公益事业发展”“中国企业社会责任”等论坛，彭珮云会长和江亦曼、苏菊香、郭长江、王海京等几位领导都带头参加并发表演讲，同时积极参加其他部门和有关省、市红十字会举办的论坛，在加强和支持理论研究、提高理性思维能力、理论指导实际工作方面起了示范作用。

在总会倡导和支持下，有些省、市、县（区）红十字会领导重视理论研究，出了许多好的成果。湖北省红十字会 1990 年 8 月公开出版的《闪光的红十字》（尤新德著，湖北科技出版社）一书，除介绍红十字基本知识外，理论探讨与工作研究就有 15 章，至今值得红十字会工作人员学习和思考。上海市红十字会先后公开出版了《红十字理论与实践》《社区红十字服务》等书，汇集了社会学专家、有关部门领导和红十字工作人员撰写的理论文章、调研报告和经验总结。济南市红十字会 2005 年 10 月出版了《红十字精神与建设和谐社会》一书，同样很有现实意义。苏州市红十字会与苏州大学社会学院于 2005 年合作成立的“红十字运动研究中心”，首次实现了大学研究机构和红十字会组织、专家学者和红十字会工作人员资源共享的长期合作，迅速彰显出明显的优势。池子华教授带领一批年轻学者致力于红十字运动研究，其队伍的规模、资料的占有、研究的范围可能在全国位于前列，许多研究成果填补了我国红十字运动历史研究的空白，其工作得到了国际委员会东亚代表处和总会的关注和支持，得到了彭珮云会长的赞扬和肯定。

江苏省红十字事业“十一五”发展则划已列入了省“十一五”社会事业专项发展规划，“加强红十字理论研究和建立研究基地”是其中的一个重要项目，而且已列入了省财政专项预算之中。根据吴锡军会长要求，2006 年 11 月省红十字会成立五十周年之际，举办了“以博爱心怀构建和谐社会”的国际交流研讨会。国际委员会东亚代表马文德、哈萨克斯坦国家红新月会代表团、德国勃兰登堡州红十字会、挪威援华项目、国际 SOS 组织和港澳台地区红十字组织代表，苏州工业园区外资企业老总、南京大学和省社科联的著名专家学者以及红十字会工作人员共 150 多人参加研讨，中国红十字会秘书长王海京受江亦曼常务副会长委托到会发言。不久前，省红十字会与苏州大学红十字运动研究中心签订合作协议，将其作为“江苏红十字运动研究基地”。

以上只是我国红十字运动理论探讨和工作研究的太仓一粟，但仍从中看到了理论研究指导实践和事业发展前进的脚印。“外促和谐世界、内建和谐社会”的历史机遇需要红十字会更加有所作为，新的实践呼唤着在更广阔的背景和更高层次上的理性思考和理论指导，中国红十字会正在有组织有计划地部署和开展红十字运动研究。在这次研讨会上，江亦曼常务副会长不仅宣布即将成立“中国红十字会理论研究会”，而且明确了三项指导原则，初步提出了历史、理论和应用（实用性）三个方面研究的课题，令人振奋和鼓舞。中国红十字运动研究灿烂之花将绽放，并必将结出红十字事业又好又快发展的丰硕之果。

（本文发表于 2009 年 4 月 28 日《中国红十字报》和《红十字》2009 年第 1 期）

企业社会责任的几个问题

进入本世纪特别是2005年以来，企业社会责任和“SA8000标准”在我国得到了越来越多的关注。但是社会上往往认为企业社会责任主要体现在企业回报社会的乐善好施、捐款捐物，这多少有些了解不全或误解。虽然公益捐赠是企业社会责任的一个方面，但企业社会责任运动及其“SA8000标准”，更重要也是更基本的要求，是企业首先要维护利益相关者（员工、消费者、公民）的利益，在用工制度、产品质量、环境保护、社区发展等方面合乎法律和道德，对社会负责。

从事人道救助工作的红十字会工作人员，适当了解一些这方面知识，有利于开展与企业的公益合作。

一、西方企业社会责任运动的兴起

1. 企业社会责任（Corporate Social Responsibility，简称CSR）

这一概念的提出可以追溯到上世纪20年代，而且当时也有少数大企业（如美国的洛克菲勒和卡耐基）自觉地承担着一些社会责任，但在半个多世纪争论中，没有得到积极响应。直至上世纪80年代，因为经济全球化的发展和跨国公司受到“赚取工人血汗钱”的谴责，社会责任问题开始引起各国关注，并获得社会学者和企业的认同与支持，在90年代国际上出现了CSR运动的浪潮并逐步走上制度化发展轨道。许多跨国公司纷纷制定了企业内部的社会责任守则，许多地区性、全国性及国际性的行业组织也制定了外部社会责任守则，欧洲、美国、澳大利亚先后出现了一些“企业社会责任组织”，并逐步形成了一些评价体系和认证制度。

2. 企业社会责任的本质要求

企业在赚取利润的同时，要主动承担对环境、社会和利益相关者的责任。企业发展要与社会道德规范相对称，实现可持续发展。在对企业社会责任的具体表述上，不同的机构组织有所区别和侧重。如：

联合国全球契约：应遵循全球契约十项原则，包括人权、劳工、环境和反腐败几个方面。

世界银行：企业与关键利益相关者的关系、价值观、遵纪守法以及尊重人、社区和环境有关的政策和实践的集合，是企业为改善利益相关者的生活质量而贡献于可持续发展的一种承诺。

欧盟：公司在自愿的基础上，把社会和环境密切整合到它们的经营运作，以及与其利益相关者的互动中。

美国波士顿学院（从企业公民的角度）：公司的成功与社会的健康和福利密切相关，它会全面考虑公司对所有利益相关人的影响，包括雇员、客户、社区、供应商和自然环境。

英国“企业公民会社”：企业是社会的一个主要部分；是国家的公民之一；有权力，也有责任；有责任为社会的一般发展作出贡献。

其他如世界经济论坛、世界可持续发展工商理事会、国际商业论坛、国际雇主组织等机构也有各自的表述，但是内容和要求基本上是大同小异。

二、“SA8000 标准”的制定及双重影响

为了消除各国、各公司名目繁多且交叉重复的社会责任守则给公司、消费者和公众造成的困惑，总部设在美国的社会责任国际组织（Social Accountability International，简称 SAI）联合欧美跨国公司和其他国际组织，于 1997 年制定了社会责任国际标准（Social Accountability 8000，简称“SA8000 标准”）。原则上每 4 年修订一次，它适用于不同国家、不同行业、不同规模的公司，宗旨是确保供应商提供的产品都要符合社会责任标准的要求。2001 年公布的第一个修订版，分三个部分、54 项条款、9 个要素，每个要素又由若干子要素构成。

1. “SA8000 标准” 的主要内容

（1）不许使用童工；

（2）不得强制雇工；

（3）必须提供健康安全的工作环境，预防事故，进行健康安全教育，提供卫生清洁设备和常备饮用水；

（4）尊重员工联合的自由和集体谈判的权利；

（5）不得以任何理由歧视员工和实行差别待遇；

（6）不允许物质惩罚、精神和肉体上压制和言语辱骂；

（7）必须遵守工作时间的法规，加班应自愿且应支付额外津贴，每周至少一天假期；

（8）工资必须达到法定和行业规定的最低限额，并在满足基本要求外有可随意支配的收入，不得以虚假的培训计划规避劳动法规；

（9）必须制定一个对外公开透明的政策，承诺遵守相关法律和规定，保证进行管理的总结和回顾，选定企业代表监督实行计划和实施控制，选择同样满足 SA8000 的供应商。

上述内容还细化成劳工住宿、膳食营养、工资、生产设备等多项标准，并根据不同地区制定相应的具体规范和标准，如员工住宿条件，在远东地区住宿标准为一个房间容纳 6—8 个床位，床铺为金属框架上搭一块木板为睡铺，盥洗设备必须隐蔽、隔离和清洁。

2. SA8000 的认证

SA8000 是一套可被第三方认证机构审核的国际标准，国际劳工组织和其他国际标准机构尚未将 SA8000 视为强制性国际标准，也没有一国政府规定企业要强制执行。但是 SA8000 颁布后，在国际社会尤其是西方发达国家获得广泛支持，国际知名认证机构，如：SGS（总部设在瑞士的“通用公证行”）、DNV（总部设在挪威的世界知名船级社和国际权威认证机构）、UL（美国最具权威的安全试验所，从事安全试验和鉴定）、ITS（总部设在伦敦的、世界上规模最大的工业与消费产品检验公司之一）等，都向 CEPAA（“SA8000 标准”认可咨询委员会）申请，正式开展 SA8000 认证业务。

认证机构对申请企业通过 SA8000 认证后，将颁给认证注册和 SA8000 证书，同时报 SAI 备案并在其网站公布，证书有效期为 3 年，每 6 个月进行一次监督审核，3 年后申请复审延长一次。企业可在其宣传手册和信笺抬头印上 SGS-ICS 认证和 CEPAA 标志，可利用证书副本和 SA8000 的标志对外经营活动。

企业实施 SA8000 认证的益处：建立国际公信力；减少客户审核的数量，节省时间和费用；人性化工作标准吸引更多高素质人才和提高员工忠诚度及积极性；更大程度符合当地法规要求；使合作伙伴对企业建立长期信心；使消费者对产品建立正面情感。

3. “SA8000 标准” 的双重影响

“SA8000 标准” 的宗旨是为了保护人类基本权益，保护环境和促进经济社会可持续发展，为企业提供了社会责任规范和组织实践的标准，将社会责任和企业管理结合起来，努力实现企业经济利益、员工利益和社会的多赢。它将有力地推动企业严格遵守有关法律法规，积极改善劳资关系，加强安全保护和人力资源开发，注重激励机制多样化。SA8000 已成为全球化经济中企业竞争要素，将促进发展中国家的企业摆脱某些落后传统文化价值观念的束缚，努力适应国际市场的游戏规则，对企业的长远发展和提升国际竞争力产生重要的积极影响。

“SA8000 标准” 是把双刃剑，特别是对发展中国家的产品出口产生了巨大的不利影响。发达国家的企业很少申请 “SA8000 标准” 认证，但对发展中国家企业出口提出通过认证的要求，这迫使许多企业投入巨大的人力、物力和财力去申请和维护这一认证，大大增加了企业的经营成本。而且，有些国家贸易保护主义者将 SA8000 有关劳工利益的规定变成限制发展中国家劳动密集型产品出口的有力工具，大大削弱了发展中国家在劳工成本方面的比较优势，给有些企业带来了毁灭性的打击。有些发达国家贸易保护主义者与人权组织联手，以 SA8000 的名义，对发展中国家的纺织品、服装、鞋类、玩具、小家电等行业的出口进行全方位的限制，使其成为一种杀伤力很强的非关税贸易壁垒，而且比反倾销程序要简便得多。

三、企业社会责任在我国的传播和实践

我国在计划经济时期，企业都是全民（国有）或集体所有，是执行国家计划的工具，并承担了相当一部分社会服务的职能，所以极少产生西方社会那样在追求利益最大化过程中引发的各种社会问题。

改革开放和市场经济体制的逐步形成，多种所有制企业并存及其市场主体地位的确认，资本的逐利性和市场竞争的激烈性引发的经济社会问题不断增加，外资或合资企业带来的企业社会责任理念和行为的影响，以及按“SA8000标准”进行的采购活动进入我国对数以万计出口企业造成的冲击和压力，都使得广大学者和企业开始关注和重视企业社会责任的研究和实践。党中央推出“以人为本”的科学发展观和构建和谐社会的目标，更大大激发了政府、有关组织和企业推进企业社会责任的责任感和使命感。

虽然我国学术界、企业和政府是进入本世纪才明确提出“企业社会责任”这一概念的。但是，在过去几十年中颁布的一系列有关的法律、政策、条例、规章等文件中，在劳动保护、职工工资和福利、劳动合同、安全生产、职业病防治、企业经营管理、产品质量、消费者权益、环境保护、公益捐赠等各个方面，对企业应承担的有关责任都有明确规定和要求。在上世纪90年代末，中国理论界开始从法律角度研究企业社会责任的问题，对2005年在《公司法》修订中写上了“承担社会责任”起了积极作用。中国可持续发展工商委员会把企业社会责任定义为：“企业不仅应对股东负责，还应该向其他对企业作出贡献或受企业经营活动影响的利益相关方负责。在层次上，这些责任包括经济的、法律的、伦理的和其他方面酌情而定的要求。”由商务部主办的《WTO经济导刊》杂志社，自2003年在开始关注企业社会责任问题，并开办了“企业社会责任中国网”。2006年2月国务院侨办、《中国新闻周刊》杂志社联合有关部门主办了首届“中国企业社会责任国际论坛”，并开始评选“最具责任感企业”。从第二届起，中国红十字基金会每届都是联合主办单位之一，至今已举办六届。每一届都

围绕一个主题进行研讨和对话，第五届论坛启动了“中国式社会责任”，并将“诚信与良知”作为中国式责任的基本要义。每届论坛还评选一批年度“最具责任感企业”，至今已有77家企业获此殊荣。2005年12月，中国企业改革与发展研究会发起并主办“中国企业社会责任联盟”成立大会暨“2005年中国企业社会责任论坛”，会议通过了《中国企业社会责任北京宣言》。从2006年起，国家电网、深圳证券交易所、中国外商投资企业协会、中国纺织工业协会、中国建设银行等企业或协会先后发布《社会责任报告》或《社会责任宣言》《社会责任指引》，常州、深圳等地方政府开始表彰企业社会责任奖和下发推进企业社会责任的意见。2006年中央经济工作会议上，胡锦涛在讲话中指出，企业“要切实承担起社会责任”。2006年12月，中央电视台、北京大学民营经济研究院与《环球企业家》杂志社联合举办2006年度中国企业社会责任调查发布典礼。2008年1月，国务院国资委下发1号文件《关于中央企业履行社会责任的指导意见》，同时在网上开设“中央企业与社会责任”专题栏目。2009年1月23号，胡锦涛在政治局第十一次集体学习会上强调，要“引导企业履行社会责任”。2009年12月，《WTO经济导刊》企业社会责任发展中心发布《中国企业社会责任研究报告（2001—2009）》披露：2009年中国企业发布的各类社会责任报告数量达582份，是2008年的3.44倍，呈现“井喷”式增长态势。可见，企业社会责任已成为党政领导、NGO、企业、行业协会和理论界的共识并为越来越多的企业践行。另据有关资料显示，至2007年7月2日，我国已有339家企业通过了“SA8000认证”（全球通过认证的共2230家）。

四、“ISO26000标准”开创社会责任新时期

鉴于全球性企业社会责任运动几十年的实践经验和经济全球化浪潮对企业和其他各种组织、社会以及环境的影响日益深刻，国际标准化组织（International Standard Organization，简称ISO）自本世纪初开始着手制定社会责任国际标准的论证、研究，并由90多个国家和40多个国际组织共同参与，中国也派

出了6人专家组参与了标准的开发制定。标准几经修改，ISO于2010年11月1日在瑞士日内瓦国际会议中心正式发布了社会责任指南标准（ISO26000），标志着开始了全球社会责任运动的新纪元。

ISO26000是对传统社会责任理念及其标准的突破和颠覆。主要特点和内容：

（1）首次在全球范围定义了社会责任。“社会责任是一个组织用透明、合乎道德规范的行为，对它的决策或者活动在社会和环境中产生的影响负责”，其性质是“对社会负责任的组织行为”。

（2）扩大了社会责任的承担主体。社会责任的主体是“组织”，而组织是负有责任、权威和关系以及可以识别目标的实体或人群和设施，即不仅是企业或经济组织，其他如学校、医院、公益救济组织、学术团体、中介机构和所有国家政府机构等等，都是社会责任的主体（国家法律领域除外）。标准适用于发达国家和发展中国家有关公共组织，或和人有关的部门的所有类型的组织。每个组织应利用自身发展和自我完善的机会，为可持续发展作出自己的贡献，这是ISO26000所要传播的最重要的信息。

（3）内容全面而系统。标准参照和引用了1948年以来68个国际公约、声明和方针，这是目前其他标准和指南所没有的。同时，又界定了社会责任的核心内容，包括组织管理、人权、劳工、环境、公平经营、消费者权益、社区参与、社会发展、利益相关方合作等九个方面。

（4）遵循五项重要原则。一是组织应当愿意并完全遵守该组织及其活动所应遵守的所有法律和法规，尊重国际公认的法律文件；二是强调对利益相关方的关注；三是高度关注透明度；四是对可持续发展的关注；五是强调对人权和多样性的关注。

但是，由于ISO26000是一个指南标准而不是管理标准，推荐的内容有普遍指导意义而不是标准化产品，所以它不是认证标准而是自愿性标准。尽管如此，ISO26000标准将在更大范围、更高层次上推动全球社会责任运动的发展，是对促进全人类和谐发展、健康发展的一个重要贡献。

五、红十字会在社会责任运动中的行动

红十字会的人道工作是履行社会责任的重要内容和体现，要很好地履行自身的社会责任，就必须争取其他组织，特别是企业的大力支持、参与和合作。虽然企业捐赠不是企业社会责任的主要评价标准，但是一个有社会责任感的企业在有条件的情况下，必然会积极支持和参与人道事业，“企业社会责任中国网”设有 NGO 公益项目栏就是一个体现，2008 年之所以被人们称之为中国企业社会责任感的觉醒年，就是因为企业支援抗震救灾捐款达 388 亿多元。所以，红十字会要抓住机遇多向企业宣传社会责任理念和“人道、博爱、奉献”的红十字精神，促进企业使命感和价值观的重建；主动关注和参与企业社会责任的有关活动，并与有积极性的企业建立战略合作关系。2005 年 10 月，中国红十字会会长彭珮云、常务副会长江亦曼、副会长郭长江出席“中国公益事业与构建和谐社会”高层论坛，中国红十字会于 2008 年 5 月成立了“中国红十字会爱心企业联盟”，与这些企业建立长期战略合作关系，其影响和意义深远。中国红十字会八届和九届理事会的彭珮云和华建敏会长、江亦曼和王伟常务副会长、郭长江副会长，中国红十字基金会的汤声闻和王汝鹏副理事长出席和参加第二至六届“中国企业社会责任国际论坛”，中国红十字基金会在第二届论坛上启动了国内首个“企业社会责任基金”。中国红十字基金会与多个企业合作设立不同项目的救助基金，已经取得了显著成效。红十字会可根据国有企业、民营企业和外资及港、澳、台企业的不同特点，有区别地开展工作，以争取更多企业支持人道事业。

（本文发表于 2011 年 3 月 1 日《中国红十字报》）

红十字文化的主要内容和功能

中国红十字运动已走过了100多年，蕴涵其中的一种特殊的红十字文化是其不断发展的巨大力量，是人类优秀文化和社会进步文化的重要内容。中共中央做出了推动社会主义文化大发展、大繁荣的决定，在这个进程中，大力弘扬红十字文化，主动服务全面建设更高水平的小康社会，对促进经济社会全面发展有着积极的意义，也是时代和社会赋予红十字会的历史责任。

所谓红十字文化，主要包括红十字运动的理念、宗旨、原则、精神，红十字会的组织体制、有关法律法规和工作规范、制度等等。各种法律、法规、制度是理念、宗旨、原则和精神在一切活动中的行为规则。纵观国内外红十字运动100多年的历史，红十字文化内容主要体现在五个方面。

一是人道主义宗旨。这是红十字组织诞生、发展和一切活动的出发点和归宿。红十字人道主义的最大特点是一视同仁地保护人的生命和健康、不加歧视地帮助最易受损和陷入困境的人。这个宗旨汲取了包括中华民族传统文化在内的世界不同文化中的人文主义和以人为本的思想，特别是人类休戚与共和对生命尊重、保护的共同理念。日内瓦国际红十字运动展览馆展示红十字人道主义思想渊源的六块展板中，我国古代思想家孔子提出的“己所不欲，勿施于人”是其中之一。红十字人道主义能为不同文化、不同制度、不同信仰、不同民族的国家所认同和接受，构成了至今已有187个国家参加的国际红十字组织和国际红十字运动。它率先倡导超越社会制度、意识形态的人类合作，从根本上体现了人类互爱互助精神，正逐步成为普遍的潮流和国际的基本共识，成为建设和谐世界的一种文化力量。

二是国际人道法。国际人道法是红十字会在国际社会开展人道救助工作的法律依据，传播国际人道法是红十字会的重要职责。国际人道法不可能消灭或制止战争，但是出于人道的考虑，可以通过限制作战方法和手段来保护战争受难者，减少战争或武装冲突的残酷性。人道原则是它的核心，即所有非战斗员必须得到尊重、保护和人道待遇。日内瓦公约对红十字会的特殊地位和作用作了明确规定：红十字会对战争受难人员进行救援服务，其人员、车辆、实施等在任何情况下都应得到尊重和保护；红十字国际委员会可以执行保护国的义务，可以在交战区设立保护区、医院等，可以探视战俘营、拘留营，其组织和代表任何情况下都可以使用红十字标志，等等。由于红十字会在公约中的特殊地位，一个国家要成立红十字会并得到国际承认，该国政府必须首先成为日内瓦公约缔约国，以保证红十字会不受限制地开展战地救助服务。

三是七项基本原则。国际红十字大会确立的红十字运动七项基本原则（即人道、公正、中立、独立、志愿服务、统一、普遍），为红十字运动各参加国政府和红十字会共同承认和遵循。因为4年一次的红十字国际大会是各参加国政府和红十字会各派一个代表团并各有一票投票权，所以通过的章程、决议必须共同遵守，这是红十字运动国际性的一个显著特点。七项基本原则要求各国政府既要支持红十字会的组织建设、发挥红十字会在人道工作中的助手作用，又要支持和保障红十字会按照日内瓦公约独立自主开展工作；同样也要求各国红十字会既要遵守本国法律并主动协助政府开展有关人道工作，又必须按照红十字运动宗旨和原则独立开展活动。只有这样，红十字会才能获得所有人的信任、支持与参与，政府才能将某些政府不便出面、其他团体不能替代的工作委托红十字会处理。也只有这样，红十字会才能最大限度地动员人道力量，践行“人道”原则确定的“保护人的生命和健康，保护人类的尊严；促进人与人之间的互相了解、友谊和合作，促进持久和平”的宗旨。《中华人民共和国红十字会法》对中国红十字会按照七项基本原则独立自主工作作了明确规定。

四是有全世界认可、有国际法效力的红十字标志。日内瓦公约及其附加议定书明确规定了红十字（部分国家使用红新月、红水晶）标志具有保护和标明两种用途，神圣不可侵犯。红十字运动诞生150年以来，红十字标志成为世界公认的向危难人群提供帮助、救援、保护、服务的象征，成为人道主义和志愿服务的象征。哪里有战争、灾害、危难，哪里就有红十字旗帜飘扬，给需要帮助的人们带来希望、慰藉和安宁。《中华人民共和国红十字标志使用办法》规定：禁止滥用、误用红十字标志，标明性使用须得到红十字会批准；武装冲突中，除红十字会和部队医务人员及其实施外，保护性使用须得到国务院和中央军委批准。

五是公开透明和公平公正的工作规范。红十字运动起源和发展靠的是志愿服务，人道救助的人力物力主要来自社会捐赠和志愿者的奉献。因此，红十字会自诞生起就视公信力为生命，将接收捐赠的公开透明和实施救助的公平公正作为须臾不可离开的重要原则。100多年中，红十字国际大会、国际联合会和中国红十字会都制定并多次修订、完善了接收捐赠、款物管理使用和灾害救援中必须公开透明、尊重捐赠者意愿、接受社会监督等原则、条例及其实施细则和操作规范。在救助中，公平公正体现在“仅根据需要，努力减轻人们的疾苦，优先救济困难最紧迫的人”，即不带任何形式的歧视救助需要帮助的人。因此形成了公平确定受助对象、跟踪检查审计、向捐赠人和公众公布款物使用结果等阳光操作的有关制度和措施。

贯穿于上述文化中的精髓，是人道、博爱、奉献的精神，这是拒绝一切私利诱惑的、人类共存的精神，是红十字文化价值观的集中表现，是红十字运动生命力的源泉，也是能为不同文化共同认可和接受、体现红十字运动本质要求的显著特征。人道是红十字文化的核心和基石，是对人的价值、生命和生存高度尊重和保护的善良理念；博爱是对所有的人特别是对易受损害或陷入困境的人深切同情、关心、爱护的博大胸怀；奉献是在人道、博爱情操下出于内心自愿帮助他人和服务社会而无私付出的高尚行为。人道、博爱、奉献精神是人类对美好生活的追求和向往，既是人类最基本的道德良知，又是人类共同的道德高地。人道为本、博爱为怀、奉献为荣是红十字组织和红十字运动的灵魂。正因如此，胡锦涛、温家宝等国家领导人多次赞誉中国红十字会发扬人道、博爱、奉献精神，为国家、人民作出了重要贡献，同时要求中国红十字会在新的历史时期继续大力弘扬这种精神，为全面建设小康社会、推进人类和平进步事业作出新的贡献。

文化大发展、大繁荣既是现代化建设的重要内容，又是为现代化建设提供力量支点的强大引擎，先进文化具有引领风尚、教育人民、服务社会、推动发展的重要功能。红十字文化在这几方面都有着积极作用，而在引领风尚、服务社会的功能上更为显著。中央决定“深入开展社会主义荣辱观宣传教育，弘扬中华传统美德，推进公民道德建设工程，加强社会公德、职业道德、家庭美德和个人品德教育”，“倡导爱国、敬业、诚信、友善等道德规范”。人道、博爱、奉献精神作为一种高尚的基本道德，必然会体现在社会公德、职业道德、家庭美德和个人品德等各种道德之中，并促进这些道德的提升；必然会贯穿、渗透于各种社会实践和平凡生活之中，具有人心向善的感染力，有利于加强公民道德建设，形成知荣辱、讲正气、作奉献、促和谐的良好风尚。

虽然“红十字”是舶来品，但红十字运动的理念和精神在我国传统文化中有着丰厚的历史土壤。儒家的“民为邦本”“仁者爱人”“博爱之谓仁”“舍生取义”，道家的“上善若水”“济世利人”“慈爱和同”“异骨成亲”，佛教的“慈悲为怀”“诸恶莫做”“众善奉行”“普度众生”等理念就蕴含了“人道、博爱、奉献”的红十字精神，也正是红十字会在我国产生和发展的文化基础。我国改革开放和发展市场经济开启了新的历史时期，在人们的思想意识和价值取向日趋多元化、经济日益国际化和全球化的现代社会，发展中国特色的红十字文化，倡导更有时代特色的、更加简洁鲜明的“人道、博爱、奉献”的红十字精神，不仅更易为社会大众尤其能为不同文化信仰的民众所认同和接受，而且也有利于将中华民族传统美德提升到现代文明的层次，有利于在道德建设上实现先进性和广泛性、历史性和时代性、世界的和中国的相互结合和相互促进。

目前，我国思想道德领域出现了许多不和谐的现象，如一些领域道德失范、诚信缺失，一些社会成员人生观、价值观扭曲，有些现象已经突破了人类道德底线。大力倡导人道、博爱、奉献的红十字精神，特别是体现人类最基本的道德情感、道德良知的人道主义精神，进而树立正确的荣辱观，有着紧迫而现实的重要意义。通过传播红十字运动知识，特别是人道、博爱、奉献精神，可以唤起人们心灵中关爱生命、同情弱者、守望相助的火苗，发掘和强化人性向善的光明面，逐步培养高尚的公共道德意识；可以引导企业家和富有者树立诚实守信、履行社会责任的价值观和消费观。通过对捐款捐物、无偿献血、捐献造血干细胞和遗体器官等无私奉献典型事迹的宣传，可以使人们受到震撼和感染，了解和感悟人间大爱的亲情、真情，从而见贤思齐，学习先进。通过对红十字青少年进行红十字知识的培训，可以引导他们从小培育并逐步形成关心他人、互助互爱、乐于奉献的良好品行，为树立正确的荣辱观、价值观、道德观奠定基础。

红十字精神不是空洞的说教，它生动体现在红十字会的人道活动中。红十字会成立和发展就是为了救伤救难救助、助民惠民利民。多年来，全国各级红十字会努力践行人道、博爱、奉献精神，积极争取社会募捐，增强救灾救助能力；动员捐血、捐髓、捐器官，保护和挽救更多患者生命；在社区中建立红十字工作站，提高社区服务水平；实施救助项目，惠及更多困难群众；组织红十字志愿服务，在“奉献社会、服务他人”中提升人生价值；广泛开展群众救护培训，普及自救互救和避险知识；组织红十字青少年在参与各种友爱互助、关心他人、服务社会的公益活动中陶冶情操；等等，不断提升了红十字文化服务社会的惠民成效。广大红十字会工作人员身体力行人道、博爱、奉献精神，在进一步发挥红十字文化引领道德风尚和服务人民群众中，将不断提升红十字会和自身的人生价值。

（本文发表于2012年6月22日《中国红十字报》和《红十字》2012年第2期）

红十字精神：从基本良知到道德高地

对“人道、博爱、奉献”的红十字精神，有过许多诠释和评价，但据笔者管见所及，第一个将其称之为“人类道德高地”的是江苏省红十字会会长吴瑞林。他在 2009 年 4 月全省红十字会宣传工作会议上的讲话中指出：“红十字会的基本理念、主要任务、宗旨、七项原则，人道、博爱、奉献的精神，可以说在一定程度上是占领人类道德高地的。人类道德的最高水准很多在红十字会的这些基本理念、宗旨当中都有高度的概括和体现。”此后，他又多次从能得到不同种族、不同信仰的普遍认同的角度来阐明这个观点。笔者从中感悟到：人道、博爱、奉献精神在道德范畴上从广泛性到先进性有着极为广阔的内涵，既体现在人道—博爱—奉献在道德层次上的递增，也体现在同一精神在理念和践行上可以有从最基本到最崇高的不同层次。

红十字精神中，人道是本质和核心。红十字运动人道主义的内涵，是“保护人的生命和健康，保障人类的尊严”。这种人道精神，是一种对生存和生命陷于困境、需要得到帮助的弱者的同情和关心，是维持人类社会生存发展的最基本的道德良知。博爱是建立在人道理念的基础上对全人类爱护的一种博大胸怀，是一种突破了亲人、朋友之间的关系，对所有素不相识的人的一种大爱，是促进人类相互了解、友谊和合作的纽带。奉献则是不图回报，甘愿为他人、为社会奉献自己的物质和精神财富（包括款、物、劳务、知识、技能、血液、造血干细胞、器官、遗体等）的思想境界，是帮助他人乃至整个社会减少灾害和痛苦、促进和谐发展的高尚举动。可以说，红十字精神中，人道是基础、博爱是纽带、奉献是结果，三者密不可分、相辅相成而又不断升华。

可以从广泛性和先进性两方面来理解红十字精神是人类道德的制高点。一是体现在为全人类所接受和认可以及践行者的广泛性。18 世纪法国哲学家霍尔巴赫曾说："社会道德中第一个道德是人道，人道是其他一切道德的总体。"红十字运动的人道主义能被不同文化、不同信仰、不同意识形态、不同制度的民族和国家所接受，就是因为它是最基本的社会道德。加入国际人道法的 190 多个国家的政府、加入国际红十字运动的 187 个国家的红十字会或红新月会，都必须遵循红十字运动以人道为核心的七项基本原则。在社会生活中，践行这个道德良知的人也相对要广泛得多，如 2008 年汶川地震后，成千上万的人涌向血站无偿献血；成千上万的人，有许多本身就是需要社会关心帮助的弱者，如残疾人、孤寡老人、下岗工人，甚至是拾荒者、乞讨人员，都主动向红十字会解囊捐款，充分展现了在大难面前人心向善的光辉。二是包含着人类最高道德层次的无私大爱和奉献精神。19 世纪俄国哲学家克鲁泡特金曾指出道德的三个层次：第一是休戚与共、互相帮助；第二是正义和公道；第三是自我牺牲、自我奉献，这是最高层次。红十字运动七项原则之一的"志愿性"正是奉献精神的体现，红十字运动之所以历经 150 多年而不衰且不断发展壮大，就是因为有无数仁人志士在人力、物力上的奉献，有些爱心人士甚至牺牲了自己的生命。2008 年汶川地震后，许多红十字志愿者赶赴灾区救援，就抱定了牺牲的信念，有 40 多人给四川省红十字会留下了遗书，真是可歌可泣。

人道、博爱、奉献精神，在理念和实践程度上同样有着不同的层次，每个道德层次都是向更高层次发展和升华的基础。如七项原则对"人道宗旨"的表述："保护人的生命和健康；保障人类尊严；促进人与人之间的相互了解、友谊和合作，促进持久和平。"显然有三个层次，而第三个层次，也正是我国现阶段"内建和谐社会、外促和谐世界"的奋斗目标。作为社会伦理原则的人道主义，按其实现的范围和程度，也有三个层次：最低的也是最基本的层次，是爱护和尊重人的生命，帮助和保护弱者；比较广泛而普遍的层次，是对人民从生存的基本权利扩展到经济、政治、文化、法律、医疗、教育等各方面的权利，不断提高生活质量和幸福指数；最高的层次，是人的彻底解放和自由全面发展。这三个层次都与红十字会宗旨有关，但是，红十字会组织的性质决定了应在第一个层次上按照日内瓦公约规定履行职责，充分发挥作用；在第二、第三个层次上，红十字会可以协助政府和社会管理部门开展有关人道工作，发挥积极作用。

马克思主义不仅重视人的地位和价值，而且把一切人的自由全面发展作为人类彻底解放的目标，同时科学地揭示了实现这一目标的现实途径。可以说，马克思主义中包含着最彻底的、最高层次的人道主义。对个人来说，只有具备并践行最基本的人道主义道德良知，才可能向更高的道德层次提升，直至达到解放全人类的博大胸怀并具备为之奋斗、无私奉献的高尚情操。

讲红十字精神是道德高地，并不是高不可攀、难以企及。相反，人人皆可践行。正如1965年第20届国际红十字大会宣布的："红十字人道主义精神将存在于人们的日常生活之中。"它可以体现在点滴细微、举手之劳的言行之中，如给人让座、指路、遮风挡雨，搀扶老弱病残，让有急事的人趋己之前排队，捡起别人乱扔的垃圾，偶尔参加一些公益活动，等等；也可体现在更多的或经常的奉献和服务之中，如为救灾救助而捐款捐物，无偿献血、捐献造血干细胞和组织器官，坚持参加志愿服务，见义勇为、舍己救人，等等。点点滴滴的积累，才能形成良好的道德习惯和高尚品德。正如荀子在《劝学篇》中所言："积善成德，而神明自得，圣心备焉。故不积跬步，无以至千里；不积小流，无以成江海。"一个人能力有大小，但只要践行红十字精神，就能成为道德高尚的人。在爱心的天平上，一个普通市民捐赠的10元钱与爱心企业家捐赠的百万元是同等的光荣和高尚。在社会主义核心价值体系中的道德建设上，需要千千万万像青岛"微尘"、辽宁郭明义、南通磨刀老人、常州信义夫妻以及数百万无偿献血、捐献造血干细胞和器官、志愿服务的红十字志愿者那样，按己所愿或力所能及地弘扬人道、博爱、奉献的红十字精神，我们的社会将会更加温暖、和谐、美好！

（本文发表于2012年6月19日《中国红十字报》）

在全省红十字会宣传工作会议上的讲话（摘要）

一

自2007年10月全省红十字会宣传工作会议以来，全省各级红十字会不断开拓宣传工作思路，丰富宣传工作内容，努力争取各级党委、政府以及社会各界对红十字工作的关心和支持，积极动员广大群众参与红十字人道活动，在社会上进一步树立了红十字会的公益形象，为促进全省红十字事业又好又快发展提供了有力的宣传保障。

一是在抗击雪灾和支援抗震救灾中积极发挥了引导、促进作用（略）。

二是继续探索建立经常性、多渠道的宣传筹资机制（略）。

三是开展江苏分库建库5周年暨实现捐献100例宣传活动（略）。

四是进一步丰富了重要活动和纪念日宣传的内容（略）。

五是红十字报刊、网站的宣传有创新发展（略）。

二

当前，全国上下正在认真学习宣传贯彻党的十七大和十七届三中全会精神，自觉运用科学发展观指导各项工作，为构建和谐社会服务。省红十字会第八次会员代表大会也将召开，这将是一次十分重要的继往开来的大会。下面，我就做好今后一个时期全省红十字宣传工作讲三点意见：

一要认真学习贯彻中央关于宣传工作的总体要求，增强红十字宣传工作的时代性。

胡锦涛总书记在全国宣传思想工作会议上指出，宣传思想工作要坚持高举旗帜、围绕大局、服务人民、改革创新。我们要结合红十字工作的实际情况认真思考、规划和开展宣传工作，更加体现时代的特色和要求。要认真学习宣传贯彻党的十七届三中全会精神，全面理解和掌握会议的精神实质。红十字会救灾救助主要对象在农村，十七届三中全会精神的贯彻将有力地推动“三农”问题的解决。我们要将十七届三中会议精神贯穿于红十字宣传工作之中，大力宣传“人道、博爱、奉献”的红十字精神、宣传红十字会参与社会主义新农村建设的特殊作用和重要意义，进一步推动和加强农村红十字工作，积极开展扶贫帮困、医疗救助、人道关怀等活动，传播卫生救护和防病知识，倡导文明健康的生活理念，为促进和谐乡村建设作贡献。省红十字会“八大”召开后，我们要很好学习宣传“八大”精神，要通过对“八大”提出目标、任务的贯彻落实，更好地为“全面达小康、建设新江苏”服务。还要结合学习实践科学发展观活动，宣传红十字精神和红十字工作在促进统筹协调人的全面发展和社会全面进步等方面的积极作用。

二要进一步解放思想、创新工作，增强红十字宣传工作的实效性。

解放思想是认识世界、推动自身和社会前进发展的思想武器，更是我们党的一大法宝。宣传工作是传递有关信息、启迪和引导甚至是改变人们理念、行为的重要工作，更应不断解放思想，使之更加符合包括人们思想观念、精神生活在内的经济社会各方面不断发展变化的情况。红十字宣传工作同样面临许多新情况、新问题，也有许多新经验。我们要深入研究红十字宣传工作的新特点和新规律，积极探索开展红十字宣传工作的新观念、新思路、新途径、新办法、新手段、新载体，改进红十字宣传工作的组织方式、工作方式，积极推动红十字宣传工作机制、手段、方法、内容的创新，增强红十字宣传工作的针对性和时效性；要不断开发符合红十字会宗旨、凸显地方特色、深受老百姓欢迎的各种宣传活动，从现实生活中汲取养分，提高红十字宣传工作的号召力和感染力；要探讨建立符合红十字会特点的应急宣传机制，如建立红十字会信息发布机制，不仅要在突发事件期间设立发言人，在日常宣传中也要有发言人，便于统一口径及信息发布，不给谣言和小道消息留下空间；要进一步加强与宣传、精神文明、新闻、文化、工、青、妇等部门、团体的联系与合作，注重发挥社会传媒和红十字新闻工作志愿者的作用，善于和媒体及记者沟通交流，热情提供采访便利、帮助记者熟悉情况和了解相关政策法规、认真做好现场采访秩序的维护和管理，努力与媒体建立一种和谐互动的良性关系；要充分利用各类社会资源，运用先进技术手段丰富红十字宣传表现形式、拓展宣传工作领域，合力构建红十字大宣传格局。网络在信息交流传递中的作用和优势日益凸显，胡锦涛总书记视察《人民日报》时还与网民在线交流。网络成为听民意、解民情、聚民智的重要平台和渠道，有的文章明确提出“让网络成为党提升执政力的利器”，“领导干部要提高利用互联网的能力和水平”。

我们要多思考、研究宣传工作的创新。郝如一同志的“红十字宣传工作中的辨证施治”发言讲了五个问题：自己宣传与宣传自己、志愿新闻者和新闻志愿者、人道传播与人为运作、设备投入与广告投入、订阅报刊和运用报刊，相信对大家会有启发，做好这几方面才能不断增强红十字宣传工作的创新力和生命力。

三要切实抓好阵地和队伍建设，扩大红十字宣传的社会性。

各级红十字会要充分认识红十字宣传工作是红十字工作的重要组成部分，将宣传工作摆上重要位置，加强组织领导，在方向上牢牢把握、在工作上及时指导、在投入上切实保障。宣传阵地的形式越来越拓展和多样化，网络、电视的传播速度和范围在挑战报刊，但报刊仍有不可替代的作用。而且报刊作为平面媒体还有特殊的文化意义，在文字传承、文化积淀方面有其特殊作用。所以，我们还要继续充分发挥《中国红十字报》《博爱》杂志和江苏《红十字》杂志的宣传阵地作用，继续做好《中国红十字报》与《博爱》杂志的订阅工作，进一步提高《红十字》的质量、增强可读性。今年还有6个县（市、区）没有订阅《红十字》杂志，明年不应还有空白县。在组织红十字会干部、会员、志愿者积极向总会报刊投稿，并做好征订、使用总会报刊的同时，努力办好《红十字》。虽然《红十字》每月一期缺乏新闻及时性，但也要增加活泼、生动、趣味和可读性。特别要扩大红十字报刊在红十字系统以外的部门、单位、行业的发行和影响。要拓展和社会新闻媒体的合作，拓展在公共场所的红十字阅报栏、大屏幕、车载广告等宣传平台和阵地。网络是信息化社会宣传和交流的重要平台，红十字会网站建设必须加强。现在有些市红十字会还没建网站，只是在当地政府或卫生部门网站上有个网页，还有的红会通过其他网站发布信息，不仅时效性不强，而且关系也不顺。我们的网站，包括省红会的网站还要进一步改进，栏目设置和日常管理要加强，使之更快捷、生动，更吸引人，更便于网民与红会交流和参与红十字工作。所以，要有专人负责网站管理。要加快信息的更新速度、建立互动平台、加强与网友的交流、增添社会救助项目库等内容，形成内容丰富、形式活泼、注重时效、符合红十字会特点的网站风格。今年支援抗震救灾募捐中，网络起的作用正面的负面的都有，绝不可低估其影响力。没有建网站的市要尽快建起来，有条件的县级红会也可建网站。除新闻媒体外，还要努力拓展与有关学校、社科单位和学者合作，开展红十字工作研究和宣传。苏州市红会与苏大社会学院合作创办红十字运动研究中心，已出了不少成果，同时创办了网上电子期刊，内容有国内外新闻、红十字工作调研、理论园地、观察思考、他山之石、工作交流等等，在国内走在了前列。

各地要加大对红十字宣传工作的支持力度，加大投入，有条件的地方要配备专职宣传干部，并给予必要的工作条件。红十字会的特点决定了每个专职人员都应是宣传员，特别是领导干部和负责宣传工作的同志更应如此。所以，要按照政治强、业务精、纪律严、作风正的要求，坚持正确的舆论导向，牢固树立终身学习的理念，始终保持奋发进取的精神状态，发扬爱岗敬业、实事求是、艰苦奋斗、严谨细致和勇于创新的作风，改进和加强我们的宣传工作，为事业发展创造更有利的舆论氛围和社会环境。

2008 年 10 月 16 日

红十字会和社会建设

试论红十字会在社会保障中的地位和作用

随着社会主义市场经济发展对完善社会保障体系的呼唤，人们对社会保障体系研究和认识不断深入，红十字会在社会保障体系中的地位和作用也正逐步为人们所认识。近几年来，总会多次提出要积极参与社会保障和兴办公益事业，并进而提出了创办博爱系列工程，使红十字会人道救助工作逐步定式化、规范化，这完全符合经济社会发展和红十字事业发展的需要。

一、"社会救助"是社会保障的重要组成部分

自 1935 年美国颁布《社会保障法》首次提出"社会保障"这一概念以来，各国至今对"社会保障"尚无完整统一的定义，但基本上都包括社会保险、社会救助、社会福利、社会优抚、社区服务这几个组成部分。我国社会保障主要也体现在这些方面。在从计划经济向市场经济转变过程中，需要社会保障体系进一步完善，以发挥"安全网""减震器"的作用，以利于经济发展、社会进步和长治久安。

社会救助是社会保障的重要部分。社会救助是指对生活贫困和因自然灾害或意外事故而陷入困难的公民所提供的物质等方面的帮助，主要包括救灾和救济。其资金主要来源于国家财政拨款，但是政府也鼓励和提倡社会捐助和公民之间的相互救助。红十字会的性质是从事人道主义工作的社会救助团体，顾名思义，与社会保障体系有着内在的联系。

中国红十字会自成立后，主要就是从事战地救护和难民、灾民的赈济。在经济建设时期，仍是以救灾、救护、救助为主要工作内容并不断拓宽其工作领域，实实在在地参与了社会保

障事业。红十字会在社会保障中的地位和作用是客观存在的，关键在于要认识这种地位和作用，并真正发挥作用。

二、红十字会在社会保障中的辅助地位和不可替代的重要作用

在整个社会保障体系中，政府始终处于主导地位，红十字会和其他慈善机构处于辅助、补充的地位。但是，红十字会人道救助团体的性质和国际性、群众性、广泛性等特点，又决定了它起着不可缺少、不可替代的特殊作用。一是因为国际红十字运动明确规定救灾和救灾中团结互助是各国红十字会的任务，而且这种援助是无偿的。在救灾中，相当一些国际和地区的政府、团体或个人，只愿意通过红十字会捐赠和分发救灾款物。如我省 1991 年抗洪救灾中共接收到境外捐赠的 2 亿多元人民币的款物，其中省红十字会接受和发放近 7000 万元人民币、物资 1.7 万多吨。二是红十字会组织开展的群众性卫生救护在减少意外伤害的损失中发挥了重要作用。对易发生人身事故的行业和岗位的人员，如机动车司机、电工、交警、矿工或水上作业等方面人员，进行现场急救培训，沿公路设置红十字救护点，在群众中普及卫生防病和救护知识等。三是红十字会在省、市、县（区）有健全的组织网络，能通过基层组织广大会员、红十字青少年和志愿工作者，开展或参与各类社会服务、社区服务。四是各地红十字会举办了一些社会福利事业，如省和各地红十字会红十字医疗服务中心或门诊部，履行人道义务，对住地周围的老人和一些特殊困难者实行减免优惠或义务上门服务。常州、南京、苏州等地红十字会门诊部还给一些特别困难的老人制发了“优惠卡”，凭卡可在当地红十字会各门诊部得到优惠服务。有许多红十字会举办了对孤儿助医助学、帮助成长工程。这些事业，给社会上有各种困难的弱者以一定的帮助，对提高他们生活质量起了积极作用。

综上所述，红十字会以自身的努力工作及其效果，体现了它在社会保障中不可替代的特殊地位和重要作用。

三、拓宽思路、艰苦奋斗，把潜在优势变为现实力量，在社会保障中发挥更大的作用

红十字会的性质和特点，决定了它在参与社会保障事业中诸多方面的优势，但目前由于经济力量的薄弱，极大地制约了红十字会在社会保障方面作用的发挥。要把潜在优势变成现实的力量，必须进一步解放思想、拓宽思路、艰苦奋斗。一要进一步向社会各界多宣传、争取，拓宽募集救灾救助款物的渠道，增加备灾救助资金；有条件的地方应将募集更新下来尚能继续使用的衣被进行整理，支援贫困地区，这有很大的潜力。二是可以借助愿意和红会合作的单位和个人在遵循红会宗旨的前提下，提供某些物质条件，共同开展救助和社会服务活动，或举办某项福利事业。三是在社区服务日益成为社会保障重要内容的情况下，要组织和依靠红十字志愿工作者参与社区服务。与一些国家和地区相比，我国红十字会志愿工作者队伍及其作用，存在很大差距。有的地方红十字志愿服务组织对社区范围的孤寡老人、烈军属、贫困家庭、残疾人进行定期上门慰问、服务，排忧解难、给予捐助，还为老年人创造文体娱乐环境，对社区建设和稳定起了很重要的作用。四是努力开拓老年服务工作。社会老龄化和家庭小型化的发展趋势使老年保障显得日益紧迫而繁重，成为社会保障的重要组成部分。红十字会可以在老年护理、老年康复等方面做更多的工作，可以和有关部门、机构合作，举办为老年服务的福利事业。五是进一步普及群众性卫生救护培训，健全群众救护网络，更好地发挥保护人的生命和健康的作用。六是探索总结并推广农村红会如何把社会救助和扶贫帮困结合起来，在农村社会保障中发挥积极作用。

总之，红十字会参与社会保障大有可为，既要因地制宜、量力而行，又要开拓思路、知难而进，经过坚持不懈的努力，红十字会人道救助团体的形象将在人们心目中鲜明地树立起来。

（本文发表于1998年2月13日《中国红十字报》）

发挥社会组织功能
造福广大人民群众

党的“十七大”报告指出，“我们党一切奋斗和工作都是为了造福人民”，同时提出要“加快推进以改善民生为重点的社会建设”。红十字会是党和政府人道工作的助手，多年来，我省红十字会在省委、省政府和有关部门的关心和支持下，在救助弱势群体、服务人民群众方面做了大量工作，取得了令人瞩目的成绩。最近，省委提出了“率先全面建成更高水平的小康社会”，“努力把江苏的明天建设得更加美好”的奋斗目标。针对这一目标，省红十字会将进一步增强历史责任感和使命感，努力在改善民生、造福人民方面更多地“替政府分忧、为群众解难”，为建设美好的新江苏作出应有的贡献。

发挥自身独特优势，主动当好政府助手

随着市场经济的进一步发展，社会日益呈现多元化的态势，各种社会组织在“提供服务、反映诉求、规范行为”等方面的作用日显重要，它可以弥补政府和市场的不足。因此，“十七大”报告要求“重视社会组织建设和管理”，“支持工会、共青团、妇联等人民团体依照法律和各自章程开展工作，参与社会管理和公共服务，维护群众合法权益”。在我国众多社会组织中，红十字会作为从事人道工作的社会救助团体，承担着协助政府救助最需要帮助的困难群体的重要职能，“发扬人道主义精神、保护人的生命和健康、促进和平进步事业”是红十字会的宗旨，这一宗旨决定了红十字会工作与广大人民群众利益的一致性。

我省成立红十字会组织并开展人道工作已有100多年的历史，多年来，逐渐建立起了纵横健全的组织网络，全省各市、

县、区都按行政区域建有红十字会，还在机关、学校、医院、企业、乡镇建立了5000多个基层组织，全省有会员300多万，拥有广泛的群众基础和大量的社会资源，有利于争取社会各界的理解、支持和参与，共同投身于人道主义救助和志愿服务，这些资源理应得到充分的开发利用。中国红十字会名誉会长胡锦涛2004年10月在接见中国红十字会“八大”代表时要求：“红十字会必须认真贯彻‘三个代表’重要思想，按照科学发展观的要求，大力弘扬人道、博爱、奉献精神，在协助政府开展人道主义援助和促进经济社会发展等方面继续发挥积极作用。”为此，我省红十字会将进一步增强大局意识，更自觉地服务于“两个率先”、建设新江苏的目标任务，解放思想、创新工作，更加广泛地弘扬红十字精神，争取境内外企业和爱心人士的支持，与其他团体团结协作，努力把自身独特优势转化为现实的人道力量，在我省人道救援和促进经济社会和谐发展等方面发挥更积极的作用。

千方百计争取支持，竭诚救助弱势群体

党的“十七大”提出要“以慈善事业、商业保险为补充，加快完善社会保障体系”和“健全社会救助体系”。红十字会的职责和人道工作并不局限于慈善事业的范围，但是慈善救助始终是其最主要的工作之一，救助的款物主要来源于社会各界的捐赠，红十字会通过倡导“人道、博爱、奉献”精神和本着“公平、公正、公开”的公信力争取企业和爱心人士自觉自愿地奉献爱心。《中华人民共和国红十字会法》颁布实施以来，我省红十字会自加压力、排除困难，通过广泛宣传和重点工作相结合、省内与境外相结合、项目援助和合作相结合，多形式多途径地争取各方支持。2002年以来，省红十字会直接募集的款物共近2亿元，其中用于救灾的达1.2亿多元。此外，还救助白血病等重症患儿、孤儿和特困生4985名，慰问农村中特困教师和新中国成立前入党、入伍的老同志2600多人，资助5000多名困难农民参加新型农村合作医疗，救助农村中重病患者近百名，援建博爱小学、博爱卫生站共59所，结合灾后重建援建122户新农村住宅，资助各地博爱超市11个，连续11

年在元旦和春节前开展“博爱送万家”和参加省“三下乡”活动，发放慰问款物近4000万元。这些工作在帮助部分灾民和困难群众渡过难关和改善生活质量等方面起到了一定的积极作用，得到了党和政府以及广大人民群众的认可。当然，我们的工作成绩与建设更高水平小康社会的新江苏应发挥的作用相比，还有一定的差距，主要表现在救灾救助的力量还比较薄弱、救助水平不够高等方面。为此，我们将进一步弘扬以“人道、博爱、奉献”为主要内容的红十字精神，依靠基层组织、广大会员和志愿者在民众中大力宣传仁爱助人的理念，不断增强我省各层次人群互相关爱的意识，使越来越多的人乐意力所能及地参与慈善事业；多向企业特别是民营企业宣传企业应尽的社会责任，以“双赢”的理念争取企业的捐赠与合作；尽可能地发动社会各界的力量，使爱心募捐的土壤更加肥沃，让人与人的温情遍洒人间。

大力推进志愿服务，奉献社会共建和谐

志愿服务是国际红十字运动的七项原则之一。为在我省有计划地推进红十字志愿服务，我们从1996年起开始将红十字志愿服务列入重点工作，每年提出目标任务。省和各市红十字志愿者工作委员会致力于广泛发展和培训志愿者，在社区中建立志愿服务站，开展扶贫帮困和便民利民服务。2001年4月，红十字会与红新月会国际联合会主席海贝格女士考察南京市社区红十字志愿服务工作后称赞说：“我到过世界上许多国家，可以很负责地说，你们的工作是很杰出的。”民政部和中国红十字会总会共同评选命名表彰了79个全国红十字社区服务示范市、区，我省就有18个。至2006年年底，全省共有红十字志愿服务机构2000多个，其中社区红十字服务站1800多个；红十字志愿者5万多人，其中相对固定的注册志愿者3万多人。各地红十字志愿者通过社区服务站、“网络社区”、博爱超市、资助孤儿的母亲工程、爱心车队、老年康复院、博爱幼儿园等基地或平台，对困难群众开展“爱心救助”“一帮一”“三定一包”等服务，为社区群众开展“邻里互助”“医疗保健”“法律援助”等服务。志愿者们在协助政府服务群众、完善社区功能的同时，也弘扬了“我为

人人、人人为我”的休戚与共的互助精神。2006年江苏评选全省志愿服务“十杰百优”志愿者和志愿服务集体，红十字会系统有两人和八个集体获得殊荣。

此外，全省报名登记并已采样的捐献造血干细胞志愿者已达7.5万多人，实现捐献的已有98人，两项均名列全国前茅。可以说，我省红十字志愿服务多年来为社会的繁荣与稳定做了很多力所能及的工作，工作成效是相当明显的。随着经济社会的发展，志愿服务已不仅是某些困难群体的特殊需要或人们日常生活的需要，已发展到环境保护、生态文明、教育卫生等多方面、多领域以至某些重大活动的服务。志愿服务体现的是自愿与奉献、关爱与尊重、利他与公益，是社会文明进步的表现，也是建设和谐文化、培育文明风尚和维护社会稳定的有效途径。“十七大”报告提出要“完善社会志愿服务体系”，这对提高社会和谐和文明程度有重要的意义。我省红十字会的志愿服务既要融入全省志愿服务体系并与之相衔接，又要形成具有特色的红十字志愿服务体系。为此，首先要进一步传播志愿服务理念，扩展志愿者的队伍规模。红十字志愿服务不是一项单独的工作，而是渗透和体现在红十字会各项人道救助、社会服务工作中的一种精神和原则，必须以传播这一理念为切入点，在不同职业、不同年龄层次的人群中大力发展志愿者，并进行红十字知识和服务技能的培训，努力扩大志愿服务的覆盖面。其次要形成经常化的活动机制。根据经济社会发展和群众需要，体现红十字会的人道主义宗旨，因地制宜地不断丰富红十字志愿服务内容和项目；组织和发动志愿者各有分工、力所能及地参与服务；有计划、有对象、有基地、有内容、有标准地持久开展志愿服务活动，力戒形式主义和短暂行为。最后，要健全和规范各项志愿者管理制度。做好对志愿者的关怀和服务工作，从志愿者的招募登记注册、培训服务、基地建设到服务记录、级别晋升、表彰奖励等等，都形成完善的激励和约束机制，为志愿服务者的工作创造条件、提供平台，关心和解决他们的实际困难，维护他们的合法权益，使红十字志愿服务拥有源源不断的人力资源保证。

（本文发表于《群众》2008年第1期）

关于“公民社会”的几点思考

近些年来，随着我国市场经济、民营经济和民主政治建设的发展，具有中国特色的“公民社会”逐步发展并引起了各方面的关注和研究。笔者将一些不成熟的思考抛砖引玉，以期得到同道们的帮助，进一步提升对红十字会的理性认识。

一、现代国家与公民社会

公民社会是西方国家摈弃了中世纪专制制度下的臣民社会之后，由欧洲城邦文化发展而来，至今已有几百年的历史。马克思著作中也曾对早期资本主义的公民社会（译成中文时多译为“市民社会”）做过分析。但公民社会的迅速发展并在现代国家中扮演重要角色，则是近几十年的事。西方发达国家经济发展经历了凯恩斯主义和新自由主义阶段，证明单靠政府或市场不能解决市场和政府在某些方面的失灵，而政府和市场共同作用也仍然无法完全克服彼此的缺陷，因而产生了由“竞争的市场经济”“好的国家治理”和“健康的公民社会”组成三位一体的新正统理论。可见，公民社会的是西方发达国家市场经济体制基本成熟和政府管理模式基本形成之后，为弥补政府和市场缺陷应运而生的，是与现代国家的政府（第一部门或第一种力量）、市场（第二部门或第二种力量）并驾齐驱的第三部门（第三种力量）。目前，国际上对公民社会尚没有一个明确而统一的定义，一般是指在国家体制和市场体制之外的、由公民组成的社会。联合国开发计划署 1993 年曾这样定义：“简单地说，公民社会是建立民主社会的过程中，同国家、市场一起构成的，相互关联的三个领域之一。……公民社会里的各个组织代表着各种不同的、有时甚至是相互矛盾的社会利益，这些组织是根据各自的社会基础、所服务的对象、所要解决的问题（如环境、性别与人权等问题）以及开展活动的方式而建立和塑造的。诸如与教会相联系的团体、工会、合作组织、服务组织、社区组织、青年组织以及学术机构等都属于公民社会中的组织。”（赵黎青著：《非政府组织与可持续发展》，经济科学出版社 1998 年版，第 209 页）可见，公民社会的主要角色是公民，但它的组成要素或主体是各种民间组织（或称非政府组织、社会组织）。因为公民社会是一种社会形式，单个公民只有组织起来，才具有社会的意义。

公民社会有一个发育和逐步成熟完善的过程。美国哈佛大学教授罗伯特·柏特南认为公民社会有四个主要特征：一是公民参与政治生活、愿意投身公共活动；二是政治平等、互惠与合作的横向纽带将各个社会成员联系在一起；三是公民之间的团结、信任和容忍，使个体利益与整体利益协调起来；四是合作的社会结构，即各种社会组织的存在，各种协会成员互助互惠、培养感情和相互理解，可以避免各种极端的主张和行为（同上书，第 209—210 页）。

可见，各种社会组织是公民社会发挥作用的重要纽带、平台和阵地。公民社会的发展有助于实现更为广泛的社会参与，是完善社会自律机制的有效手段，是增强政府合法性能力、实现法治有效性的基础，因而同时也是社会和谐稳定的重要基础。而且公民社会在国际平台上的作用也日益显现，在国际上，政府代表一个国家的政治力量，企业代表一个国家的经济力量，非政府组织代表一个国家的社会力量。1997 年联合国秘书长安南在联大工作报告中将国际性民间组织迅速发展、非政府组织作用越来越大列为影响全球发展八大因素之第五（王建芹著：《非政府组织的理论阐释》，中国方正出版社 2005 年版，第 10 页）。

总之，在现代国家，以各种社会组织为基础的公民社会的发展是不依人们意志为转移的必然趋势。

二、和谐社会与公民社会

我国在新中国成立前处于半殖民地半封建的专制制度下，

无所谓“公民社会”可言。新中国成立后20多年中，实行高度集中的计划经济，需要“全能而强势”的政府，当然也不具备建立各种社会组织并发展成为公民社会的条件。改革开放、社会主义市场经济体制的建立、外资和民营经济的发展、国有企业改制、经济结构调整等一系列新情况，导致经济成分、分配形式、利益格局、思想文化、社会群体等日益多元化。同时，民主政治的建设也需要人民群众更广泛有效的参与，各种社会组织应运而生。在民政部门登记的各种民间组织由1989年的4446个，发展到2007年的35.2万个（各种社团19.4万个、民间非企业组织16.2万个、基金会1193个），还有大量不需要民政部门登记的各种小型或地域性、兴趣性、娱乐性的民间团体，更是多得无法统计（俞可平：《公民社会研究的若干理论问题》，《中央党校报告选》总第290期，第20页）。这是我国经济社会发展、三个文明进步的一个重要标志。

《中共中央关于构建社会主义和谐社会的决定》提出，建设和谐社会的总要求是民主法治、公平正义、诚信友爱、充满活力、安定有序、人与自然和谐相处。达到这些要求，离不开各类社会组织发挥作用。为此，《决定》指出：必须建立和完善社会管理体制，要发挥各类社会组织提供服务、反映诉求、规范行为的作用。培育多种类型的社会组织，可以为社会成员提供政府不便和市场不能或不愿提供的公共服务，可以满足社会公众物质、精神等方面多元化、多样性的需求，可以表达不同群体的利益诉求，可以提高组织成员的自主和创造能力，可以在社会管理和社会监督方面发挥积极作用。党的十七大提出全面建设小康社会必须坚持深入贯彻科学发展观，在社会管理方面再次指出要“健全党委领导、政府负责、社会协同、公众参与的社会管理格局”，要“重视社会组织建设和管理”。科学发展观的核心是以人为本，这就要求必须尊重人民的主体地位，促进人的全面发展，做到发展为了人民、发展依靠人民、发展成果由人民共享。没有社会协同和公众参与，就不可能体现和实现“以人为本”这个核心。各种社会组织的活动，有利于广大公众的有序参与，也能更好地体现公民的主体性，更好地表达民意和激发参与意识。“为了人民”“人民共享”也需要各类社会组织来更好地反映和维护公民的权益。

现代法治国家的政府是有限政府，一方面体现在政府的行为同样受到法律的制约和民众的监督；一方面要从全能强势、以管理为主的政府转变为服务型的政府，不断提高社会管理和公共服务的能力和水平，这就更要注意发挥社会组织的作用。中央《关于深化行政管理体制改革的意见》指出，要“把不该由政府管理的事项转移出去”，“从制度上更好地发挥市场在资源配置中的基础性作用，更好地发挥公民和社会组织在社会公共事务管理中的作用，更加有效地提供公共产品”。这对于提高政府的执政能力、降低社会管理和服务的成本、提高公共服务的质量和效益、维护社会秩序，并进而实现执政为民和善治的宗旨与目标，有着重要意义。

总之，公民社会的健康发展并充分发挥其作用，是构建社会主义和谐社会的重要条件。

三、红十字会和公民社会

各种社会组织因代表不同群体的愿望、诉求和利益，有可能在某些利益观点上不一致进而相矛盾，甚至有少数民间组织有时候可能会带来负面作用，但绝大多数社会组织能发挥“缓冲对立、促进沟通、协调利益、加强合作”的积极作用。特别是从事人道慈善事业的救助团体，不代表本组织成员的特殊利益，而是着眼于本组织成员以外的困难群体的需求，通过社会募捐给他们帮助，起到了社会第三次分配、完善社会保障体系的作用。这种公益救助活动实际上维护了社会的整体利益，因为困难群体在金钱、财产、身体、社会地位甚至经济和政治权利上处于弱势，很容易被主流社会忽视、排斥甚至边缘化，同时潜伏着某些不稳定的因素。公益社会组织协助政府帮助他们摆脱困境，不仅有利于促进公平正义和社会稳定，而且有助于提高他们进入市场和社会活动的能力，于整个公民社会的发展也有积极意义。

与其他慈善救助团体相比，红十字会更有其显著的特殊优势。

一是广泛的国际性。目前 186 个国家和地区是国际红十字运动的成员，140 多年来形成了国际红十字运动的七项基本原则和一系列条约、协议、章程、规则等等，规范和指导着各国红十字工作的开展。特别是每4年一次的国际红十字大会，各参加国政府和红十字会都各派代表团参加，讨论和决定重大事项，则从体制机制上更能协调各国红十字会和政府在国内外人道工作领域的合作与相互支持。2008年我国汶川大地震后，国际上和港澳台红十字组织捐助26亿多元款物，并派出多支医疗队和搜救队进行救援。国际红十字组织在我国实施的扶贫帮困、社区卫生、预防艾滋病、助教助学等公益项目，使某些贫困地区和人群受益不少。

二是广泛的群众性。红十字会的人道主义宗旨是全人类都能接受的普世价值理念，是人类最基本的道德要求。红十字会不加歧视地救助最易受损害者和向所有人开放的原则，能得到广泛的公众支持和参与。全国红十字会有2500多万会员和150多万志愿者。为支援抗震救灾，中国红十字会系统接收国内外社会各界捐赠款物达190亿多元；有18万多名国内志愿者和8万多名国外志愿者分别参与了红十字会组织的抗震救灾救援和服务北京奥运的工作。

三是有专门的法律规范。国际上有日内瓦公约及两个附加议定书等法律规章，国内有《红十字会法》及地方《实施办法》，使红十字会各项工作和活动有严格的规范，因而具有很强的社会公信力。

这些特点，使红十字会在公民社会发展中有其特殊作用：一是提供的公益服务以“三救”为重点，同时根据经济社会发展需要和人道领域的新问题拓展人道工作领域，有助于服务对象增加对公民社会的认同和参与，扩大公民社会的基础。二是服务行为更凸现自愿性。红十字运动靠志愿服务起家和发展，并将志愿服务作为七项基本原则之一。红十字志愿服务有利于传播培育慈善理念、和谐文化和奉献精神。许多红十字志愿者，包括网络红十字志愿者，自愿开展多种公益活动，在帮助他人、服务社会的同时提升和完善自我，有助于公民社会树立利他的价值观并健康发展，促进和谐公民社会的建设。三是参与国际人道救援和交流合作日益增多。中国红十字会多年来始终是国际联合会领导委员会成员，在国际红十字运动中的责任和作用日益显现；各地红十字会与国外的交流合作也不断发展，接受国际红十字组织资助的公益项目不断增加。同时，中国红十字会对外援助也逐渐增多，很好地履行了世界公民的义务。中国红十字会可以在国际公民社会这个更广阔的舞台上发挥重要作用，加强和扩大在国际社会中的话语权，同时也可借鉴国际上公民社会的先进经验，为我国实现“内建和谐社会、外促和谐世界”的战略目标作出积极贡献。

总之，中国红十字会作为从事人道主义工作的社会救助团体，是我国公民社会中的重要成员，对我国公民社会的健康发展以及在国际上发挥积极作用有重要的促进作用。

（本文发表于2009年2月6日《中国红十字报》和《红十字》2009年第2期）

社区红十字服务的历史必然和新鲜实践

社区建设是城乡现代化建设的重要途径，社区服务是社区建设的主要内容，红十字会作为党和政府人道工作的助手，参与社区服务是义不容辞的责任，中国红十字会大力推进社区红十字服务正是顺应了这一历史要求。

一、推进社区建设的历史必然性

虽然“社区”一词早在1881年就被外国学者用于社会学，1933年开始在我国逐渐流传、使用，但我国政府部门在1986年和1991年才提出社区服务和社区建设这两个概念。中共中央和国务院办公厅于2000年批转了民政部《在全国推进城市社区建设的意见》，从中可以看出：社区和社区建设是城乡社会发展到一定阶段的产物，它既要具有一定的条件，又具有产生和发展的历史必然性。

目前世界上对“社区”没有一个十分权威而统一的定义，对其解释有140多种，但是对社区基本构成要素的看法是比较一致的，即五要素：一定数量的聚居人口、一定范围的地域、一定规模的生活服务设施、一定特征的文化（认同感）、一定类型的组织（即各种管理服务机构）。因此，社区可定义为“聚居在一定地域范围内的人们所组成的社会生活共同体”。社区是“社会生活共同体”的提法也多次出现在我们党的文件中。民政部对“城市社区”的区域范围则定义为：城市社区一般是指经过社区体制改革后作了规模调整的居民委员会辖区。

近些年网络社区蜂拥而起，它超越地域，功能多样，值得研究。为什么要提出和推进社区建设？

第一，社区建设是经济社会发展、国家职能转变、完善社会管理的必然趋势。

人类自从定居从事农业生产以来，生活生产总离不开一定的地域，从这个意义上讲，“社区”已客观存在。但是在封建专制的传统农业社会，社会人群主要是“臣民”，国家的职能比较简单，主要是统治。进入现代工业社会以后，都市化进程加快，城市的经济基础、机构功能发生巨大变化，作为“公民”的社会人群的各种权利增加和活动范围扩大，国家的职能向以社会管理为主转变。社会管理的纷繁复杂要求更合理地划分区域范围和社会力量的参与。同时，城市的过度扩张带来的负面影响日益显现，科学合理的区域发展成为新的课题，美国城市学家 E. 霍华德在 1898 年《明日的田园城市》一书中指出，城市的增长“要永远有助于提高城市的社会机遇、美丽和方便”，他倡导全面开展城市社区发展规划工作，欧美社会已经开始了城市社区美化改造。西方工业化国家在进入后工业社会后，市场发育水平比较高，同时产生了与国家、市场并驾齐驱的公民社会（也称第三部门）。此时，国家强制管理的“公域”日趋缩小，主要职能是提供社会服务，按照一定区域设立服务机构、配置服务设施，依靠公民自治等社区建设和管理便历史地提上了议事日程并成为政府的重要任务。为适应这一趋势，联合国于 1950 年开始了推进社区发展的运动，1952 年又成立“联合国社区组织与社会发展小组”，目的在于运用社区民间资源发展社区自助力量。

第二，在我国，推进社区建设是经济和社会结构发生重大变化、政府转变职能的必然要求，是贯彻落实科学发展观、构建和谐社会的重要途径。

新中国成立后，在很长一段时间内实行高度集中的计划经济，社会结构是垂直而一统的，政府和单位承担了大量的社会服务的功能。城市社会成员大多数是单位人，国家通过对企事业单位的直接管理来管理社会人群；对城市的基层管理是通过街道办事处和居民委员会，而居委会管理的只是区域内的老人和少数没有单位的社会人员，功能也比较简单；对农村的基层管理是政社合一的人民公社和生产队，农民的生产、生活、社会活动都在公社管理之下，基本上被束缚在土地上。改革开放以后，市场经济迅速发展，我国的经济体制、社会结构、利益格局和人们思想观念发生深刻变化，使社会建设、管理和服务同样面临着前所未有的新情况：一是城市化加快。我国城市化1949 年是 10.6%、1978 年是 17.92%，至 2008 年年底增长至45.7%，城镇人口达 6.7 亿，传统管理体制已明显不适应城市的膨胀。二是城市外来人口增加。曾有个调查，我国每个居委会平均有外来人口 115 人，有的外来人口比例甚至高达 80% 以上，而且一般是社会底层人员，增加了城市环境、治安、计划生育、就业等方面管理的难度。三是传统单位制度解体。单位人成为社会人，单位原有的职能剥离交给社会，同时大量无单位人员进入社区，社区有了真正属于社区的主体。四是社会结构分化和社会职能拓展。市场经济和民主政治发展，逐渐形成了国家、市场和公民社会并驾齐驱的新格局，政企、政事、政社分开，许多职能交给企业、市场和社会承担，逐步形成“小政府、大社会”，人们同社区的关系逐渐强化。五是城市居民社会服务需求不断增长并日益多元化。经济社会发展，人们物质、文化、精神生活和卫生保健等多方面需求增长，老龄人口的增加也是社会基层服务的新课题，人们更加关注社区公共利益和福利。六是城市基层是各种矛盾的交汇点。多数矛盾和社会问题产生于基层并呈多发趋势，同时基层群众自主管理和独立意识不断增强，在基层管理中居民参与和社会组织的作用日益显现。

农村在改革开放和人民公社改为乡（镇）村后，经济、社会结构也发生了深刻变化。中国社会结构日益复杂、纵横交错，由垂直式的层级结构向水平或网络结构变化，使权力由垂直变为平行，个人因而获得更大的自由。这些情况构成了建立和完善新的治理模式的强大动因。对城乡基层的治理要由侧重管理向管理与服务相结合转变，强化基层服务功能；由侧重外部约束向外部约束与居民自治相结合转变，强化居民自我管理、自我服务、自我教育、自我监督；由条线的、单向的管理运行机制向网络的、互动的治理运行机制转变，强化基层自治功能。由此可见，社区和社区建设不是区域调整、名称变化或仅仅增加服务功能的问题，而是关系到城乡现代化发展、人民生活水平和质量提高、基层政权巩固、社会和谐稳定、民主政治建设等全局性的重大问题，具有历史的必然性。有的学者这样表述，社区建设的追求是：个体对公共友爱和精神家园的渴望，政府对社会秩序与有效管理的谋求。

正是顺应这种需要，2002年党的十六大提出要“完善居民自治，建设管理有序、文明祥和的现代化新型社区”和“发展社区服务，方便群众生活”的要求；2004年中央《关于加强党的执政能力建设的决定》要求“社区党组织要以服务群众为重点，构建党建工作新格局”；2006年中央《关于构建社会主义和谐社会若干重大问题的决定》指出：“全面开展城市社区建设，积极推进农村社区建设，健全新型社区管理和服务体制，把社区建设成为管理有序、服务完善、文明祥和的社会生活共同体。”国务院于2006年下发了《加强和改进社区服务工作的意见》，进一步明确了社区服务的指导思想、基本原则和主要任务。这都说明了我们党和政府对社区建设认识的深化和实际工作中对社区建设强有力的推进。

社区建设的内容主要有五个方面：拓展社区服务、发展社区卫生、繁荣社区文化、美化社区环境、加强社区治安。社区服务的任务是：逐步建立与社会主义市场经济相适应、覆盖社区全体成员、服务主体多元、服务功能完善、服务质量和管理水平较高的社区服务体系，努力实现社区居民困有所助、难有所帮、需有所应。公共服务体系建设有七个方面：就业、社会保障、救助、卫生和计生、文教体、流动人口管理、安全。社区服务管理和工作机制是：政府领导、民政牵头、部门配合、社会参与。

二、红十字会开展社区服务的必要性和重要性

完善社区服务是社区建设的重要内容和目标。中国红十字会总会以高度的历史责任感，于上世纪90年代开始关心和指导各地社区红十字服务工作。2002年下发15号文《关于进一步推进红十字志愿服务工作的意见》，要求各地红十字会“参与社区服务，将红十字志愿服务纳入社区建设”。同年与民政部共同下发了《关于开展社区红十字服务工作的通知》，2003年与民政部共同下发了《开展全国社区红十字服务示范活动的意见》，2005

年与民政部、总工会、团中央等部门联合下发了《进一步做好新形势下社区志愿服务工作的意见》，2007 年又与民政部共同下发了《开展农村社区红十字服务的通知》。中国红十字会领导和总会多次进行检查、调研，组织会议交流，开展示范市、区评审工作，有力地指导了各地社区红十字服务工作。

开展社区红十字服务工作的必要性和重要性主要有：

1. 是红十字会履行宗旨的题中之意和传统工作

红十字会自诞生起，始终把人道主义作为自己的宗旨和核心原则。因此，除了对战争和自然灾害、突发事件中陷入困境的人给予一视同仁的救援外，平时则对各种需要帮助的人提供服务。中国红十字会在战争年代，就为城乡民众提供了大量的治病防疫服务，1946 年则更明确提出了“服务社会、博爱人群”的工作目标，先后建立了 46 所医院和 89 个诊疗站，还开办过儿童营养站、救济站、妇女职业培训班、阅览室、学校卫生实验区、红十字服务站等社会服务机构。新中国成立后，特别是改革开放以后，中国红十字会大大拓展了社会服务的工作范围，广泛开展“救死扶伤、扶危济困、敬老助残、助人为乐”的服务活动，主动“替政府分忧、为群众解难”；在城乡建立红十字卫生站，普及开展群众救护和防护，开展助孤、助残、助医、助学，对散居的孤寡老人提供“三定一包”服务，举办老年护理康复机构和残障儿童幼儿园，定期慰问城乡困难群众，关怀艾滋病患者和感染者，等等。这些工作不论是否已被列入社区建设的整体规划，客观上都是社区服务的组成部分，也正是现在社区服务需要继续开展和加强的工作。

2. 是担负国际联合会提出的核心任务和履行法定职责的具体体现和实际行动

国际联合会“2010 战略”提出四项核心任务，即“对七项基本原则和人道主义宣传、对灾害的反应、对灾害的预防、社区卫生和关怀”，其中第四项直接是社区服务，其他三项任务也要求在社区中开展，所以这四项任务都要落实到社区。国际联合会“2020 战略”提出的三大目标之一，是“通过增强社区承灾力和能力促进人类发展”。我国《红十字会法》赋予红十字会七个方面的职责中，备灾救灾、群众卫生救护和初级救护培训、推动无偿献血、红十字青少年活动、宣传国际人道法都可以而且应该在社区中开展，而“开展其他人道主义服务活动”则有着更大的广延性和拓展性，凡是群众需要的，只要符合人道主义宗旨、红十字会又有条件的，都可以而且应该去做。根据经济社会发展的需要，国务院和各省政府的自然灾害和突发事件等应急预案都明确红十字会有普及救护知识、提高群众自救互救能力的职责。江苏等省制定的《红十字会法实施办法》中，专门增加了社区红十字会服务的职责：“各级红十字会应当协助当地政府和有关部门开展社区服务，在社区中建立红十字服务站……为社区中的孤寡残疾人员等提供人道主义服务”。

3. 是贯彻落实以人为本的科学发展观、建设和谐社区的迫切需要

市场竞争使人际关系更多地表现为功利取向和利益契约关系，人员的频繁流动、搬迁增加了社区成员的生疏感，社区成员各自从社区外谋取生计的各种不同利益削弱了对社区的认同感和归属感，下岗失业人员、待业青年、农民工及单亲家庭、老弱病残等弱势群众容易产生被边缘化、被遗忘的感觉，因而希望得到关怀、帮助和发展的机会。这些都对社区在关怀人的发展、提高居民生活质量、关怀帮助困难群众、疏导心理障碍、化解各种矛盾、发动居民广泛参与、培育和谐文化等方面提出了更高的要求。有的学者认为，社区建设正是为了在一个市场经济的陌生人世界里，构筑人际关系和谐的、互助合作的新的社会共同体，这就是和谐社会和和谐社区。建设和谐社区要努力满足多样化群众的需求，要让陌生的人们熟悉起来、让劳累的人们轻松起来、让疏远的人们亲近起来、让困难的人们得到关爱、让奉献的人们受到尊重。红十字会在社区中开展扶贫帮困和服务群众的活动，在帮助弱势、利民便民的同时，宣传和弘扬了“人道、博爱、奉献”的红十字精神，有利于培育关心他人、乐于奉献的社区风尚，有利于建立团结友爱、自助互助的邻里关系，有利于在社区中建设具有凝聚力、向心力的精神家园，从而促进和谐社区建设。国际联合会“2010 战略”中指出：红十字会“作为社区成员的志愿者，能够提供‘空间’联合起来为社区问题找到解决之道。这有助于社会的稳定，对社会建设和社区发展有着直接的影响。帮助个人和社区

之间建立‘联系’和直接为建设一个更加充满人情味的社会作出贡献”。

4. 社区红十字服务是红十字会新形势下自身发展壮大、加强能力建设的内在需要和重要途径

在整合社区各方面资源推进社区建设和服务的情况下，红十字会要有广泛的社会性和群众性，社区是重要的领域。组织向社区延伸，会员和志愿者在社区中发展，根基才能扎实。红十字会救助和服务的对象主要在社区，红十字会人力物力的来源主要也在社区。离开了社区，红十字会就成了空中楼阁。树立红十字会的社会形象、弘扬“人道、博爱、奉献”的精神、壮大红十字会的人力物力，只有通过参与社区服务这个载体才能实现。社区红十字服务要求与其相适应的基层组织、志愿者队伍、工作阵地、服务设施和物质条件，这些都不会自然形成，而要靠努力争取。红十字会只有通过社区服务，才能争取社区中各方面的支持，同时自身能力也才能得到锻炼和提升。显然，社区红十字服务和红十字事业发展是互动即相互促进的关系。

三、社区红十字服务的新鲜实践

红十字会从事社区服务，首先要摆正位置、主动参与。就是要明确政府、社区居委会始终处于社区服务主导地位，承担主要任务，红十字会是补充、是助手、是参与，只能按宗旨和能力承担一部分。但又不能等政府和社区请你参与，而是积极主动参与，争取理解和支持，要争取将社区红十字服务列入当地社区服务整体规划之中。如北京市红十字会人道主义四项工程（自救互救、备灾救灾、青少年道德教育、社区服务）列入了政府对社区建设的目标责任制，街道办事处工作规定中有红十字会工作职责；江苏省无锡市、区两级政府都明确规定，将保证社区红十字服务工作条件同创建星级社区同布置、同考核；江苏省盐城市盐都区对民政、公安、红十字会等 12 个部门进社区进行职能分解，其中红十字会承担的是与其他部门没有交叉重复的救助、募捐、爱心公益、《红十字会法》和红十字知识宣传等方面的工作。

社区红十字服务效果如何？能否持久？关键看社区干部和群众是否欢迎。成功的标准有两点：一是真正减轻而不是增加了社区工作人员的负担；二是真正造福群众，服务对象真正得到了实惠。这就应该有真正的红十字志愿者协助社区干部工作，为群众做实事、办好事。社区工作人员可以是社区红十字服务站的志愿者，也可以参加红十字志愿服务；为了便于协调，社区干部也可兼任红十字工作站或志愿队伍的负责人。但是，如果社区红十字服务站的志愿服务人员都只是社区工作人员而没有其他人员，这就或者是增加了社区工作人员的负担，或者只是把社区工作人员应做的工作贴上了“红十字志愿服务”的标签而已，这种形式主义做法是无法持久的。江苏省许多市、区的社区红十字服务站站长由社区主任兼任，但常务副主任则由志愿者担任，经常性的事务和服务活动由常务副主任负责，并有一支真正的红十字志愿者队伍承担相应的服务工作，保证了社区红十字服务的扎实开展。

社区红十字服务是个系统工程。在中国红十字会总会和民政部指导和支持下，各地红十字会在开展社区服务特别是在创建社区红十字服务示范市（区）活动中，创造了许多新鲜经验，因地制宜、各显特色。总的来说，要取得实效、持久发展，必须着力抓好五个环节，即组织指导、志愿队伍、阵地建设、活动开展、募集款物。

1. 组织指导是开展社区红十字服务并健康发展的关键所在

（1）认识到位、思想重视，列入工作计划和议事日程；

（2）省、市、县（区）红十字会成立专门工作委员会，负责工作研究、规划、协调和指导；

（3）提出明确要求，列入目标考核，进行督促检查；

（4）建立工作网络，在社区（乡、镇、村）和企事业单位建立红十字会，社区建立会员小组或红十字工作站，为工作开展提供组织保证；

（5）调查研究新问题，发现、总结、交流、推广新鲜经验；

（6）制定工作规范，抓好培训工作。

江苏省红十字会于 1996 年初就将发展志愿者队伍、开展社区服务列入重点工作。当年年底召开了志愿服务工作会议，成立了工作委员会，制定了工作规划、志愿工作者管理办法和工作委员会工作规程，并于1997年起将社区红十字服务列入对各市目标考核内容；1998年年初召开工作会议，大力推进社区红十字服务（工作）站建设，并更具体提出“五个一”（一个组织、一套制度、一支队伍、一定服务内容、一定服务措施）的要求和“主动参与、资源共享、围绕宗旨、发挥优势、因地制宜、形成特色”的工作思路；2001年召开的省红十字志愿服务工作会议则进一步提出了社区红十字服务深化、实化、细化和向农村发展的要求；省红十字会还多次与民政厅共同举办社区服务培训班和现场交流会，以促进工作开展和水平提高。这也是江苏省“全国社区红十字服务示范市（区）”占全国1/5的原因之一。南京市红十字会对区（县）分管红会工作的领导进行培训考试，对社区红十字工作站站长和志愿者骨干进行有关知识和技能培训，取得了很好的成效。

2. 志愿者队伍是社区红十字服务的人力资源

（1）招募。多种渠道招募真正乐于奉献、热心红十字事业、又有条件和能力的志愿者。通过媒体向社会公开招募可扩大选择范围，便于好中选优。

（2）组建。建立不同服务内容、不同类型的服务队。不同服务领域的专业队伍，根据志愿者的特长和能提供服务的内容组合，建立如备灾救灾、募捐、卫生保健、救护、法律援助、文艺、青少年工作、心理咨询、宣传等不同服务内容的队伍。综合性的服务队则由不同服务特长的志愿者组成，除了共同参加一些集体活动外，主要是各自承担自己所负责的那方面服务。要把志愿者能提供服务的内容、时间、联系方法和工作规范都公布于众，让居民知道。有的还将志愿者情况表发放到每户，以便于联系。

（3）培训。主要是红十字运动基本知识、服务理念、人际关系、宣传募捐、心理支持、灾难应变、服务规范等内容。佳木斯红十字会对志愿者进行三个基本功和五心培训：一要掌握社区特困人口、住址、电话、难点，二要懂任务、方法、政策，三要提高说讲能力、协调能力、业务能力；五心是爱心、诚心、耐心、合心、利他心。还进行保健养生知识等培训。

（4）表彰。在除了红十字会系统的表彰，更要争取系统外的认可和表彰。在江苏省第二届“十杰百优”志愿者和集体评选中，红十字会系统就有“两杰”“八优”受表彰。

3. 阵地建设是社区红十字服务的平台和载体

凡是红十字会员、志愿者能去开展服务的机构（敬老院、福利院，驻社区的企事业单位等）、公共场所和居民家庭都是社区红十字服务的阵地。这里讲的阵地建设是社区内红十字工作站、服务点和服务设施的场所，以及宣传设施的设置。

（1）资源。按照资源共享的原则，红十字会的社区工作站、服务点一般也设在社区服务中心内。有条件的划出单独的场所、房屋，但多数是利用社区办公室、卫生站、计生站、老年活动室等合署设立红十字工作站和服务点。为规范管理，不论是单独还是合署，都要配有统一的站（标）牌、志愿者胸牌、橱柜、台账、轮椅、报架、血压计、听诊器、急诊箱、拐杖等设备和设施，服务人员和工作职责制度要公布上墙。

红十字会在社区办的博爱超市，有的是社区无偿提供场所，有的是租房。也有的是与社区内的超市、商场合作设博爱专柜，或让受助者凭博爱援助卡在商场内选择某些指定商品。

作者（中）到睢宁县了解扶贫项目

许多地方利用社区学校开办社区红十字家庭学校，开展培训活动。江苏睢宁县邱集镇王林办事处红十字会利用志愿者无偿提供的300多平方米房屋建立了综合的服务站（博爱超市、阅览、培训等），还招募了一批有一技之长或从事个体修理、服务业的志愿者在自己家中或工作场所设立志愿服务点。有些地方红十字会单独或与企事业单位合作举办老年康复（护理）院、博爱学校（幼儿园）等，既是红十字会的服务机构，又是红十字志愿者和红十字青少年的服务基地。

（2）类型。多功能综合服务站：开展募捐、救护、卫生保健、宣传等多项服务；以某一方面为主的服务站：如抗癌乐园、残疾人器具服务站、青少年活动室等；宣传设施：主要有宣传橱窗、板报、墙报，有的社区还设有红十字广播或电视节目。

4. 活动开展是建立红十字服务站、组织志愿者队伍的目的和生命力所在

主要任务：总会和民政部〔2002〕100号文明确重点是三个方面，即社会服务（帮困救助、便民利民）、宣传培训（宣传红十字知识、对群众救护和保健防病培训）、募捐救助（募集款物、租借义卖、救灾助困）。

（1）确定范围：与民政部门和街道、社区协商，在社区服务整体任务中选一两个或几个项目的全部或一部分、能发挥优势和特点的服务作为主要任务，特别要关注那些尚未列入政府救助范围、容易被忽视的困难人群。

（2）选准切入点：突出人道宗旨和“三救”重点，选择那些政府希望做、群众有需要、红会有能力的事项先开展，使有限资源发挥促进工作、扩大影响的倍增效应。多数地方红十字会以健康服务和扶贫助困为切入点，在社区中普及自救互救和防病知识，关怀帮助孤、老、残等困难对象，同时宣传普及红十字知识，扩大红十字会影响。上海市红十字会以完善全市红十字卫生站设施和功能为切入点、黑龙江佳木斯市红十字会以红十字工作与新农村建设结合为切入点、内蒙古赤峰市红十字会以参与“新农合”医疗救助为切入点、山东济南市红十字会以在社区设立“博爱互助中心”为切入点、天津市海滨街道红十字会以健康教育进社区为切入点，都起到了起步见效、逐

步拓宽、巩固发展的积极作用。

（3）多种服务形式和内容：

① 经常性服务和相对集中规模的活动相结合；

② 固定服务场所的服务和流动或上门服务相结合；

③ 无偿的志愿服务和适当补偿的服务相结合；

④ 巩固已有服务和拓展新的领域相结合；

⑤ 独立开展服务和与其他部门、团体合作相结合；

⑥ 平常救助、便民服务和创建品牌项目相结合。

红十字会员和志愿者提供服务时应佩戴标志，大型活动应有红十字旗帜、横幅等，并尽可能留下影像资料。

5. 募捐款物是可持续发展的重要条件

（1）争取政府支持（拨款、购买服务）。随着政府职能转变，这方面空间很大。如上海市宝山区财政局按街道人口每人每年1元拨给街道、乡镇红十字会工作经费，还给予红十字服务站工资性补贴；浦东新区实行“费随事转”，将37个审批项目转交给民间组织，2005年购买服务达4197.3万元；普陀区长寿路街道将社会公德、先进文化、扶贫等五大工作交给民间组织去做。

（2）社会募集。除了依法开展募捐外，特别要与社区内的企事业单位、爱心人士建立长期稳定的合作关系。

（3）开展低偿公益的或市场补偿的服务，如辅助器具租用、老年康复护理等。

（本文是2009年3月在全国社区红十字服务培训班上发言的主要内容，登载于《红十字》2010年第2期）

红十字会在公民社会发展中的作用

一、何谓“公民社会”

关于公民社会目前没有一个准确的被公认的定义，但大体上可分两类：政治学意义上强调“民间性”，即公民社会主要是指保护公民权利和公民政治参与的民间组织和机构；社会学意义上强调“中间性”，即公民社会是介于国家和家庭、企业之间的中间领域。

联合国计划开发署1993年曾这样定义：“简单地说，公民社会是建立民主社会的过程中，同国家、市场一起构成的、相互关联的三个领域之一。社会运动可以在公民社会领域里组织起来。公民社会里的各个组织代表着各种不同的、有时甚至是相互矛盾的社会利益，这些组织是根据各自的社会基础、所服务的对象、所要解决的问题（如环境、性别与人权等问题）以及开展活动的方式而建立和塑造的。诸如与教会相联系的团体、工会、合作组织、服务组织、社区组织、青年组织以及学术机构等都属于公民社会中的组织。”

泰勒从政治特质上进行了三个层次的概括：（1）最基本意义的公民社会：当存在不受国家力量支配的民间团体时，这就是公民社会了；（2）较严格意义的公民社会：当透过不受国家支配的公民团体，社会完全可以自我建设及自我协调时，这才是公民社会；（3）第三层次：当这些民间团体能够有效地影响国家政策的方向时，这就是公民社会了。

俞可平认为，马克思对社会两分法分析，提出“市民社会”的概念，指的是与资本主义“政治社会”相分离又相辅相成的社会领域，“是一切私人利益关系的总和”，是“私人物质交往形式”或“生产关系”的总和。“市民社会”在使用中带有一定的贬义，就把它等同于资产阶级社会。

公民社会是对社会三分法的分析。最有影响的是两位有马克思主义传统的思想家：意大利共产党领导人安东尼·葛兰西和德国思想家尤根·哈根马斯。他们对社会的“三分”是：第一部分为政治社会，即国家系统，主体是政府组织，主要角色是官员；第二部分为经济社会，即市场系统，主体是企业，主要角色是企业家；第三部分为公民社会，即民间组织系统，主体是民间组织，主要角色是公民。所以公民社会“是指公民在国家或政府系统以及市场或企业系统之外所结成的所有民间组织或民间关系的总和”，“是相对独立于政治国家的民间公共领域，其基础和主体是各种各样的民间组织”。

把民间组织作为公民社会主体，并不否认公民本身在公民社会中的地位，单个公民是公民社会的出发点和归宿，也是公民社会的主要角色，但只有组织起来，才具有社会的意义。民间组织既包括正式的，也包括非正式的，公民某些自发组合或临时组合的，也是公民社会的组成部分，在社会生活中的作用日益重要，如某些网络社区、健身娱乐等组织等。

民间组织有四个特点：非政府性、非营利性、相对独立性、自愿性。

二、公民社会产生和发展的历史必然性

臣民社会：封建土地所有权制下，社会全体在财产与人身自由关系上层层依附，政治与经济、国家与社会紧密结合，不存在一个独立于国家和政治之外的私人自律的经济关系。社会人群是臣民，臣民与国王之间是层层效忠关系。

市民社会：生产力发展，封建领主所有权随着农民的解放和地租的减免逐渐变成私人地产，越来越多的人摆脱了对贵族的财产和人身依附关系而获得了自由、聚集了财产，特别是早期从事工业生产和商业流通的资产阶级在财富增加上比土地更显优势；社会结构出现了一个独立于国王控制的领域，这是政治与经济分离的经济根源。一些与人相关的经济、宗教、文化、艺术等成为个人的生活范围，从国家与教会的控制中摆脱

出来，获得了独立的属性，形成了市民社会或私人领域，开始了国家与社会的二元划分：国家即政治，活动范围是公共领域，行政主体是国家机关，行使公共权力，以保障私人领域的私法主体自由为己任；社会即“市民社会”，活动范围是私人领域，主要指经济和宗教、文化、艺术等非政治化领域。

公民社会：市场经济发展，公民民主和权利意识的逐步增强，各种民间团体产生和发展。

发达国家民间组织有较长历史，开始多与慈善事业有关，如英国17世纪就颁布法律鼓励保护慈善性质的民间团体，二次大战以后发达国家的各种民间组织迅速发展，上世纪80年代以后发展中国家民间组织也发展很快。不仅有从事教育、卫生、环保、扶贫等公益事业的各种民间组织，还有代表不同人群、领域、行业、专业技术以及兴趣、愿望和利益的各种组织。各种民间组织的活动，不仅满足了社会各方面人群的精神慰藉和多元化需求，而且也增强了公民对自己的经济权利和政治权利的意识，促进了民主政治制度建设，逐步形成了一个区别于国家建制的、自主的活动领域。

公民社会是权利和义务对等的责任社会，有一个发育和逐步成熟完善的过程。美国哈佛大学罗伯特·柏特南认为公民社会有四个主要特征：一是公民参与政治生活，公民对政治问题感兴趣，愿意投身于公共活动；二是政治平等，公民都有平等的权利并且对社会负有平等的责任，互惠与合作的横向纽带将各个社会成员联系在一起；三是公民之间团结、相互信任和相互容忍；四是合作的社会结构的存在，各种社会组织结构包容了公民社会的价值与规范，各种协会成员之间的互助互惠、培养感情和相互理解，避免了各种极端的主张和行为。各种协会的存在是社会发展成功的重要条件。

我国公民社会发展的现状。在新中国成立前我国处于半殖民地半封建的专制制度下，无所谓“公民社会”可言。新中国成立后20多年中，高度集中的计划经济、“全能而强势”的政府、垂直而一统的社会结构及管理模式，个人的权利和自由受到极大限制，就连消费也只能按票证计划购买，当然不具备建立各种民间组织并发展成为公民社会的条件。改革开放特别是市场经济体制的建立、多种经济成分特别是民营经济的迅速发展，经济体制、社会结构、分配形式、利益格局，以及人们的思想观念发生了巨大而深刻的变化。人们的兴趣爱好、活动方式以及形成不同群体也日益多元化；民主政治建设也需要人民群众更广泛有效的参与，并且大大提高了广大公民对政治、经济、文化和对社会公共问题以及自己切身利益的追求、关心和维护，增强了参与管理的愿望和能力，因此各种社会组织应运而生。在民政部门登记的各种民间组织由1989年的4446个发展到2009年的41.366万个，还有大量不需要在民政部门登记的各种团体和草根组织多得无法计算，估计有几百万之多。这是我国经济社会发展、三个文明进步的重要标志。可以说，一个相对独立的公民社会在我国迅速发育，但离一个完善成熟的公民社会还有很大的距离。

三、作为现代国家第三部门的公民社会的重要作用

所谓现代国家体制是指随产业革命而形成的现代民族国家体制。自从市场经济在世界上形成之后，在一定时期曾被奉为无所不能的神奇工具。亚当·斯密称之为“看不见的手”，它对促进经济社会发展、人类文明进步起了巨大的作用。但是市场经济毕竟只是一种社会资源的配置方式，它同样有自身的缺陷，20世纪以来，其弊端不断显现；而且实践证明，无论市场经济体制和规则如何完善，这些缺陷是无法通过市场的力量自己解决的，人们转而希望国家政府对经济社会发展进行有力的干预。

上世纪30年代特别是二次大战后，发达国家政府承担了一系列干预社会经济活动的职能，大多数发展中国家政府在经济社会发展中更是起决定性的作用，在上世纪五六十年代，多数发展中国家把政府看作是无所不在的。但是政府行政权力同样具有两重性，政府垂直等级式的体制容易忽视穷人和其他弱势群体的需要；政府体制具有不断膨胀的内驱力，容易产生官僚化、僵化而降低效率；政府权力如不受到有效的监督制约必然产生腐败而破坏社会公正。政府是为解决市场失灵而出现的，但在某些方面政府失灵比市场失灵的危害更大，“看不见的脚践踏了看不见的手”。上世纪六七十年代以来，发达国家

出现长期滞涨危机，发展中国家的经济增长也令人失望，经济发展较快的国家中贫富两极分化以及相随的各种社会问题越来越严重。

实践证明，单凭市场和政府不能解决它们在某些方面的失灵，而政府和市场共同作用也仍然无法完全克服彼此的缺陷。由此产生了由竞争的市场经济、好的政府治理和健康的公民社会组成的三位一体的国家善治理论。公民社会是西方发达国家在市场经济体制基本成熟和政府管理模式基本形成之后，为弥补政府和市场的缺陷应运而生的，是与现代国家的政府（第一部门或第一种力量）、市场（第二部门或第二种力量）并驾齐驱的第三部门（第三种力量）。

公民社会在当代经济社会发展中的重要作用主要有：

（1）是增强政府合法性能力、实现法治有效性的重要基础。政府合法性是指公民对政治行为的自愿接受性，后者越高，政府合法性就越高，其统治成本就越低。这里讲的法治有效性是指法律对社会生活发生的实际作用和影响，这与全社会价值认同程度成正比。

（2）与市场经济互为基础，减少社会差异造成的矛盾，关心和帮助弱势群体，填补政府用于社会发展方面资金的不足，开拓社会就业机会，帮助落后地区的发展转变。

（3）是扩大社会民主、保持社会和谐稳定的重要力量。具有促进公众广泛参与、提高公众民主法制意识、满足公众多元化需求、维护社会稳定的安全阀作用。

（4）是建立有限而廉洁高效政府的重要条件。现代法治国家的政府是有限政府，更需要发挥社会组织的作用。公民社会对政府的监督制约能有效地防止腐败。

总之，公民社会的发展能使政府和市场都会更有效地工作。在国际舞台上，一个国家的政府代表其政治力量、企业代表其经济力量、民间组织代表其社会力量。所以前联合国秘书长安南在1997年联大报告中将国际性民间组织迅速发展、非政府组织作用愈来愈大列为影响全球发展八大因素之第五。

我国在建立、完善市场经济体制和大力发展社会主义民主、构建和谐社会过程中，党和政府强调要发挥各类社会组织提供服务、反映诉求、规范行为的作用；在深化行政管理体制改革中提出，要把不该由政府管理的事项转移出去……更好地发挥公民和社会组织在社会公共事务中的作用，更加有效地提供公共产品；同时，更加重视和强化人民群众对党和政府的监督作用，在扩大基层民主方面要落实群众的知情权、参与权、表达权、选择权和监督权。这都要求各类社会组织要更加主动、更有作为地发挥积极作用。

四、红十字会在公民社会发展中的作用

虽然民间组织起源于公益慈善救助团体，但在发展中日益多元化。各种民间组织因代表不同群体的愿望、诉求和利益，有可能在某些利益观点上不一致而相矛盾，少数民间组织有时可能有更负面作用，但绝大多数民间组织能发挥“缓冲对立、促进沟通、协调利益、加强合作”的积极作用。特别是从事人道公益事业的组织或团体，并不代表本组织成员的一己利益，而着眼于本组织成员以外的困难群体的需求，通过社会募捐给困难者以帮助，起到了第三次分配、完善社会保障的作用，这种公益救助活动维护了社会的整体利益。与其他公益慈善组织相比，红十字会更有其特殊性：一是国际性使其有广阔的活动空间；二是因七项原则而更具广泛的群众性；三是有专门的法律规范使之更具社会公信力。

红十字会对公民社会的发展的积极作用：

（1）以改善最易受损群众境况为工作目标，以救助弱势群体为主要工作，使他们避免陷入困境和被边缘化，有助于增强他们的信心和自尊心、提高他们进入市场及社会活动的能力，有利于扩大公民社会的基础，同时也有利于减少社会的矛盾、增加社会的稳定。

（2）弘扬“人道、博爱、奉献”精神和志愿服务行为，有利于传播、培育慈善理念和关爱他人、奉献社会的精神，对参与服务者和服务对象，都能够培养和增强利他的价值观和社会责任感，对维持社会公平正义、培育社会主义核心价值观和公民社会的和谐发展都有积极的促进作用。

（3）根据经济社会发展和民众需要拓展人道工作领域，参与社区服务，便民利民，排忧解难；捐赠造血干细胞和器官，

挽救生命、保护健康等等，使服务对象增强对公民社会的归属和认同感，提高公民社会的参与度。

（4）国际救援和交流合作增多，履行世界公民的义务，加强和扩大中国红十字会在国际红十字运动中的话语权，在国际公民社会这个更广阔的舞台上发挥作用，同时学习借鉴国际上公民社会建设的先进经验，为实现“内建和谐社会、外促和谐世界”的战略目标作出积极贡献。

红十字工作对公民社会发展的积极作用，是促进和平进步事业的一个重要方面。红十字会虽然不是政治组织而且恪守七项基本原则，但它的工作在道德和政治方面也有着积极而重要的影响。我们红十字工作者要更加自觉地加强自身建设，树立良好社会形象，增强公信力；要大力开展宣传筹资，增强社会救助能力，拓展人道服务领域，在促进公民社会发展、建设和谐社会中发挥应有的作用。

（本文是2010年4月在全省红十字会领导干部培训班上的发言）

出访考察报告

江苏省红十字会访问团赴美考察报告

应美国红十字会纽约分会副秘书长斯蒂文·戴维斯先生的邀请，2002 年 10 月 23 日江苏省红十字会组团赴美考察红十字会工作，于 11 月 2 日回国。考察团由省红十字会秘书长张立明（团长），连云港红十字会常务副会长、市卫生局局长张怀锋，南通市卫生局助理调研员、市红十字会专职常务理事周锦鑫，常州市红十字会专职副会长糜仁德，淮安市红十字会秘书长陈舒舒，扬州市红十字会副秘书长蒋荣华，无锡市红十字会副秘书长江徐英 7 人组成。

一、考察交流概况

考察团先后访问了旧金山地区和纽约地区红十字会并与他们相互交流，受到了两地红十字会的热情友好接待。

旧金山地区分会国际部负责人琼女士、金山湾区分会秘书长王丽馨女士和红会志愿者赫姆（美国教育部职员）向考察团介绍了该会组织和工作情况。旧金山红十字会是全美前五名之一的分会，其最活跃的工作是国际救援。会谈结束后，考察团参观了旧金山红十字会各个部门的工作场所。

纽约地区红十字会首席执行官鲍伯先生亲自介绍该会的基本情况，国际联络部主任麦克先生自始至终参加接待和交流。该会还安排紧急事件服务中心副主任麦克斯先生、义工部主任罗维娜女士、艾滋病预防培训中心主任艾迪·托马斯先生、突发事件通信联络中心主任亚当·巴舍克先生、无家可归者安置中心主任乔安娜女士分别介绍本部门工作情况，与考察团相互交流。考察团还参观了突发事件通信联络中心，亚当·巴舍克先生详细介绍了该中心的情况。

作者（中）会见外宾

二、旧金山、纽约两地红十字分会的主要工作情况

美国红十字会组织体制分三级：总会、分会、支会。全国有1000多个分会。各分会并不完全按行政区域设立，如纽约红十字会，又称为大纽约红十字会，因为它管辖5个行政区和6个县的红十字会工作，在纽约市之外还建立了38个支会，在5个大的区域中还设有46个工作站。首席执行官鲍伯先生还兼做纽约州红十字会的工作。美国红十字会每年经费约20亿美元，主要用于救灾、医疗救助、献血和社区卫生保健服务。旧金山和纽约两个分会在美国排在前几位。旧金山红十字会有员工120多名，每天还有70多位志愿者来协助工作。纽约红十字会日常工作人员有400多人，有特殊任务时工作人员更多，如“9·11”以后有200多人专门从事“9·11”救灾救助工作。

这两个分会的主要工作：（1）动员献血。1985年前，公民献血是有偿的。1985 年以后，提倡自愿无偿献血。美国采、供血机构是分设的，血站由卫生部门管理，有 50% 的采血站归红十字会管理。红十字会采血是无偿的，但向血站和医院提供血源是有偿的。全美红十字会从血液事业中每年可获得 12 亿美元的收入。大纽约红十字分会每年可获得 150 万美元血液经费收入，此外还有血制品的收入，这些收入用于人道救助。

（2）参与救灾。救灾是美国红十字会仅次于采血的第二项重要工作。各种各样的灾难，如火灾、意外伤亡，甚至空难等，红十字会都参与救助。在大纽约，平均每天会有 8—9 起灾难事故。纽约红十字会突发事件通信中心除有 24 小时的通信监测外，同时与消防局、警察局以及卫生部门急救中心保持互通状态，警察局、消防局、急救中心的电话都与红十字会相通，红十字会能最迅速及时地知道哪里发生灾害需要救助，不是被动地等受害人求救电话。每次救灾，红十字会必须在半小时内到达事故现场，主要是帮助受灾者解决医疗抢救及衣、食、住等问题。每年纽约红十字会这方面支出 450 万美元。对被救援过的人，红十字会每 18 个月要联络一次，了解他们的近况，给予必要的帮助，包括精神上的安抚。救灾工作最典型的就是参加“9·11”事件的救援。当第一架飞机撞击世贸大厦后，最先赶到灾难现场的 6 个人是红十字会紧急事件服务中心的。当第二架飞机撞击大厦后，纽约红十字会意识到这是一场很大的灾难，已超出现有救助能力，红十字会急救管理中心立即向全国发出求救呼吁。突发事件通信中心快速反应，联系志愿者赶赴现场。第一批 1000 名义工赶到现场后，红十字会根据现场的信息，不断组织志愿者补充。周边地区的志愿者也加入了抢救。当时的首要任务是寻找和救出还活着的人。先后有 5 万多名志愿者参加救援工作，其中有 4000 名是政府官员。这些志愿者大多来自纽约地区，也有来自其他地区的，如旧金山分会的琼女士就带领志愿者救护队奔赴灾难现场。还有的来自国外，如英、法等国的志愿者。对受难者家庭的保险索赔、医疗救助等善后处理，也均由红十字会出面帮助。在“9·11”灾难救援中，红十字会先后得到国际国内的捐助 100 多亿美元，“9·11”事件还有很多具体问题仍在继续处理中。美国政府对红十字会在“9·11”灾难救援中作出的贡献给予了很高的评价。

（3）安置无家可归的家庭。对无家可归者的安置，也是美国红十字会的一项重要工作。自 1985 年起，政府要求红十字会开展此项工作。据统计，2002 年在纽约地区，每天会出现 8700 多个无家可归者。原因多种多样，如失业、火灾、被盗、家庭暴力出走等原因，导致失去住房或交不起房租。红十字会成立了无家可归安置处，建立了安置所，安置所设有医院、幼儿园、学校。红十字会要帮助这些人寻找住所，最长必须在两年内寻找到永久性居所，因此，无家可归者在安置所时间一般是 8—9 个月。当无家可归者有了新住房以后，红十字会仍会主动关心和定期走访，一般每月一次，还与所在社区联系，请社区多加照顾，防止他们重新沦为无家可归者。无家可归家庭的安置经费，由联邦政府支付 50%，州政府支付 25%，市政府支付 25%。在大纽约，共有 45 个无家可归家庭安置处。

（4）急救培训和预防艾滋病宣传培训。在美国，只有红十字会和心脏病协会可以开展心肺复苏培训，而且每一两年要重新培训一次，急救培训收费和出售急救设备也是收入来源之一。“9·11”后，纽约红十字会增加了灾害中如何保持镇静和进行自救的培训内容。在艾滋病防治方面，纽约红十字会主要是培养师资、编印教材和宣传资料、开展社会宣传。师资培训要收费，每期 100 多人，为期 5 天，考试合格者发给证书，由他们再到社区服务站开展培训。

（5）为军队提供服务。此项业务是根据美国国会 1905 年的一项法案进行的。美国红十字会在各军兵种的国内外基地都设有办事处或派有常驻代表，并配备现代化通信设备。红十字会对军人的服务包括免费传递信件、咨询、贷款、现金济助、法庭作证、请假续假等。军队活动有其机密性，家人有时无法联系，军人家庭有特殊困难和灾难，可以随时通过红十字会与在国内外的军人联系，甚至在行军途中都可以及时得悉家人近况。

三、值得借鉴的几点经验

通过对美国旧金山、纽约地区红十字会的考察和交流，他们有几个做法使我们受到启发，值得借鉴。

1. 以社会募捐为主渠道，扩大红十字会的经济实力

纽约红十字分会每年需开支经费7000万美元。红十字会的活动经费，包括工作人员的工资，主要来源于社会募捐。因此，开展常年募捐是红十字会的一项重要活动。旧金山和纽约红十字会都设有董事会，纽约红十字会董事会有董事36名。担任董事的资格是根据捐款数字决定的，任期3年。董事会的职责是募集资金和管理资金，并设法逐年提高资金的募集数。有12名工作人员专门负责资金的管理和使用。理事会的职责是组织实施各项服务工作。正常情况下，纽约红十字分会每年可向社会募集到1300万美元。募捐数额分为几个等级：第一级是每年捐20美元，这样的捐赠者有20多万人，每年就有300多万美元，对他们保持信函联系；第二级是捐款达1000美元的，安排时间预约上门感谢，了解他们背景情况，建立档案，争取长期支持和更多的捐款；第三级是达上万甚至百万美元以上的，红会不仅与他们保持联系，而且董事会根据捐款多少，推荐给国会议员接见甚至与总统合影，提高他们的知名度。当然，即使捐1美元，也会得到感谢信。对捐款数额多的，名字刻在某些建筑物上，让社会了解。募捐的方法主要有三种：一是邮寄募捐函件。二是召开募捐餐会，通过有名望的慈善家把社会名流请来，通报各人捐款数额，交流捐款信息，动员大家向红会捐款。餐费由慈善家付，称之为红十字会请客、企业家买单，这种方法调动了企业家向红十字会捐款的积极性。三是开展街头募捐。这种办法募得到的钱在捐款总额中可以忽略不计，其目的在于宣传，造舆论、扩大影响。

2. 以志愿者为主要力量，履行红十字会的各项职责

美国红十字会没有会员，主要靠志愿者协助红十字会开展各项工作和社会服务，而且许多政府官员是红十字会志愿者，如纽约红十字会6500名志愿者中，有50名是政府官员。因此，招募志愿者是美国红十字组织的一项常年工作。各级红十字会有专门招募志愿者的宣传资料，招募从事各项服务的志愿者。志愿者要填写表格，表示某些承诺。红十字会对自愿加入志愿者队伍的人首先要进行背景调查，例如是否有犯罪前科、是否吸毒、有无开车违章等等，认为可靠才能作为志愿者。成

为志愿者要接受60—70小时的培训，才具备义工条件。培训的内容有：红十字会的基本知识，外伤急救常识和心肺复苏技术，各种灾难、意外情况的处理，与人心理沟通等等。纽约是一个多元化社会，人员来自150多个国家，有167种语言在使用，红十字会要与不同人种、不同语言的人进行沟通，所以语言培训也很重要。大纽约地区红十字会有个志愿者数据库，在“9·11”前有6000多名义工资料，“9·11”后增加到37000多人。数据库中对志愿者分成三种类型：第一梯队有1000多人，这些人经过更严格全面的培训，知道遇到什么情况怎样处理，并能及时给红十字会通报信息。遇到灾害等意外情况，立即通知他们出发。其次是预备队，需要时通知他们，也可以随时出发。再次是周边地区的志愿者，需要时也可以调动。志愿者对自己的职责也很清楚，发生灾难等事件后也会主动和红十字会联系。美国政府鼓励公民当志愿者，呼吁大家做义工，如录取大学生时，一定要看有无义工的实践，而且时间不得少于半年。

3. 以先进设施为武器，增强红十字会的应急能力

纽约红十字分会惊人的应急能力来源于先进的通信装备。有一种小型装置给容易发生意外情况的人随身携带，挂在脖子上或套在手上都行，发生意外时，只要按一下按钮，信息立即传到红十字会，红十字会就知道在什么地点需要救援。还有一种心脏急救的装置，装在病人心脏前，有情况时红十字会通过电话就可告诉病人如何进行除颤等处理。纽约红十字会拥有先进的、庞大的电信和互联网设施，仅与各方面志愿者电信联系的电话线路就有10条，另有2条专门接收反馈信息的线路，发出和接收信息十分快捷。

4. 以政府支持为后盾，让社会承认红十字会的作用和价值

纽约和旧金山红十字会之所以能够发挥重要作用，源于政府的支持和社会对红十字会的信任与尊重。美国政府给红十字会许多政策，例如：红十字会可设立采血站，向医院供血的收入归红十字会；向红十字会捐款者免除捐款部分的所得税；允许红十字会与消防局、警察局、卫生部门急救中心保持通信联网，还特许红十字会与军队保持联系，在灾难救助时，红十字会可请军方派出飞机援助等等。政府向红十字会了解和索取有

关灾难事故的信息资料，还需向红十字会缴付有关费用，这说明了政府对红十字会劳动成果的尊重。

四、几点建议

1. 进一步扩大和加强国际交流

红十字会是国际性的人道救助团体，且有需要共同遵循的七项基本原则，应该进一步加强与国外红十字组织的交流，争取建立长期友好交流关系，并在红十字会的急救培训和建立应急系统等方面寻找争取合作与支持的项目。

2. 建立专门募捐机构

在充分发挥理事会与常务理事会领导作用的前提下，能否建立类似于董事会的机构，专门负责募捐筹资工作，特别是在民营和外资企业日益增加的情况下，更值得借鉴纽约和旧金山红十字会的做法，千方百计增加募捐渠道。

3. 大力发展志愿者，切实发挥志愿者作用

可以通过报纸、网站公布和印发各种招募志愿者的宣传资料，分别招募社区服务、紧急救援、急救培训、关怀老人、帮助儿童、募集资金、红十字会机关工作等各方面的志愿人员，建立起一支真正奉献、不取报酬的志愿者队伍。对志愿者进行红十字会知识和工作技能培训，明确各自职责和工作方法，由专人负责联系。切切实实发挥志愿者作用，招之即来，来之能战。有些志愿者可固定到红十字会机构协助日常工作。

4. 主动协助有关部门开展相关工作，进一步争取政府和部门支持

随着红十字会社会影响的扩大，社会上遇到各种困难的人越来越多地向红十字会求助，红十字会不可能解决所有困难，更何况目前力量还非常薄弱。能否把有关部门批准给省红十字会使用的特服号码“96999”建成类似纽约红十字会突发事件通信联络中心那样，与卫生部门的急救中心以及消防、公安、民政等部门密切联系，当接到求救电话后，在超出红十字会救援能力时，及时与其他有关部门联系，为困难群众排忧解难。

赴澳大利亚、新西兰红十字会考察报告

应澳大利亚红十字会维多利亚州分会和新西兰红十字会奥克兰服务中心的邀请，江苏省红十字会党组书记、副会长张立明率省红十字会考察团一行12人，于2007年4月18日至25日对上述两地红十字会进行了访问。考察团成员有：刘霞（南京市红十字会党组书记、副会长）、李玉宁（省红十字会赈济救护部部长）、刘斌（省红十字会备灾救灾中心副主任）、庄洪祥（南京市江宁区红十字会秘书长）、康宏文（淮安市红十字会副会长）、蒋宗宁（镇江市红十字会副会长）、马禄萍（常州市红十字会秘书长）、刘成田（连云港市红十字会秘书长）、卢浩初（泰州市红十字会副秘书长）、陆加伦（南通市崇川区红十字会副会长）、陈莉（省科技厅干部、红十字志愿工作者）。

考察团受到了澳大利亚红十字会总会和维多利亚分会、新西兰红十字会奥克兰服务中心的热情接待。澳大利亚红十字会总会国内业务部总经理尼尔·克莱门特、国际业务部艾滋病顾问迪芙娜·肯妮、维多利亚分会经理安德鲁·西尔顿，新西兰红十字会奥克兰服务中心经理凯依·杰森、紧急管理协调员比特·哈维等同道进行了接待和情况介绍，双方还作了认真的交流。考察团还参观了维多利亚分会的办公场所和机构设施、新西兰红十字会奥克兰备灾服务中心，现场观摩了救护培训等。对澳大利亚和新西兰红十字会的主要工作、经验有所了解，得到了许多有益的启发。

一、澳、新两国红十字会工作的主要特色

澳、新两国经济比较发达、人少地多、资源丰富，两国红

十字会分别成立于1914年和1915年，当时均为英国红十字会的一个分会，分别于1938年和1931年独立。两个国家的红十字会在长期的工作中形成了自己的特色和优势，主要有“五多”。

1. 援外项目多

由于澳、新两国地理、气候等自然条件好，自然灾害较少，加上经济比较发达、社会保障水平较高，因此，两国红十字会除了国内各项工作外，援外项目非常多。澳大利亚红十字会首先面向南太平洋地区的邻近国家，如巴布亚新几内亚等国进行援助，在这些岛国设立办事处，向当地红十字会提供人、财、物、技术等方面的支持，帮助当地开展卫生、护理、输血、备灾救助、急救培训、艾滋病预防、青少年活动等工作，有些工作在上世纪80年代就有了一定的规模。近10年来，澳红会的工作还逐步向亚洲地区拓展，目前在我国的云南、新疆、西藏和老挝、柬埔寨、缅甸、蒙古、朝鲜等国都有援助项目，主要有预防艾滋病、健康教育、卫生、饮水设施、备灾救灾中心及组织发展、清除地雷等6个方面的项目。其中预防艾滋病项目时间最长（10多年）、受援国最多（老挝、中国、柬埔寨、缅甸等），每年达400多万澳元。澳、新两国红十字会参与国际救灾也比较积极，如新西兰红十字会向海啸受灾国捐款达2200多万美元。此外，对国外难民救助安置也是澳、新两国红十字会的一项重要工作，澳大利亚红十字会“难民跟踪服务”是国际185个国家跟踪网的一部分，澳红会为他国难民提供信息交流、家园重建、失踪人员调查等服务；新西兰红十字会奥克兰“难民安置中心”每年都接受来自外国的75名难民。随着援外项目增多，澳红会面临资金的挑战，为此采取了三个应对措施：一是争取包括国际基金会在内的更多机构和企业的支持；二是改进项目监察评估，着重进行有效性评估，提高投入的社会效益；三是减少人事经费，招聘受援国当地人替代国内委派的代表进行项目管理。

2. 志愿人员多

澳大利亚红十字会有会员4.1万多名，而志愿者达8.7万多，其中维多利亚分会有9000名会员、7000多名志愿者；新西兰红十字会全国共有会员6000多人，但志愿者却有9000多人。两国红十字会都很注重对志愿者的招募、培训和活动支持，志愿者也确实帮助红十字会开展了大量的工作和社会服务。如澳大利亚红十字会维多利亚分会有50家商店，仅有4家由红会雇人经营管理，其余46家完全由志愿者在志愿服务。澳大利亚红十字会志愿者为老人服务的项目有家访、电话慰问、车上就餐、文娱表演、陪老人就医和参加文体活动等；新南威尔士州分会每年给孤寡老人拨打50多万个电话，主要是靠3000多名志愿者完成的。新西兰红十字会在奥克兰地区有1200名志愿者参与给身体或精神残疾患者送饭菜的服务，每年送近20万份；奥克兰服务中心招募、培训和支持愿意与当地精神患者建立友谊的志愿者，以有助于患者缓解孤独感并融入当地社区生活。

3. 筹资形式多

维多利亚分会每年经费在2000多万澳元（相当于1.3亿多元人民币），其中10%是政府拨款（红十字会血站的经费全部由政府拨款，不计在内）、65%来自社会募捐和私人遗产、25%来自救护培训和商店经营收入。志愿者除直接帮助开展募捐活动外，还通过光顾红会商店、参加红会培训、遗产捐赠等形式资助红会。2006年，该分会开设的电信呼叫获捐赠达206万美元、举行马拉松赛获35万美元、办欢聚夜晚会获近11万美元，还有通过邮局捐款获160多万美元。澳大利亚红会“计算机舞会”募捐可谓独具匠心：参加舞会的未婚青年交几十澳元即可参加，红会将其情况输入电脑，为其选择相宜的舞伴，既为未婚青年交流创造了条件，又达到了一定的筹资效果。新西兰红十字会同样也通过社会募捐、经营商店、救护培训等途径筹措经费。

4. 社会服务多

澳大利亚红十字会向社会提供的各种服务达60多种，且均向社会公布。服务内容涉及救灾和社区、寻人和难民、急救、健康及安全、青少年、血液事业等等，各部门小组24小时不间歇地向公众提供系列的相关服务。如救灾服务中，有为灾民提供食品粮食、卫生救护、寻人查询、个人支持和个别事件急救5个方面项目；为老人服务则分别可提供电话问候、家庭告警、临时住宿、日间护理、日常生活帮助、家庭图书、家庭主妇、居家支持、送餐上门、医疗设备贷款、医院探视或家访、轮椅贷款等多方面的服务。澳大利亚红十字会自2006年起与COLES超市集团联合在全国开办“美好开始早餐俱乐部”，由超市提供一个舒适的环境，为部分需要帮助的地区小学生提供营养全面的早餐，同时鼓励孩子们提高社交能力和谋生本领，这样还有助于减少相关歧视。新西兰红十字会也正在开展这一活动。

5. 救护培训多

澳、新红十字会都很重视家庭、劳动现场、学校甚至娱乐场所的安全工作，为此在群众中广泛开展急救复苏、病人护理、工业急救、青少年救护等系列的培训。救护培训是澳大利亚红十字会全国急救、卫生和安全项目的重要组成部分，在各州和某些地区都设有办事处，国家红十字会定期到各办事处检查以确保培训的标准和质量。红十字会还为不同人群配备相应的急救箱，如个人、家庭、野营、机动车驾驶、运动、户外休闲、农场救护等不同的急救箱，价格从39—259澳元不等。维多利亚分会经州职业安全署许可，为公众和制造业提供为期5天的心肺复苏、现场急救和卫生安全培训，对提高企业管理人员救护技能和履行职责的能力十分必要。新西兰红十字会则是国家民防部门授权的开展救灾、急救培训的重要机构，同时，新西兰红十字会紧急事故反应部门（ERUs）是新西兰紧急事故调控学会的成员，有专业培训的资格，也是参与各种突发事件救援的重要力量。不久前，新西兰红十字会与警方签订了合作备忘录，在重大事故中，红十字会将对警方的民众求救服务予以全天候的支持。新西兰红十字会还十分注重对志愿者的救护培训，这些志愿者能给予老弱伤残特别是与外界不接触者以帮助和支持，与他们形成稳定友好的伴护关系，提高他们的生活质量。新西兰红十字会还经常组织志愿者、记者、学校负责人等人员举行应对公共卫生突发事件的救护演习和急救竞赛。

总之，澳、新两国红十字会及其两个地区的分会既突出了国际联合会提出的四项核心工作，又结合本国本地情况拓展了人道工作内容，特别是在救灾救助和社会服务方面，做得非常周到细致，可以说到了体贴入微的地步，他们以自身的作为提升了在政府和公众心中的地位。他们的许多做法和经验，尤其是蕴含其中的红十字精神值得我们学习和借鉴。

二、三点启示

1. 对志愿者给予培训和支持，并切实发挥作用

红十字会的起源和发展都有赖于志愿服务。澳、新两国红十字会在通过新闻媒体宣传招募志愿者的同时，比我们更注重对志愿者的培训，并让志愿者自我管理，真正开展各项服务活动。红十字会把志愿者既看作同事、又当作服务对象，为志愿者开展工作提供平台、创造条件、给予支持。我们目前的志愿者与会员数比例悬殊，而且名副其实的志愿者更少。我们省红十字会今后要通过新闻媒体公开招募和通过熟悉同志宣传介绍相结合的办法，按照“精干、实干、不图虚名、切实发挥作用”的原则，逐步扩大志愿者队伍，按不同的特长和服务内容进行培训，同时确定服务任务和内容。在服务活动过程中，那些有爱心和奉献精神的志愿者将成为比较稳定的骨干和积极分子。同时还要注意发挥志愿者自我管理、自主活动的积极性和创造性，使之成为红十字会专职人员的重要助手和红十字服务的主要力量。

2. 创新思路、多形式宣传筹资

募捐筹资是红十字会救灾救助的前提和保证，特别是在红十字会缺乏稳定可靠的经营收入、政府委托并给予资金支持的项目很少、行政措施对社会募捐仍有重要影响的情况下，红十字会更需要千方百计争取社会各界的捐助。我省红十字会也采取过爱心电话、短信、博爱一卡通、网上募捐、项目募捐、上街上门劝募、设置募捐箱、与企业建立合作关系等多种形式、多种渠道的募捐，但效果不甚理想，究其原因主要是：一是缺乏一支帮助宣传筹资的志愿者队伍，社会知晓率不高；二是缺乏创新的思路和灵活的方法；三是对有些好的创意和做法没有大张旗鼓、持之以恒抓下去，而是任其自然发展。为此，有必要重新审视已有的募捐渠道，要争取相当多的志愿者支持和参与，要向社会广泛宣传，用红十字精神、红十字会的工作实绩和急需救助者的困难境况唤起更多人的爱心；对某些便利群众捐赠的方法要坚持不懈地抓出成效、扩大影响、形成规模。相信随着我国市场经济、民营经济的发展和企业“社会责任”意

识的增强，红十字会募捐工作前景是乐观的，关键在于自身努力并且努力得法。

3. 根据社会需要和自身能力拓展社会服务领域

我国《红十字会法》及我省《实施办法》赋予红十字会多方面职责，要全面履行已很不易。随着社会发展和群众需求增加，红十字会人道领域服务有增无减。在人力、物力、财力很有限的情况下，我们既要多履行职责，又要突出重点工作，量力而行、因地制宜。随着志愿者队伍的扩大和募捐成效的增加，应该逐步扩大社会救助和服务工作的内容，特别是某些服务主要靠志愿者的劳务付出，更可以积极发展。但是应增加一项做好一项、巩固一项，切忌时紧时松、忽起忽落。当前，一个重要工作就是应做好并巩固已开展起来的红十字社区服务工作，同时还要向政府和有关部门争取可交由红十字会承担的某些社会服务项目。总之，红十字会人道主义宗旨和“人道、博爱、奉献”精神在工作领域上有着极为广阔的空间，我们要通过救助困难群体和服务广大群众的实际工作和成效来体现红十字会自身的价值，树立和提升红十字会的社会地位，为构建和谐社会、“全面达小康、建设新江苏”作出积极的贡献。

思想政治和党建工作

论思想政治工作的权威

陈云同志在全国党代表会议上指出，必须“加强思想政治工作、维护党的思想政治工作部门的权威”。这句话既再次重申了新的历史时期思想政治工作的重要性，同时也对思想政治工作提出了新的更高的要求。

恩格斯在《论权威》中指出：权威“是指把别人的意志强加于我们；另一方面，权威又是以服从为前提的”。思想政治工作的目的是使工作对象服从正确的思想。从使人“服从”的角度上讲，思想政治工作应该具有权威性。但是，思想政治工作部门不是权力机构，它的工作对象是人，是要解决人的思想问题。而思想问题是不能靠强制压服的，只能用疏导、说服的方法。因此，思想政治工作的权威不是以强制服从为前提的，而只能通过宣传教育，获得使人自觉自愿服从正确思想的结果。这就决定了思想政治工作部门的权威不应该也不可能来自上级赋予的或法定的某种权力，只能来自自身工作对人们思想和行为产生的影响力。这种非权力性的影响力，就是威信。心理学告诉我们，威信是一种客观存在的社会心理现象，是一种使人心甘情愿接受对方影响的心理因素。威信高，影响大；威信低，影响小；没有威信，就没有影响。

哪些因素影响思想政治工作部门的权威呢？我觉得主要有以下几方面：

一、党的路线、方针、政策是否正确，党风、社会风气的状况，党和各级领导在人们心目中的形象，这些对党的各级思想政治工作部门的威信有全局性的影响。这是社会大环境的因素。在一个单位，领导（尤其是党组织领导）的思想、作风以及在群众中的威信如何，对本单位政工部门的权威有较为直接的影响。

二、领导对政工部门的地位、作用及其建设是否重视，是否切实保证了政工干部的地位、政治待遇；单位领导、各行政业务部门对政工部门是否支持、配合，是否尊重、听取并采纳他们的正确意见。这些，对维护思想政治工作的权威也有影响。

三、思想政治工作部门本身的素质及其工作的质量和效率，对自身的权威性有着最直接最重要的影响，它决定于政工干部的素质。我们面临的形势和任务，对政工干部的素质提出了很高的要求。

在思想品德方面，政工干部应全心全意为人民服务，对党忠诚、为人正直、实事求是、谦虚谨慎、言行一致，堪为表率。

在理论水平上，政工干部应认真学习和理解马克思主义基本理论，并有坚定的信念。列宁说过，马克思的学说能掌握千百万人的心灵。可见，掌握并善于运用马克思主义的理论，就有了最权威的思想武器。

思想政治工作是一门综合性的科学，作为这方面的科学工作者，应加强知识素养，努力拓宽知识面。诸如心理学、社会学、管理学、教育学、历史学、法学、逻辑学、科学技术知识、本单位的专业技术、国内外各方面的信息等等，都要尽可能涉猎和有所了解，才能把思想政治工作渗透到业务工作中去，才能用广博的知识启发人们的思想和智慧，使自己的宣传教育工作产生生动感人的力量。

在工作作风上，政工干部应能深入基层、调查研究、尊重他人、广交朋友，同时又敢于并善于扶正祛邪，才能赢得群众的友谊和信任，心理相通，从而转化为一种影响力。

政工干部还要提高讲话艺术。大量的思想政治工作是通过讲话来做的，大会报告、个人谈心，都离不开嘴巴，不善于表达就难以“抓住”听众，必然影响所要表达的道理的说服力。斯大林说过，列宁有非凡的说服力，他的演讲中有不可战胜的逻辑力量能紧紧抓住听众，最后把听众俘虏得一个不剩。可见，以事实为根据的、有逻辑力量的“能说会道”对吸引并说服听众有着多么巨大的力量。

总之，思想政治工作部门的权威是受各方面因素影响的，最主要的靠政工干部的思想、言行和工作来取得，来维护。我们要振作精神，为维护思想政治工作部门的权威、更好地服务于四化建设而努力提高自身的素质。

（本文发表于1985年10月22日《新华日报》）

思想政治工作要富有“人情味”

我们党的思想政治工作是一项无产阶级党性很强的科学工作，同时也是一项很富有“人情味”的工作。可是，长期以来，由于“左”的思想影响和十年“内乱”的破坏，在一段时期内，“人情味”成了资产阶级的专利品，思想政治工作仿佛是和“人情味”完全绝缘的，只能是“火药味”越浓越好。这实在是一种很大的误解。实际上，共产党人并不是不讲人情、不近人情的，而是最有人情、最讲人情的。当然，共产党人所讲的人情，是对广大人民群众的深厚感情，是阶级的友爱，是同志间的关心爱护。在阶级社会中，每个人都有阶级的属性，但它不是唯一的属性，人还有社会的属性、自然的属性。在剥削制度和剥削阶级消灭以后，在阶级斗争不是主要矛盾并逐渐趋于缓和的情况下，人们除阶级性以外的其他属性有愈来愈突出的明显趋势。因此，思想政治工作不但要注意到人们的阶级属性和阶级关系，而且也应重视人们的其他属性和关系。如人们的心理活动就有其共性的一面，有着许多共同的规律。古人早就说过：“人非草木，孰能无情？”“何谓人情？喜、怒、哀、惧、爱、恶、欲，七者弗学而能。”（《礼记·运礼》）这就是说，人和“情”是不可分的，“情”是人的本能。心理学指出，情绪和情感在人的实践活动中起着巨大的作用，人们的一切活动都是在一定情感的推动下完成的。列宁说：“没有‘人的情感’，就从来没有，也不可能有对于真理的追求。”（《列宁全集》第20卷，人民出版社1958年版，第255页）思想政治工作的对象是有一定思想感情的人。从某种意义上说，思想政治工作是为了激起人们追求和服从真理的情感，因此更离不开“人的情感”，也就是说，它应该、也必须富有人情味。

思想政治工作的“人情味”主要体现在哪些方面？或者

说，怎样做才能富有人情味？笔者认为主要有以下三个方面：一是干部对工作的对象要有深厚的感情；二是要按照人们的心理活动规律开展工作，把尊重人、信任人、理解人、关心人贯穿于思想政治工作的始终；三是要通过思想政治工作，逐步建立起人与人之间充满团结友爱的感情联系的新型关系。

对同志有深厚的感情和强烈的友爱，是唯物史观的必然要求，也是搞好思想政治工作的感情基础和重要条件。有不少领导同志和政工干部，对群众有感情，是群众的真诚的同志和朋友，虚心向群众学习、从中吸取知识和力量，因而和群众之间不仅有着工作上的联系，而且有着思想感情上的密切联系，赢得了群众的尊重和信赖，有了真正的威信，从而大大提高了他们开展思想政治工作的影响力和说服力。解放军某部政委赵言舟讲，对战士有深刻的爱，才能时刻把战士放在心上，为教育战士呕心沥血；才能正确认识他们，才能有正确的科学的教育方法。某部指导员张世荣认为："对战士有感情本身就是有知识的表现，只有无知的人才会对战士冷漠。"即使对后进的甚至犯了错误的同志，也要满腔热情，主动地、真诚地和他们交朋友，以爱的暖流激起他们改正错误、积极向上的情感。"感人心者，莫先于情"，政工干部对同志、对群众有诚挚的感情，就会和群众之间在情感上相互接近、融洽，产生共同的语言，思想上有共鸣，建立起一种肯定的信服的情感，它会转化为一种力量。有一份介绍老山前线战时思想政治工作经验的材料中写道：在战士上战场前，首长和大家同饮一杯出征酒、同照一张纪念像，紧握住战士的手，说声"多多保重，机灵点，等着你胜利归来"，双方都止不住感动流泪。此时，一句富有人情味的话语，远远胜过千百句空洞的说教，它激励战士们舍生忘死、奋勇杀敌。

心理学指出，每个人都有自尊心、自爱心、自信心，都有着不同层次的多方面的需要，人们的情绪和情感是在需要能否得到满足的情况下产生的。党的思想政治工作必须尊重人、信任人、了解人、理解人、关心人、爱护人。首先，应该尊重工作对象，政工干部要平易近人、平等待人，才能得到对方的尊重和信任。即使对犯错误的同志，也应平等相待、尊重人格，有时给予严厉批评是必要的，但也要考虑到对方的心理承受程度，不要损伤他们的自尊心。要帮助他们找到自己身上的闪光点，拨亮他们心灵深处的火苗，这样才能使双方心理相容，建立起肯定的情绪，有利于思想教育的进行，达到事半功倍的效果。反之，如果以领导或教育者自居，自以为高人一等，居高临下、盛气凌人，甚至以势压人，不尊重对方的人格，就必然会在思想感情上与工作对象拉开距离，引起对方的不满，甚至使对方产生对立或逆反的心理。这样做，绝不可能有真正的威信，只能降低或抵耗思想政治工作的作用。毛泽东同志在战争年代曾经指出，是否尊重士兵、尊重人民和尊重已经放下武器的敌军俘虏的人格，不是一个方法问题，而是根本态度（或根本宗旨）问题，离开了正确的态度，就不可能有正确的政策和方式方法。在新的历史时期，仍然要以尊重同志、尊重下级、尊重群众作为政治工作的根本态度或根本宗旨，在尊重、信任的基础上，还要关心人、爱护人。既然人的行为动机的产生是以需要为前提的，关心人就要关心人的需要。马克思主义者一贯重视人的需要，马克思、恩格斯曾把人的需要分为生理需要、精神需要和社会需要，满足人民的需要是我们党制定方针、政策的出发点。我们党历来提倡关心群众生活、多为群众服务、解决实际问题。从根本上讲，我们的思想政治工作不是为了限制人们的需要，而是要研究人们的需要和如何满足需要的原则，引导人们正确认识和实现自己的需要。因此，关心并帮助人们解决切身利益问题，是思想政治工作中“情”的一个重要方面。国外企业管理心理学中，把对工作的高关心和对人的高关心的领导方式称为“协作型”或“战斗型”，这对我们的管理工作、思想工作有一定的启示。关心体贴是建立感情的重要方法，是做好思想政治工作的基础。在帮助人们提高觉悟、解决思想问题的同时，多为群众做实事，为他们排忧解难，就会使人们感受到党组织的关心和同志们的温暖，使思想政治工作具有更强烈的感染力。

社会主义制度要求有人与人之间新型的社会关系与之相适应，这种新的人际关系对社会主义经济基础又有着巨大的反作用。但是，由于历史的原因和十年“内乱”的影响，在我国现实社会生活中，对人（首先是对普通劳动者、普通知识分子、普通服务人员和普通顾客，尤其是对于普通妇女、普通儿童、普通老人和有残疾的人）缺乏关心、尊重、同情、爱护的冷漠现象仍然不同程度地存在着。这些现象的存在，是同人民的利益、同社会主义的利益相冲突的。克服这些违背社会主义人道主义原则的消极现象，建立和发展新型的人与人之间的社会关系，是社会主义精神文明建设的内容和任务之一。在一个单位、一个地区、一个社会，人与人之间愈是相互尊重、相互谅解，愈是相互团结和友爱，相互之间的感情联系就愈强烈和牢固，也就愈有团结力（或叫向心力、凝聚力），其群体行为效率也就愈高。这需要通过长期的富有人情味的思想政治工作，帮助人们克服“人人为自己”、对同志对他人漠不关心的观念，树立起“人人为我、我为人人”的集体主义思想，逐步建立起互敬互爱、充满温暖感情的人际关系。

强调思想政治工作要富有“人情味”，并不是说“人情味”本身就可以代替思想政治工作，也不是说可以不讲原则、感情用事，更不是说“人情大于王法”的那种“人情”。真正的“人情味”只能是建立在共同革命目标和根本利益相一致基础上的同志感情，是无产阶级的“人情”、社会主义的“人情”，它应该而且可以同思想政治工作的阶级性和科学性相一致。思想政治工作要富有人情味，是为了更好地坚持无产阶级的党性原则，更好地维护人民群众的利益，也是为了更有效地调动人们投身四化建设的积极性，使越来越多的人成为“有理想，有道德，有文化，有纪律”的社会主义新人。

（本文在1986年4月省级机关党委召开的“省级机关思想政治工作理论讨论会”上进行交流并收入会议论文集）

干部制度的根本改革：民意+竞争

党和国家干部队伍的素质，关系到社会主义现代化建设的进程和成败。党的十一届三中全会以来，在干部制度方面进行了较大的改革，特别是在废除干部职务终身制、实现干部队伍“四化”方面前进了一大步。但是，邓小平同志在1980年就指出的干部制度和干部队伍中存在的某些带有封建主义色彩的种种弊端，如官僚主义、权力过于集中、家长制、终身制、形形色色的特权、上下级关系和干群关系在身份上的一些不平等等现象，还远未被彻底清除。究其原因，是在于干部制度还没有进行一个根本性的改革。在干部选拔和管理上，人民当家作主的权利还没有得到充分的发挥和切实的保障，还没有创造出一个有利于人才竞争和使优秀人才脱颖而出的环境，因而与经济体制改革和发展社会主义商品经济的要求不适应。所以我认为，在政治体制改革中，关键的是干部制度的改革。而干部制度的改革，关键在于必须按照人民当家作主的原则和发展商品经济需有竞争的要求，对干部制度进行有计划、有步骤而又坚决的根本性的改革。

一切权力属于人民，是我国根本的政治制度。因此，“党对国家生活的领导，最本质的内容，就是组织和支持人民当家作主”（胡耀邦《在庆祝中国共产党成立六十周年大会上的讲话》）。当家作主，首先就必须享有不是名义上而是实际上的对各级干部的选择、监督和罢免的权力，否则就谈不上享有管理国家和社会事务的一切权力，更不可能保证各级干部服从和执行人民群众的意志而不由“公仆”变为“主人”。现在，在一些地方和单位，在干部的选用、考察上，充分听取和尊重群众的意见做得很不够，领导干部仅凭个人好恶亲疏使用和评价干部。人民群众在选拔、任免干部上没有充分的发言权，对干部的心理和素质以及社会风气产生了不健康的影响。为什么有的干部处处揣摩和迎合上级领导的意图和好恶、看上级脸色行事，而对同事、下级、群众则是另外一副官气十足的面孔？为什么有的干部对上级领导是主动“关心”、无所不从、极端负责，而对群众的疾苦、意见和要求却漠不关心、麻木不仁？（我绝不是认为可以对领导不尊重、不关心、不负责，而是认为对群众和领导要一视同仁、平等对待，对上负责和对下负责要一致起来，这是一个正直的人应有的品质。）这些不健康的现象之所以存在和没得到根本消除，就在于有些同志认为决定自己能否得到提拔、任用的“命运”不在于大多数群众而在于几个领导或组织人事部门的意见。在这种情况下，怎么可能使绝大多数干部都牢固树立“人民是主人、自己是公仆”“法律面前人人平等”“为基层服务”等观念？又怎么能彻底清除家长制、一言堂、以权谋私、特权思想、官僚主义等弊端？因此，要逐步建立和完善人民群众对各级领导干部的有法律效力的选举、监督、罢免等制度，使宪法确认的人民管理国家和社会事务的权利首先在干部制度上得到体现和保障。中央已把选拔干部必须充分走群众路线、必须尊重民意作为党的组织工作纪律之一。胡耀邦同志指出：“我主张采取放手让群众议论的办法调整领导班子。”这是扩大社会主义民主的重要措施之一。对一个同志的德和才，特别是德，多数群众的了解、观察，在一般情况下是比较全面、客观和符合事物本质的。因此，不仅要切实把群众推荐、评议作为选任干部的必要程序，还应把同群众关系如何作为考察干部的一个重要方面，逐步扩大由群众选举领导干部的权力和范围。对于在职干部，“要有群众监督制度，让群众和党员监督干部，特别是领导干部。凡是搞特权、特殊化，经过批评教育而不改的，人民就有权依法进行检查、控告、弹劾、撤换、罢免”（邓小平《党和国家领导制度的改革》）。这就既要有监督制度，又要有严密有效的监督形式和监督渠道，以利于人民群众能及时揭发、批评和纠正干部的过失和错误。还要逐步完善科学的、定性和定量分析相结合的定期考察考核制度，让群众投信任票，对多数群众不信任的干部应及时罢免。有了这样的制度，再加上党的思想政治工作，就必然使各级干部真正把对人民群众负责和对上级机关负责一致起来，使绝大多数干部成为具有民主作风的、廉洁奉公的人民公仆，从而使广大人民群众和干部的积极性、创造性都得到充分发挥，推动社会主义现代化建设迅速发展。

社会主义经济是有计划的商品经济，在商品经济条件下必然存在优胜劣汰的竞争，有竞争才有生机活力。现在干部制度与发展社会主义商品经济的要求不适应的原因之一，就是缺乏竞争。比较普遍存在的对号入座式的培养、从小范围内提拔干部的方法，不利于发现最优秀的人才，而且助长了培养对象的当官心理和权力欲望，工作上缺乏创新的意识、勇气和能力。因此，要建立健全干部竞争制度，让具备一定政治条件的公民在平等的条件下参与竞争。“随着建设事业的发展，还要制定各个行业提升和使用人才的新要求、新方法。将来很多职务、职称，只要考试合格，就应当录用或者授予”（邓小平《党和国家领导制度的改革》）。可以逐步扩大招考干部的范围，按干部管理权限，在群众推荐、自我推荐或组织上考察准备选拔的对象中，进行笔试、面试相结合的考试，用一定方式考察其观察问题、分析问题、解决问题的水平和能力，从中择优任用。在定期考核中，对无明显政绩者或发现有更合适的胜任者，应通过一定程序及时地调整。这样，定能不拘一格地使优秀人才脱颖而出，且能令人心服口服，保证干部队伍素质处于最佳的水平线上，始终保持不断进取的勃勃生机。因干部队伍中有不称职、不负责、不勤奋的滥竽充数者而妨碍现代化建设效率、影响人民对社会主义制度信任的消极现象，必将由此得到彻底的根治。日本政府官员，除少数行政长官由选举产生外，大多数是经考试择优任用，这是其效率高的原因之一。虽社会制度不同，但在具体制度上不无借鉴作用。建立干部招考、竞争制度，必须树立一些新的观念，主要有三点：一是要正确看待自我推荐，要区别勇于挑起重担、多作贡献的事业心和伸手要官、权力欲望不健康的界限。一个有雄心、有抱负，又有真才实学的人自荐应试受选，绝非是伸手要官，也绝不是狂妄自大。邓小平同志指出：“有些单位群众自己选举出的干部，一些毛遂自荐、自告奋勇担任负责工作的干部，很快就作出了成绩，比单是从上面指定的干部要合适得多。这样的事实，难道还不能使我们猛醒吗？”（同上）二是要唯贤是举、唯才是用，在学历、文凭、年龄上不搞一刀切。只要身体健康、精力充沛，确有真才实学、善于不断接受新知识与新观念的优秀人才，都应选用。没有文凭或年龄略大尚未达到离退休年龄的同志，与有文凭或年轻的同志在同等条件下竞争，能当选的，必是出类拔萃者，于事业大有益处，与实现干部队伍“四化”的总方针是并行不悖的。三是干部要有宽广的知识面，有一定的理论思维能力和应变能力，要由经验型向科学型转化。招考中，既要重视马克思主义基本理论知识、专业知识和组织能力，又要注意随着现代科学的发展，自然科学和社会科学有日益相互渗透的趋势。干部、特别是领导干部应具有多方面的丰富知识，善于及时获取新的信息，树立新的观念，具有理论思维能力、现代管理知识和实际应变能力，将日益显得更为重要。

6 年前，邓小平同志讲到干部制度问题时指出：“关键是要健全干部的选举、招考、任免、考核、弹劾、轮换制度”（同上）。现在，进一步改革干部制度的条件比 6 年前更加成熟了，要求也更加迫切了。只要逐步扩大体现人民群众当家作主和竞争原则的选举、招考、聘任制的范围，并逐步创造、建立和完善相应的具体制度、具体机构、具体形式，那么，人民群众对发现、任用优秀人才的要求和愿望，将不再寄托于领导者个人素质或多出现一些伯乐这样的偶然上面，而是建立在科学的干部制度这个必然性的可靠基础之上了。因为“领导制度、组织制度问题更带有根本性、全局性、稳定性和长期性”（同上）。

（本文是在江苏省社科联 1986 年 11 月举办的“政治体制改革研讨会”上的交流发言）

心理卫生和思想工作

职工的心理卫生是管理心理学研究的内容之一，它与思想工作有着密切的关系。世界卫生组织给健康下的定义是：“所谓健康，不仅在于没有疾病，而且在于肉体、精神、社会各方面的正常状态。”心理健康与否，既影响肌体的抵抗力和疾病的发展转归，又影响人的积极性创造性的发挥、工作效率的高低和人际关系的和谐融洽。因而，把提高职工的心理卫生水平作为思想政治工作的内容和任务之一，其道理显而易见。

心理健康主要表现在智力正常、情绪健康、行为协调、行为反应适度等方面。情绪健康是心理健康的一个重要标志，它体现在许多方面，如对不良刺激从容不迫、泰然处之；在挫折和困难面前仍对事业孜孜不倦地追求；具有自信心，又善于同他人交往及和睦相处；对人有同情心，乐于助人，有爱他人和受别人喜欢的能力；能自觉意识到自己对国家和社会的责任，把人民和集体利益置于个人之上，为社会多作贡献；能建设性地处理问题，对环境变化有较强的适应能力；等等。反之，则为心理不健康。一个人能否保持和发展健康的心理，与他具有何种理想信念及追求目标，能否正确认识自我的价值及其与国家、集体和他人之间的关系，有着密切的联系。而这些认识和看法，又主要地受人生观和道德观的指导和调整。当然，像性格、气质、意志等个性心理特征方面的因素，不能都用人生观和道德观来解释，但绝不能因此就否定人生观和道德观在调整和促进心理健康方面的重要作用。思想政治工作通过宣传教育，帮助人们确立和坚持正确的世界观和方法论，有利于提高人们心理卫生的层次和水平，同时还通过多方面深入细致的工作，在各种具体问题上帮助人们排忧解难、调整不健康的心理情绪，为人们保持心理健康创造良好的内部环境和外部条件。

管理心理学中关于职工心理卫生的研究，既揭示了人们在心理上不同的个性特征，也分析了同一年龄阶段或同一职业的人们具有的许多共有心理特征，对不同年龄阶段、不同职业的职工保持心理卫生提出了各自的内容和要求。学习并运用这些知识，将有助于自觉地按照人们的心理活动规律开展工作，使思想政治工作步入科学之路。

（本文发表于1987年12月4日《江苏健康报》）

在保证中监督　以监督促保证

——对机关党内监督的一点思考

党内监督，既是个老课题，又是个新任务。

我们党自从成立、特别是执政后，始终重视党内监督问题。十一届三中全会以来，面对执政和改革开放的双重考验，我们党把加强党内监督，特别是对党员领导干部的监督，作为从严治党的一个重要课题提到全党面前。各级党政机关处于决策、指挥、管理的重要地位，又是党员干部比较集中的地方，加强党内监督更为重要。近几年来，机关党组织在履行监督职责方面，做了一些有益的探索和尝试，并收到了积极的效果。但是总的看来，还是处于起步阶段，某些方面还比较薄弱。机关党组织要切实有效地进行党内监督，不论是在思想认识上，还是在制度建设和实际工作方面，都要付出长期艰巨的努力。

一、摆正关系，明确职责，敢于监督

思想是行动的先导。搞好机关党内监督，首先要提高认识，强化监督和被监督的意识，有以下三个主要关系要正确理解和处理。

1. 机关党组织的保证作用和监督职责的关系

人们常把机关党组织的职责任务概括为“保证监督”，但是，说到底就是“保证”二字，即保证党的方针政策的贯彻执行和本单位各项任务的完成。当然，在机关，党的路线方针政策能否贯彻落实，首先取决于党组（党委）和党员领导干部的政治素质和决策水平，但这绝不是说机关党组织的工作是无足轻重的，相反，它起着很重要的作用。一方面，机关党组织在党组指导下，通过组织包括领导干部在内的全体党员学习党的

路线方针政策，提高正确贯彻执行党的方针政策的自觉性和坚定性，并通过发挥党员先锋模范作用，来保证党组（党委）决策的执行和各项任务的完成。另一方面，机关党组织又有责任对党员领导干部贯彻执行党的方针政策等方面情况进行监督，发现问题及时提出或报告上级工委，目的仍然在于保证党的方针政策在本机关的贯彻执行。因此，机关党组织的根本任务是“保证”，其他各方面的职责任务，如对党员的教育管理监督、开展思想政治工作、对行政领导和有关部门的支持协助配合等等，都是实现保证的措施和途径。很显然，保证和监督，是目的和手段的关系，保证是监督的出发点和归宿，监督是为保证服务的，是保证中的监督。然而，从工作的内容和形式来看，保证和监督又是一对矛盾。尤其对党员领导干部来讲，机关党组织的“保证”，体现在维护和支持党员领导干部正确行使权力、接受领导、协助配合做好有关工作，保证领导决策的贯彻；而监督则意味着对党员领导干部权力和行为的一种制约、监察和督促，以至必要的批评。因此，保证和监督是既对立、又统一的两个方面，不讲保证，监督便没有方向，失去意义，就可能成为一种挑剔的掣肘；没有监督，保证的目的便会落空，有可能成为不讲原则的服从和保障。保证和监督相互联系、渗透、不可分割，有力的保证离不开积极的监督，有效的监督必然会促进保证作用的发挥。

2. 党员领导干部对机关党组织的指导和接受监督的关系

机关党员领导干部对机关党组织有指导的责任，包括对机关党组织履行监督职责的指导、支持和帮助，所以更要带头接受党组织对自己的监督。历史证明，权力不受任何监督和制约，是产生腐败的重要原因，这个道理对处于执政地位、面对各种腐朽思想侵袭的共产党，同样是适用的。共产党的工人阶级先锋队的性质和立党为公、全心全意为人民服务的根本宗旨，决定了党能清醒地认识到这种危险，自觉地建立起对自身的监督机制。正是我们党自己提出的“党必须在宪法和法律的范围内活动”，“每个党员都必须受到党的纪律的约束”。这是防止党员特别是党员领导干部滥用职权以至蜕化变质的重要措施。每个党员，不论担任多高的职务，都是组织的一个成员，都必须接受教育、管理和监督，这是党性强不强的重要表现。

不论是机关领导干部还是党务干部，都要明确：监督首先是党组织对党员的监督，不是党务干部个人对领导干部的监督。一般党员群众，也有监督领导干部的责任和权力，这是通过党组织的活动来实现的，实际上仍然是组织对个人的监督。每个组织、每个党员，都既是监督者、又是被监督者。每个党员领导干部，都要把组织对自己的监督看作是一种爱护、保护和支持。事实上，大多数党员领导干部是能够支持并接受党组织的监督的，这是搞好机关党内监督的有利条件。

3. 机关党组织监督工作和其他工作的关系

根据《党章》和十三大精神，省委〔89〕5 号文件明确了机关党组织的主要任务有 9 个方面，必须全面理解和执行，同时，还应努力完成上级领导交办的有关工作。但是，在力量使用和工作安排上，又要有重点、有主次。党组织要集中主要精力抓党的建设，在执政的情况下，加强党内监督，又是抓好党的自身建设的主要工作。《党章》第 33 条指出，各级党政机关中党的基层组织，要“对包括行政负责人在内的每个党员在执行党的路线、方针，遵纪守法，联系群众，以及他们的思想、作风、道德品质等方面进行监督”。可见，党内监督应当是机关党组织的主要任务和最经常性的工作，要以此为主线，妥善处理好各项工作的关系。既要统筹安排，做好各方面的工作，又要突出监督这个主要职责。放弃监督或监督不力，就是最大的失职。机关党务干部明确了职责，还要有无私无畏、刚正不阿、忠于职守的精神，消除顾虑，知难而上，敢于监督。

二、加强力量，健全制度，保障监督

机关党内监督工作做得如何，党务干部的自身素质和主观努力是重要因素，一定的客观条件是重要保障。客观条件方面，当前要着重解决以下三个问题。

1. 力量配备

省委〔89〕5 号文件规定，根据所辖党组织和党员数，机关党委应配备 3—7 名干部，编制在所在机关编制中调剂解决。但实际上这很难兑现，如我厅机关及在宁 10 多个单位党员数超过 1000，但机关党委编制仅 4 人（包括机关总支 1 个编制），厅党组很重视机关党的工作，但在编制上是心有余而力不足。因为机关及各行政业务处室编制早已确定，随着管理工作的增加，行政业务处室同样感到编制紧、人手缺，从总编制中调剂不大现实。据了解，许多机关专职党务干部人数都少于省委5号文件规定的数目，与所担负的任务很不相称。日常事务工作已应接不暇，致使党内监督的开展及其质量难以保证，建议省委和省级机关工委通过编委予以解决。

2. 进一步理顺工作关系

省委〔89〕5号文件指出，机关党组织承担的一些行政事务性工作分别交由行政管理等职能机构负责，以集中精力抓好党建工作。但在实际工作中一些关系还有待理顺，如文件规定，对职工思想政治工作和统战工作，机关党组织是配合行政，然而这两方面工作应由哪个处室负责，并不明确，有关这两方面工作的文件、会议往往是上级党委部门下发和召开，人们自然而然地认为这应由机关党委负责。人们还往往习惯于把没有明确哪个处室管的事或一些行政业务处室不愿承担的工作，都推给机关党组织，使机关党组织仍然担负着许多其他方面的工作，大到行风建设，小到调解家庭邻里纠纷，使得本来就不足的人手更感紧张，这在一定程度上影响了党内监督工作的开展，需要本单位或上级党政部门予以理顺。

3. 健全制度

《党章》《准则》和中央〔88〕3号、省委〔89〕5号等有关文件的规定，使党内监督有了基本的规章，实践中也有了一些可行有效的做法。如卫生厅党组在中心组学习、党组民主生活会、干部人事工作等方面，比较注意发挥机关党委和纪检组的作用，并形成了习惯。但是，从总体上讲，党内监督的标准、监督的内容还不很明确、具体，监督制度、监督程序还很不健全。只有健全的制度和具体的规范，才能使机关党内监督有章可循、有法可依，得到保障，使之不以领导干部或党务干部的注意力的变化为转移，从而保持党内监督的严肃性、稳定性和科学性。当前，主要应建立健全以下几方面制度：（1）知情。这是监督的前提，机关哪些工作、领导干部的哪些活动需让机关党组织了解或向党员大会报告，哪些会议需有机关党委列席，应有具体明确规定，以便于掌握，也有利于事前监督。

（2）参与。哪些工作需有机关党委、纪检组的意见，也要从内容和程序上明确，如文件已规定机关党委应配合人事部门进行干部考核，对行政干部任免提出意见或建议，对本部门干部任免、调动和奖惩提出意见等。但上述在实际执行中各机关差别很大，这与领导重视程度不同有关。建议组织人事部门考虑，今后干部任免表和党务干部奖惩调动表上，需有机关党组织意见栏，以便能从工作程序上加以保障。（3）检查。一是机关党组织对党员干部执行方针政策和思想作风等情况的检查监督，其内容、方法有待具体化。我厅的廉政措施中规定，建立自查、群众评议、组织考察相结合的考廉制度，处级干部每年要有自查的书面报告，机关党委与人事、纪检部门通过信函、调查测评和走访等形式，向基层卫生单位和市县卫生部门了解干部廉政情况，这样既增强了约束力，工作也有规范。二是省级机关工委和厅局党组（党委），对机关党内监督情况要有定期监督，还要检查各机关党组织履行监督职责和向工委报告监督工作的情况，这样可以增加搞好监督工作的压力和动力。

三、真抓实干，不断总结，学会监督

党内监督，道理并不很深奥难懂，关键在于真抓实干。进行理论研究，也是为了指导实践。离开实际工作，任何理论、制度都失去了应有的意义。没有行动，即使很简单易办的事也不会成为现实，更不可能使制度逐步健全完善。从这个意义上讲，一步实际行动胜过一打制度。机关党组织和党务干部的主观能动性和实际工作，是把党内监督由可能性变为现实的桥梁，只有敢于监督、实施监督，才能逐步学会监督、善于监督。有无实干精神，是党性强不强的重要表现。只说不干或缺乏实干精神，绝不是个称职的党务干部，更不可能提高实际工作的艺术。为此，对党内监督，机关党组织和党务干部一定要实干，要有“做功”。这里有个怎样对待监督制度和实际工作的关系的问题。制度本身只有在实际工作中才能逐步健全完善，讲监督制度是重要保障，但绝不是说要等健全了制度才开展监督。对已有的制度，要结合本单位情况制定实施细则，并认真执行。如党员领导干部民主生活会制度，早有规定，中央

〔90〕7 号文件更具体明确了其要求、内容和程序，使其更加规范化，就看是不是真正执行，不论是对厅机关还是厅直单位的党员领导干部，机关党委都要监督帮助他们切实过好民主生活会。如在党员重新登记中，卫生厅党组民主生活会前，机关党委召开了 4 个座谈会，结合到各单位了解收集的意见，整理成 5 个方面 69 条，转告党组和党组成员。各单位党员领导干部民主生活会，分管的党组成员和机关党委、纪检组负责人去参加，对有一定差距或不符规定的，要求补课或重开，如有个单位先后过了三次，才基本符合要求，这样就保证了制度的严肃性。某些监督内容和做法，有原则要求，尚未形成制度或制度不健全，机关党委要积极主动，把能够做的工作先开展起来，大胆探索、积累经验，逐步制度化。比如，在确保党员监督领导干部的权力方面，在依靠广大党员群众对领导干部的政治思想、工作作风、道德品质等方面进行由下而上的有效监督方面，还缺乏配套的制度，但是，党组织可以按《党章》《准则》和有关文件的要求，借鉴有关方面的做法，把某些事情逐步做起来。机关党委要疏通渠道，除了必须保密的问题外，能让党员群众了解或参与意见的决策，党员领导干部的职权、利益，违纪党员干部的错误事实及处理结果，要让党员群众知道，并多听取意见；党员领导干部定期向党员大会通报工作，定期民主测评党员干部，使党员群众了解领导干部的工作情况，有意见能及时向组织提出；对敢于行使监督职权并作出贡献的党员给予表扬奖励等等。通过这些工作，逐步培养和增强党员的监督意识，同时使党员民主监督的权力具体化、规范化。同样，其他方面的客观条件，也只有通过党务干部的主观努力和创造以不断完善。要以良好的精神状态和坚忍不拔的斗志，把党内监督工作一点一滴地、扎扎实实地开展起来。

总之，加强党内监督，对党组织和党务干部提出了更高的要求，而监督工作的实践，又必将使机关党组织的战斗力和党务干部的政治素质、工作艺术得到锻炼提高，从而更好地保证党的方针政策在本单位的贯彻执行。

（本文载于中共江苏省委省级机关工委编《机关党建工作的实践和探讨》，南京出版社 1991 年版）

老的课题　新的考验

——刍议新时期共产党员要过好“金钱关”

“思想入党”“做合格党员”，是我们党思想建设的一个老课题。古田会议决议提出要以无产阶级思想克服党内各种非无产阶级思想，《延安文艺座谈会上的讲话》则更明确要求共产党员组织上入了党，还要解决思想上入党的问题。注意思想入党，始终是我们党思想建设的一个重要课题，也是每个党员保持先进性的重要条件。

思想入党，从根本上讲，就是牢固树立共产主义世界观、人生观，在各种考验面前，都坚定不移地为共产主义远大理想而奋斗，全心全意为人民服务。但在不同时期、不同情况下，具体内容、表现形式又有所不同。战争年代，主要面临生死考验；执政以后，面临权力考验；改革开放和发展商品经济条件下，则主要面临金钱的考验。当然，能否抵御并战胜敌对势力“和平演变”的图谋，是关系到党和国家命运的重大考验，绝不能掉以轻心。但是对广大党员来说，现阶段最经常、最大量、最直接的考验，还是“金钱关”的考验，而且能否经得起这种考验，直接关系到能否战胜资产阶级自由化和“和平演变”的进攻。所以，过好金钱关，是每个共产党员、特别是党员领导干部新时期思想入党的一个重要内容。

在改革开放中，我们的绝大多数党员认真执行党的基本路线，在各自岗位上发挥了先锋模范作用，否则，就不可能有十年改革开放的巨大成就和发展。但也应正视的是：在近几年党内违纪案件占很大比例，而且手段之恶劣、数目之巨大，令人触目惊心。如，铁道部原副部长罗云光贪污受贿案，湖南省财政厅原厅长瞿宝元等人收受黄金首饰案，河南省洛阳市委原书记、市长武振国受贿案等。这是几个典型的反面教材。还有的党员用公款建私房、报销子女上大学费用，有的甚至参与赌博、走私贩私、拐卖人口、卖淫嫖娼等等，这些都围绕着一个“钱”字，他们的思想和行为，已经丧失了一个共产党员的起码条件，有的已构成犯罪。这些人中，既有年轻党员，也有入党多年甚至是经过战争考验的功臣，有的还曾经是榜上有名的先进模范人物。他们蜕变的根本原因，是经不起金钱的诱惑。在改革开放和发展社会主义商品经济的新时期，不论是新党员，还是老党员，都有一个能否经得起金钱考验的问题，这是合不合乎党员条件的重要标志。

过好金钱关，实际上就是要正确认识和处理党员个人物质利益同党和人民群众利益的关系。只有树立坚定的共产主义世界观、人生观，才能从根本上解决问题。特别是在当前社会主义运动受到挫折、遭到严重困难的情况下，共产党员更要学习和运用马克思主义的科学世界观和方法论，从历史的高度，认识社会主义取代资本主义的必然性和共产党员的历史使命。科学的信念是共产党人的政治灵魂和精神支柱，有了它，才有做合格党员的自觉性，才能在任何复杂的情况下不误入歧途。1963 年，周恩来同志在一次干部会议上讲要过好五关，即思想关、政治关、社会关、亲属关、生活关。他指出，各种旧习惯势力很容易影响、沾染、侵蚀我们，一旦失去警惕，它们就会乘虚而入。忽视思想改造，革命意志就会衰退、就要落伍，应该把整个身心放在共产主义事业上，以人民的疾苦为忧，以世界的前途为念，这样就会增强政治责任感，精神境界就会高尚。共产党员要过好金钱关，认真汲取周恩来同志的教诲是十分有益的。

在认真学习马克思主义理论和改造世界观的实践中，必须正确认识和处理好以下几个关系：

一是大力发展社会主义商品经济和坚决抵制货币拜物教的关系。货币拜物教是商品经济的孪生物。但是我们搞的是社会主义有计划的商品经济，生产目的是为了满足人民群众日益增长的物质文化的需要，两个文明一起抓是我们的战略方针。因此，共产党员既要带头为发展社会主义商品经济而努力奋斗，又要带头抵制货币拜物教、一切向钱看的错误思想和行为。特别是从事生产经营活动、和金钱打交道的共产党员，更要带头正确处理国家、集体、个人三者之间的利益关系，身体力行共产主义道德，影响和带动广大群众树立集体主义、爱国主义精神，促进社会主义商品经济健康发展。

二是商品经济原则和党性原则、现行政策和党的最高纲领的关系。等价交换是商品经济的基本规律，按劳分配、物质利益原则是现阶段的重要政策。共产党员要带头尊重并执行这些原则、政策，为经济建设服务。但是共产党员的价值取向、思想境界、奋斗目标绝不能停留在现行政策和商品交换原则上，不能把等价交换带进党内政治生活、社会人际关系和道德建设中，不能把同志关系、工作关系、服务关系变成商品、金钱、交换关系，特别要警惕把权力变成“高价商品”。还需进一步明确，党的现行政策，是实现共产主义社会的最高纲领在现阶段的表现，制定、实行现行政策，是为建设富强、民主、文明的现代化的社会主义中国，并为最终战胜资本主义、向共产主义社会前进创造物质、精神条件。共产党员要看到未来、代表未来、为了未来而立足当前，才能在商品经济大潮中不迷失方向，保持先进性和纯洁性。

三是带领群众勤劳致富和无私奉献的关系。党的富民政策要求共产党员带领群众勤劳致富、走共同富裕道路。在这过程中，党员个人物质利益也会得到改善，这是合理的。但是，这里有个先富、后富和发生利益矛盾时能否牺牲个人利益的问题。共产党员不能只顾个人致富而对群众漠不关心，更不能利用权力致富或为个人致富而损害集体和群众的利益。相反，更要发扬吃苦在先、享受在后、克己奉公、先人后己的精神，发扬无私奉献和自我牺牲精神，才能更好地带领群众共同致富、走向小康。

四是廉洁自律和接受组织监督的关系。一个合格的党员，应该是有自觉性的先进战士，在五光十色、眼花缭乱的商品、金钱面前，不论是否有人监督和知晓，都能廉洁自律、一尘不染。这种慎独精神，是坚强党性、高尚道德境界的表现。但是，共产党员不是生活在真空中，执政、改革开放和西方和平演变战略的三重考验，使党组织的教育监督显得更为重要。不受监督制约的权力是腐蚀剂。每个党员特别是掌有各种权力的共产党员，都应自觉地置于组织的监督之下，把组织对自己的监督看作是一种关心、爱护和保护，依靠组织的力量增强自己的免疫力，包括认真严格的组织生活、定期汇报思想、批评与自我批评、严守党纪等等。把组织监督和自觉的党性锻炼结合起来，将能更有效地克服个人主义、利己主义、拜金主义，不断提高作为一名合格党员的政治素质。

在现实生活中。有许多廉洁奉公、无私奉献、勇于牺牲的优秀党员为广大党员做出了榜样，一切愿意并争取做合格党员的同志，要向他们学习，把过好“金钱关”作为思想入党的重要课题，坚持不懈地努力。

（本文于1991年7月被中央人民广播电台评为“纪念中国共产党成立70周年”征文一等奖并全文广播，登载于《工作与学习》1991年第8期）

让抗洪精神成为持久动力

在1991年特大洪灾面前，广大干部、医疗卫生人员表现出平时不曾有的忘我奉献、团结互助、顽强拼搏和高度负责的精神，医德医风得到净化和升华。但是，人们也自然会想，一旦洪魔疫影的威胁消失，抗洪精神能否保持下去?

要回答并消除人们的担心，需要正确认识抗洪精神的实质和产生的原因，但更重要也是最有说服力的，是要拿出实际行动。抗洪精神的形成，本身就给人们留下了许多深刻的启示。

——广泛的思想基础，使抗洪精神的产生成为必然，继续保持和发扬抗洪精神有现实的可能性。卫生部门广大干部、职工的素质是比较好的，其中有一大批很优秀的同志，即使一些平时表现一般的同志，思想深处也有着爱国主义、集体主义和社会主义人道主义的闪光点。正因为如此，在以往各次突发事故、灾害等重大事件中，医务卫生人员总是能雷厉风行、奋不顾身、不讲条件、不计报酬，全力以赴救死扶伤。这些好的思想和作风，在这次空前的洪涝灾害面前，集中而充分地迸发出来。这是卫生战线抗洪精神产生的思想基础和群众基础，也是继续保持发扬抗洪精神的基础。

——党员干部、特别是党员领导干部的表率作用，是最强有力的思想政治工作。医疗卫生单位广大职工说，关键时刻，党员、干部就是不一样，他们做出了好样子。群众所不满意的官僚主义、个人主义、形式主义的思想作风在与洪水的斗争中消失了。大灾之后，人们在观察、评价干部时，必然会与他们在救灾中的表现相比较，各级领导干部不能让群众失望。但是，也要清醒地认识到，一些不正之风、不良积习不是一次洪水能冲净的，必须特别警惕灾后又放松要求。党员领导干部要以此为转机，用群众的称赞、信任和希望激励与鞭策自己，处处以身作则、勤政廉政、当好公仆。

——保持一定的忧患意识，增强责任感和紧迫感，激发自强不息和艰苦奋斗精神。洪水肆虐，随时可能暴发疫病流行，使广大干部职工意识到集体的力量、集体财产和人民群众利益的重要性，集体主义观念大为增强。平时当然不可能像大灾中那样始终处于高度紧张状态，也不会像危险关头那样需要人们牺牲那么多个人和小家庭利益。但是，受灾医疗卫生单位的恢复重建、卫生工作战略目标的实现，还会遇到多种困难。广大干部、医务人员应该正视我们事业发展中的困难，居安思危，像在抗洪中那样，以危机感、忧患意识激起强烈的责任感和时不我待的紧迫感。在本职岗位和日常工作中，继续发扬自强不息、不折不挠、克己奉公、艰苦奋斗、敢于拼搏的精神。

——健全监督措施、严格执行制度，才能祛除歪风、弘扬正气。我们卫生部门在党风、廉政和医德医风方面的制度并不少，有些规定还很具体、明确，但在平时往往执行不严、落实不够，弹性较大，缺乏应有的监督和约束力。若能以这次救灾防病为起点，严格执行纪律和各项规章制度，按“两公开一监督”要求完善监督机制，对以权谋私、以医谋私等不正之风动真碰硬、严肃查处，必要的予以曝光，就能惩恶扬善，促进干部作风和医德医风明显好转。

总之，我们应该而且能够继续发扬抗洪精神，使之成为医德医风建设和卫生事业全面发展的持久动力。白衣战士在救灾防病中体现出来的高尚道德情操和精神风貌，不仅属于卫生部门，而且属于全社会；不仅属于现在，更应属于未来！

（本文发表于1992年1月19日《健康报》）

浅谈进一步解放思想

当前，我国社会主义现代化建设处于关键时刻，中央领导提出要进一步解放思想，这对于加快改革开放的步伐和整个现代化建设都有着极为重要的意义。

第一，解放思想是“实事求是”的题中应有之义，解放思想不会“到头”或“过头”。

实事求是是毛泽东思想的精髓和活的灵魂，它要求我们承认并努力研究客观事物的本来面目和内在规律，一切工作的计划、方案，都要从实际（即客观事物、现象和过程的基本事实）出发，求得主观和客观的一致。但是，我们对“实事”的认识总是在一定客观条件制约下进行的，而且“实事”还处于不断发展变化中并在时间空间上表现为复杂的多样性。因此，我们“求是”的过程，必然是不断突破已有的认识、使主观更加符合客观的过程，突破已有的认识就是思想解放的过程。正如唯物辩证法不承认任何永恒不变的事物和终极的最后真理一样，实事求是也不承认有适用于一切时间、地点的无需再发展的本本和教条。显然，解放思想是实事求是这一科学命题的题中应有之义，不存在“到头”或“过头”的问题。总之，真正坚持实事求是，就必须不断解放思想。

第二，思想解放的程度决定主客观相符合的程度，当前仍有一些传统观念束缚着对进一步改革开放的认识和探索。

我们“求是”的过程及程度受到一定客观条件的制约，然而在一定条件下能够达到的认识深度，即主客观相符合的程度，则取决于思想解放的程度。有的人对某个事物认识到一定程度，便停滞不前，不想再深入一步；有的人对一些问题思想较解放，对另一些问题却囿于陈见，这都是思想解放不够或不彻底的表现。“彻底的唯物主义者是无所畏惧的”，包括解放思

作者在大海边的留影

想、敢于坚持和发展真理在内。

中央提出要进一步解放思想，说明思想解放还没有达到应有的境界，离深化改革、扩大开放的要求还有较大差距。对党的基本路线，凡是热爱社会主义的同志都会衷心拥护、赞成，对改革开放的某些政策措施，如办特区、发展非公有制经济、允许一部分人通过勤劳先富起来、引进外资、建立和培育市场体系等，大多数同志也能理解，但随着改革开放的进一步深入，要有新的突破，将遇到一些新的问题，可能认识、理解上就有差距了。比如，能否学习、借鉴资本主义国家一些比较有效的管理法规和机制？能否在一定范围内允许资本主义经济成分的存在和适当发展？怎样看待企业参与市场竞争和破“三铁”后必然出现的部分企业破产、工人停业待业、劳动力转移等类似资本主义社会常有的现象？怎样认识让企业真正成为独立的商品生产者和经营者？当今现代化大生产日益社会化和国际化，没有哪个国家的经济活动能离开市场（包括国际市场）而能有效运行，也没有哪个国家纯粹是市场经济而没有经济计划。计划和市场哪个为主不是姓“社”姓“资”的标准。如果只是从一般抽象的原理出发，就很难得出正确结论。有一种非此即彼、绝对对立的思维方法，凡是资本主义社会运用的东西、发生的现象，都是资本主义性质的，社会主义不能用、不能有，把反映现代经济活动规律的管理方法看成是资本主义的东西而加以拒绝，而把一些不是社会主义本质属性应有的，或者适应于一定条件、环境的东西，当作不可变革的社会主义原则加以固守。我们知道马克思早就说过，管理有其自然属性，体现这种属性的做法是人类的共同财富，没有阶级性。列宁在实行新经济政策时明确指出，为了发展和更接近社会主义，暂时要让资本主义有所恢复、发展甚至加强（当然要在无产阶级国家政权管理下）。但是，实践中碰到利用资本主义的许多做法时，我们又总感疑惑，似乎和我们头脑中或教科书上已有的关于社会主义社会的观念不吻合，因而改革开放迈不开新的步子。思想解放、观念更新是社会变革的先导，判断姓“社”姓“资”不能从本本和一般定义或已有观念出发，只能从活生生的实际出发。我国在经济技术上与发达国家还有很大差距、处于劣势，国际社会主义事业受到严重挫折和严峻挑战，不尽快把经济科技搞上去，不尽快缩小与发达国家的差距，坚持社会主义就是一句空话。所以，凡是有利于发展社会主义的生产力、有利于加强社会主义国家的综合实力、有利于提高人民的生活水平的，就是姓“社”不姓“资”，这个标准的提出，是思想解放的结果，同时将促进人们进一步解放思想。

第三，领导干部思想解放的程度，对所领导范围内的工作局面和成效有决定性影响，要带头进一步解放思想。

各级领导干部担负着教育、决策、指挥的职责，思想是否能解放、主观是否比较符合客观，对于能否组织、带领群众在一定客观条件基础上充分发挥主观能动性、使事业发展得更好更快，至关重要。在同样的条件面前，不同的思想方法、精神面貌，得到的结果完全不同。工作成效大小、事业发展快慢，与主观能动性成正比。主观能动性的正确发挥，来自思想解放、对客观实际的正确认识以及强烈的事业心、责任感。愈是层次高、领域广的领导工作，解放思想愈为重要，同时也更为艰巨。层次高的干部，一般更具有理论知识和实践经验，这是有利条件，但也容易形成思维定式，考虑问题、特别是在新情况面前容易囿于本本或已有经验。领域广的工作范围，多系统、多部门、多层次的联系、相互影响制约及其发展变化更为复杂，对其现状及发展趋势的认识把握更为困难，解放思想要付出更艰辛的劳动。领导干部的立场观点、知识水平、思维方法、实践经验、勇气胆略，对能否解放思想、敢于实事求是有重要影响。所以，领导干部一定先要努力学习和掌握马克思主义基本原理，才能有解放思想的理论勇气和科学方向；同时，要努力掌握现代科学知识，特别是所领导的工作领域的有关知识，有助于对工作对象和新问题、新事物的正确认识；还要有意识地加强创新思维方法的锻炼和培养，提高创造性思维的水平。

（本文发表于《工作与学习》1992年第6期）

医院管理和思想政治工作的改革创新

一、思想政治工作是医院管理的题中之意

医院管理是包括业务技术、医疗质量、物资设备、计划财务、干部人事等多方面的系统工程。先进的管理能改进落后的技术，但先进的技术弥补不了落后的管理，向管理要潜力、要效益，是改革和发展的需要。医院各项工作、各种设备、技术，都离不开人的活动，都要靠人去掌握和运用。因此，医院管理的各个方面、各个环节都离不开对人的管理。而对人的管理，就必须遵循人的思想行为的规律。医院管理发展史上，管理思想、管理组织的方法手段不断变革，总的趋势是越来越重视人的因素。

西方管理医院很重视员工职业道德素质和医院精神的培养，他们称之为“激励”，实际上也是一种思想工作。当然，性质、目的和我们截然不同。任何管理者，不论是否意识到，都在影响着管理对象的思想和行为，客观上都在做思想工作。但是，是否自觉、是否重视，效果大不一样。我们的医院管理目的在于提高医疗质量和医院整体效益，以更好地为保障人民健康服务，这只有通过不断提高广大职工的业务和思想道德素质才能达到。离开对人的思想政治工作，绝不是全面有效的管理，没有一流的思想政治工作，绝不会有一流的医院管理。一个好的医院管理者，必定是一个善于做思想工作并将思想工作寓于管理之中的管理者。不重视或不会做思想政治工作的人，绝不是合格的管理者。光靠技术、行政和经济手段管理，不去做人的思想工作，医院管理往往事倍功半，甚至徒劳无功，更不能始终坚持正确的方向。

二、思想政治工作必须为医院管理服务

在加快改革开放的今天，更是如此。但是，它只有紧密结合并渗透于医院管理和业务工作中，才能发挥重要作用和巨大威力。那种脱离医院管理、业务工作和职工思想实际的所谓思想工作，并不是真正的思想政治工作，是不受干部职工欢迎的。医院思想政治工作的价值、地位和作用，取决于它推进医院改革的力度、对业务工作渗透的深度和覆盖的广度。在医院管理中，职称、工资、奖金、住房、进修学习、新技术开展等问题最易产生思想波动。当前，逐步展开的干部人事、职务评聘、分配制度的改革，牵动着每个职工的切身利益，迫切需要思想政治工作的“导航”、支持和保证。思想政治工作要先行，宣传和推动思想解放，引导和帮助广大干部职工破除陈旧观念，树立岗位靠竞争、报酬凭贡献、能上能下、能进能出的新观念，理解并参与改革，正确处理各种利益关系。同时要做过细工作，从整体和个体上充分了解和把握职工在改革中的愿望和要求、思想状态和特点，及时有效地化解矛盾、理顺情绪、协调关系。

三、医院管理和思想政治工作都要改革创新

建立社会主义市场经济体制，医院走上市场、逐步向经营型转变，医院实行等级管理等，对医院管理及其思想政治工作提出了一系列新课题、新要求。在医院管理和思想政治工作方面，我们既有至今仍行之有效的传统做法和近几年创造的新鲜经验，又确实存在明显的不适应，无论在思想观念、体制规定上，还是在工作方法、作风、习惯，甚至于语言上，都有许多与改革开放、市场经济以及现代医院管理不适应、不协调的地方，确有改革之必要。人们的行为方式、生活方式、精神状态、价值观念、道德观念发生了很大变化，医院管理者、政工干部决不能墨守成规、抱残守缺，不能总是以不变应万变，而应更新观念换脑筋，要树立科学的是非标准、正确的价值观念、良好的精神状态，敢闯敢冒抓改革、理直气壮做工作。管

理要以人为本，思想政治工作要落实到业务工作上。要通过改革逐步建立起思想政治工作与医院管理融为一体的新格局，这就是：以提高医疗质量为中心，以尊重知识、充分发挥知识分子才能为前提，以调动医务人员积极性为主要任务，以科室工作为基础，以发挥党员作用为保证，以各级党政班子建设为关键。为此，既不可能仅靠少数专职政工干部单线作战，更不可能靠扩大专职政工干部队伍来实现，只能是党政干部共同担负起思想政治工作的职责。政工干部和行政业务干部要“同识”，思想政治工作和医院管理在任务目标上要“同向”、工作上要“同步”，以达到“同效”。这就要求各级行政业务干部在管理活动中，要想到并做好思想工作，成为思想政治工作的行家里手；党务政工干部必须熟悉、了解和参与行政业务管理，学习医院管理和科技知识。在体制上，党政职能不必要也难以分得很清，宜合不宜分，有条件的地方可实行党政主要领导由一人兼任，或者党政领导交叉任职，党务政工干部和业务行政管理干部定期岗位轮换，成立由医院各方面参加的职工思想教育综合部门等等。

总之，思想政治工作与医院管理有机结合、水乳交融，医院的管理、改革和业务工作将充满生机活力，从而取得事半功倍的效果。

（本文发表于1993年1月《中国卫生界》）

医德医风和医院管理

经济效益、经济收入和社会效益

现在，常常听到一种提法：医疗卫生单位不能只顾经济效益，而不顾社会效益。我认为这提法不太确切，它容易使人误解为：医疗卫生单位的经济效益与社会效益是有矛盾的；其次，容易把医疗卫生单位的经济效益单纯地理解为经济收入。在实践中，也确有把经济效益当成经济收入，从而导致片面追求收入、增加病人负担的现象。

在政治经济学中，经济收入和经济效益是有明确区别的。经济效益是指“以尽量少的活劳动消耗和物质消耗，生产出更多符合社会需要的产品”。在卫生经济学中，医疗卫生单位的经济收入和经济效益也是有区别的。如医院的经济收入有医疗服务的劳动收入和药品加成收入（两者合称业务收入），而医院的经济效益则是以较少的劳动消耗，提供较多的适合社会需要的保健服务。因此，一个医疗卫生单位的经济效益越好，就越能使病人或一个地区（单位）以较少的费用得到较好的治疗或预防疾病的效果，因而它直接包含了社会效益。

邓小平同志指出，思想文化教育卫生部门都要以社会效益为一切活动的唯一准则。卫生部门不需要为国家积累资金，而是国家要拿出资金来促其发展。卫生部门的活动对社会主义精神文明建设有着较为直接的影响，要做到以社会效益为活动准则，必须首先努力提高医疗卫生服务的经济效益，一方面要提高诊断治疗、预防工作的质量，尽量避免因技术失误或人为地增加病人或社会在防病治病上的负担；另一方面还要搞好经济管理水平，充分发挥现有人力、物力、财力的作用。同时，还应教育广大职工给人民群众以一种好的思想品德、医疗作风的影响和感染，争取在思想、人与人的关系和社会风气等方面取得较好的社会效益。

由此可见，如果提高医疗卫生单位的经济管理水平，降低成本，认真进行经济核算，组织并扩大为社会需要的服务，这种收入增加是经济效益提高的结果，也是社会效益好的表现。反之，如果片面追求经济收入，乱开大处方，经济收入的增加，不但不是提高经济效益，而且是和经济效益的要求相背离的。

（本文发表于1986年3月27日《健康报》，《中国卫生经济》1986年第5期转载）

智慧和道德

看完沉睡11年之久的植物人谢小丽从死亡边缘被拯救复苏的报道，感叹不已。石家庄空军医院几位年轻军医创造的这一奇迹，震动了国内外医坛。可是在此11年中，因以前的头部跌伤而致颅内血肿的谢小丽，在许多诊断条件更好的大医院，却一次次被误诊而得不到正确的治疗，失去了智力形成的关键时期，真是悲剧性的延误。

由此想到，每个医务人员都希望自己的知识、技能和诊疗设备得到最佳的运用，而在实际上却相去甚远。一个重要原因，就在于对病人有没有深切的同情心和高度的责任感。医务人员是病人生命之路上的扳道员，如果没有高度的责任感，即使有高超的医术也可能扳错道岔，造成难以弥补的损失。

但丁说过，“道德常常能弥补智慧的缺陷，而智慧却永远弥补不了道德的缺陷”。所以，我们医务人员除了在医术上要精益求精，还要有对病人极端负责的高尚医德，才能最有效地发挥业务技术和医疗条件的作用，达到救死扶伤的目的。

（本文发表于1987年3月15日《江苏健康报》）

建立新型的医患关系

——谈医德医风建设的价值目标

《中共中央关于社会主义精神文明建设指导方针的决议》指出，建立和发展人与人之间平等、团结、友爱、互助的社会主义新型关系，是社会主义道德在社会生活中的重要体现。人与人之间的关系如何，是衡量一个社会文明程度的重要尺度之一。建立和发展社会主义的新型人际关系是社会主义社会经济基础的必然要求，也是社会主义社会向前发展的重要条件。然而，这“需要做许多年甚至几十年的工作”，“这是最能收效最高尚不过的工作”（《列宁选集》第四卷，第177页）。职业道德建设就是这个最高尚不过的工作的一个重要组成部分。因为职业道德建设是培养“四有”新人的重要途径之一，是促进各行各业和整个社会主义现代化事业发展的一个重要力量。同时，它对社会道德风尚、人际关系也有着巨大的影响，特别是那些直接为广大群众日常生活服务的部门的职业道德风尚，对建立新型的人际关系有着更为直接的影响和推动作用。

医德作为一种职业道德，有着更为重要的作用，这是由医疗卫生工作的特点决定的。首先是医疗卫生工作的服务对象极为广泛。据统计，1986年全省乡卫生院以上的医疗单位诊治的人数达一亿三千多万人次，如将乡以下卫生室和预防保健工作的服务对象计算在内，数量还要大得多；此外还开设了大量的家庭病房。二是职业责任重大。医疗卫生工作的质量直接关系到人的生命安危、身体健康和千家万户的悲欢离合，稍有不慎就可能带来难以弥补的后果。三是现代医学由“生物医学模式”向“生物—心理—社会医学模式”转变，要求在医疗实践中既要考虑生物学因素也要注重心理、社会因素，要治病和救人结合、肌体治疗和心理治疗结合。但是，由于医学技术的迅速发展，医生与病人的关系因“物化”的趋势而减少了交流思想感情的机会。这些特点对医学职业道德提出了更高的要求，医学伦理学不仅应着眼于人的生理价值、医学价值，还应着眼于人的社会价值，医疗卫生人员不仅要在技术方面发挥作用，还应在社会和道德方面尽到责任。

医德规范是调整医疗卫生工作中多种关系的准则。医疗卫生人员和服务对象间的关系（主要体现在医疗工作中的医患关系上）是全部医学职业道德的核心。医务人员和医疗单位对社会承担的道德责任，主要是处理与病人的关系问题。在医患双方，医者处于主导地位，医患关系的满意程度主要取决于医务人员，所以医患关系能最及时最敏感地反映医德医风的状况。因此，医德医风建设的价值目标，不仅应着眼于救死扶伤和促进医学发展，更应着眼于整个社会的利益，着眼于在优质服务的基础上建立起新型的医患关系。

新型医患关系不是自发形成和发展的，它是在医疗工作实践中通过职业道德建设而形成和发展的，有一个自觉建设的过程。在我国民主革命时期，我们党领导下的革命根据地和军队中的卫生工作，第一次成为为工农兵群众服务的事业，广大医务人员在马列主义、毛泽东思想和共产主义道德观念的教育和熏陶下逐步形成了一些全新的医学职业道德观念，如“救死扶伤、实行革命的人道主义”，“全心全意为人民服务”，“为全体军民服务”，“一切为了伤病员”等等，在医患之间建立了一种前所未有的新型的同志关系。到了社会主义社会，这种新型的医德观念和医患关系有了进一步的升华和发展，并成为整个社会道德风尚和人际关系的一个窗口。但十年内乱使社会道德受到了严重破坏，医德医风和医患关系也同样受到了很大的损害。要恢复到历史上的最好状况并继续向前发展，需要花很大的气力。尽管近几年做了大量的工作，但在医德医风、病人就医道德和医疗卫生工作条件等方面，还存在许多影响医患关系的不利因素。主要表现在少数医务人员医德观念淡薄、医德水准低下，对病人“冷、硬、推、顶”；有的以医谋私，要病人或其家属请吃送礼；还有的因粗枝大叶、敷衍失责而给病人造成不应有的损害等等。这些现象虽只发生在少数医务人员身上，却严重影响了医疗工作的质量，降低了医疗职业的信誉，并常常成为医患矛盾的导火索，也给社会道德风尚和人际关系带来消极影响。因此，改善并建立新型的医患关系，首要的而且主要的是抓好医德教育和医德建设，树立良好的医疗行业作风。

医务人员是维护人的健康和生命的工程师，救死扶伤、防病治病是应尽的义务和崇高的职责。“医生活着不是为了自己，而是为了别人，这是职业性质所决定的”（胡弗兰德《医德十二箴》）。社会主义医学职业道德的教育和建设，就是要使广大医务人员牢固树立“患者至上”的职业心理，对病人有高度的职业情感和职业责任感，建立起良好的职业行为规范和习惯。对那些缺乏医德修养、医德水准较低的医务人员，要加强教育，使他们明确：同情、体谅、尊重病人，发扬社会主义人道主义精神，是医疗职业最起码的道德要求。白求恩曾讲过，医务人员若不把病人看得重于自己，那就不配从事卫生事业。因此要在医患关系的道德天平上不断加重全心全意为病人服务的砝码，这是医疗职业良心的要求。同时，要在全体医务人员中深入持久地，分层次、有阶段目标地进行医德教育和医风建设，使广大医务人员不仅要从防病治病本身的需要，而且还要从建立新的人际关系和社会道德风尚的高度来理解建立新型医患关系的重要意义，把高度的社会责任感同加强医德修养的自觉性结合起来。

社会主义的新型医患关系，应是相互尊重、相互理解、相互信赖、平等合作、真诚负责、和谐融洽的关系，这既是社会主义新型人际关系对医患关系的要求，又能促进整个社会新型人际关系的形成和发展。这就要求广大医务人员，一要对病人有深厚感情，二要平等对待患者，三要与病人建立相互合作的关系。感情是医务人员忠实履行职责的基础和前提，中外历代有道德修养的医家都很强调这一点，如我国唐代孙思邈讲对病人要“皆如至亲之想”，中世纪犹太医生迈蒙尼提斯指出要“视病人如受难之同胞”，伟大的国际主义战士白求恩曾告诫医务人员：“必须把每一个病人都看作是你的兄弟、你的父亲，甚至比你的兄弟、父亲还亲切——因为他们是你的同志”（《伟大的国际主义者白求恩》，中国青年出版社 1953 年版，第 53—54 页）。有了这种情感，医务人员才能在表情、言行上理解和尊重病人，安慰和鼓励病人，在诊治、生活各方面关心和体贴病人，从而沟通医患之间的感情联系，建立起平等合作的关系。“平等待患”要求医务人员绝不能以貌、以地位或个人好恶、利害来决定对患者的态度。各种情况不同的病人要求得到治疗的权利是相同的，医务人员为他们诊治的义务也是相同的。医务人员与病人之间在人格、地位、职业关系上也是平等的，医务人员不应以恩赐者自居，也不能把病人仅仅看作是消极接受治疗的对象，须知只有在平等基础上才能建立起真诚合作的关系。在相互合作的医患关系中，医务人员善于主动争取病人或病人家属的合作，认真听取他们的反映，采纳他们的正确合理意见，并在治病的同时帮助病人提高自我保健的能力。这样，有利于取得双方满意的诊治方法，提高诊断的准确性和治疗效果，更有利于建立起融洽和谐的医患关系。患者会感到亲切、温暖、可信、安全，增强与疾病斗争的信心和力量，促进身体的康复。在这种良好的医德医风和医患关系的感染、熏陶下，病人及其家属将自觉或不自觉地从中吸取社会主义道德风尚的信念，有利于在更大的范围内建立新型的人际关系。近几年来，全省卫生系统开展了形式多样的医德教育，涌现了一大批医德高尚、医技精湛的先进模范人物，他们一切为病人着想、急病人之所急，对病人满腔热情、极端负责，为解除病人痛苦而不顾个人安危、不计名利、不怕苦累。1986 年参加全省卫生系统先进模范事迹汇报团的 21 名先进人物中，有 3 人患过癌症，有的还经过多次手术，但他们心中装着病人，依然坚守在救死扶伤的岗位上。这些模范人物的高尚医德，受到了病人及其家属和广大群众的赞誉，有的还受到了国际友人的高度评价，他们为建立和发展新型的医患关系作出了贡献。他们的言行、事迹是进行医德教育、建立新型医患关系教育的生动教材，号召并组织广大医务人员向他们学习，使处于不同医德境界的医务人员不断向更高的医德境界前进，建立新型的医患关系就有了坚实的职业道德的基础。

医患关系是社会人际关系的一个方面，新型医患关系要靠医患双方和全社会共同来建设，有些不利于建立新型医患关系的因素需要社会帮助解决。如有少数患者或患者家属，不尊重医务人员的权利和工作，不遵守医院制度和秩序，有的甚至为达到自己的无理要求而歪曲真相、寻衅闹事，要挟以至殴打医务人员，这种行为违反了起码的社会公德，有的甚至触犯了刑律，妨害了正常医疗工作的进行，也破坏了正常的医患关系。此外，由于种种原因，我国医疗服务条件和社会需要间存在较大的差距，有些地方供需矛盾比较突出，尽管绝大多数医务人员坚守岗位、勤奋工作，更有不少医务人员在条件困难、环境艰苦、任务繁重的情况下长期超负荷劳动，但仍不能完全解决群众看病难、住院难的问题，这既影响医疗工作质量，也必然会影响到医患双方的情绪、增加了心理压力，很容易为一些细小问题或误会而发生不必要的纠纷，不利于医患关系的改善和建设。所以，要通过宣传，让广大群众和有关方面了解卫生部门的困难和卫生人员的工作状况，尊重和信任医务人员及他们的劳动，体谅他们的甘苦。同时，要通过立法和教育，使广大病员及其家属文明就医、遵守社会公德、积极配合诊治，遇到医疗意外或医疗事故坚持实事求是、依法办事，这是建立新型医患关系的社会公德的必要条件。建立新型的医患关系，还要通过政府及有关部门的支持和卫生工作的改革，发展卫生事业、改善医疗卫生工作条件、逐步缓解医疗供需矛盾，为广大群众提供方便、及时、有效的医疗保健服务，这是建立新型医患关系的物质条件和社会心理条件。

中外医学史上，曾经有过不少仁爱救人、清正廉洁、勇于献身的良医为人们所敬仰称颂，在医生和病人关系上也曾有过“杏林春暖”的佳话。但是，由于历史和社会制度的局限，这些高尚医德，不可能在多数医生身上体现，更不可能使整个医疗卫生事业成为为全体人民服务的事业。今天，在我们社会主义精神文明建设中，我们完全应该、也必然能够在批判、借鉴、继承前人宝贵医德遗产的基础上，建立起更高层次的、崭新的社会主义医德体系，并日益成为广大医务人员的职业信念和行为准则，从而建立起新型的社会主义的医患关系。

（本文在1987年4月江苏省委宣传部召开的“职业道德建设研讨会”上作了交流）

文明行为和文明称号

前不久在某医院，看到一些医务人员把以前的病历取出来修改或重写。私下一问，原是为了迎接全省“文明医院”检查评比。我想，文明医院评比是为了促进医德医风、医疗业务和院容院貌建设，提高服务质量。因此，文明医院称号的取得，只能靠平时的努力创建，而不能靠一时突击，更不能靠弄虚作假。一时突击，基础不牢，暂时上去了也会再下来。至于弄虚作假、掩饰缺点，本身就是不文明的行为。即使侥幸争得“桂冠”，但这种做法本身既有悖于创建文明医院的宗旨，更有愧于文明医院的称号。所以，文明称号要靠平时的文明行动、实际工作来争取，要立足于在平时下真工夫。

（本文发表于 1987 年 4 月 15 日《江苏健康报》）

对“经济收入”和“社会效益”的医德思考

当前，人们对卫生改革和医德医风议论的热点之一，是“医疗卫生单位怎样正确处理经济效益和社会效益的关系”。笔者认为，医疗卫生单位的经济效益和社会效益是一致的，与社会效益可能相背离的是“经济收入”。因为，即使在无偿免费服务的情况下，也有个“经济效益”的问题。卫生服务的“经济效益”要求以较少的人力物力消耗，为社会提供更多更好的符合群众需要的医疗卫生服务，因而直接包含了“社会效益”。而经济收入既有可能与经济效益、社会效益相一致，也有可能相背离。正确认识和处理经济收入和经济效益、社会效益的关系，不但是医疗卫生单位和医务人员在改革中要十分注意的问题，也是社会能否正确理解和评价卫生改革及医德医风的一个重要问题。

一、“经济收入”是医疗卫生单位发挥“社会效益”的基础，“社会效益”是医疗卫生单位取得“经济收入”的前提

医疗卫生单位的一切活动，必须以社会效益为准则，才符合医学伦理原则。医疗卫生服务的社会效益，体现在为社会提供防病治病服务、保护劳动力、保障两个文明建设等方面。医疗卫生服务是一种消耗人力物力的经济活动，是一种特殊的劳务商品。在国家补助仅占卫生服务支出的几分之一、医用商品大幅度涨价的情况下，医疗卫生单位唯有取得必要的经济收入以补偿服务消耗，才能维持生存和发展，继续发挥其社会效益。如果片面强调无偿或过低收费服务，该收的不收或少收，

不能补偿服务消耗中除去国家补助以外的差额部分，这看起来似乎是“医德高尚”“社会效益好”，但这只能是一种短期行为。卫生单位入不敷出、日益萎缩、难以为继，不可能持续为社会提供防病治病服务，这显然不符合广大群众的长远利益，当然更无医德合理性可言。因此，必要的经济收入是医疗卫生单位得以生存发展、发挥社会效益的条件和基础。医疗卫生单位谋求经济收入有其必然性和合理性，它既符合自身利益，也符合社会利益，但是必须以正当的途径获取经济收入。

在商品经济条件下，任何一个诚实守信的生产者，只有在生产出社会需要的产品，并通过交换后才能实现其价值。同样，医疗卫生单位只有提供了社会所需要的服务后，才能获得经济收入。国家要调整不合理的过低的收费标准，使卫生服务得到相应的合理补偿。医疗卫生单位则要加强经济核算、降低服务成本，向管理要效益。要挖掘潜力，优化人、财、物的组合，用较少的卫生资源提供更多的服务。同时，还可扩大医疗卫生服务的项目、内容、时间，以方便群众和优质服务吸引更多的服务对象。由此而增加的经济收入，是提高经济效益的结果，也是社会效益好的体现，它更多更好地满足了群众防病治病的需要。这种以社会效益为前提的经济收入，具有医德合理性，应得到肯定和提倡。

二、用“义利结合”的医德观看“经济收入”

在很长一个时期，我们在道德建设上采取一种道德理想主义，离开了社会主义初级阶段和发展商品经济的实际，过于强调以共产主义思想为核心的“大公无私”“纯粹利他”的道德观。在医德建设上，也片面强调“尚义非利”“不计报酬”“清心寡欲”的医德观，医疗卫生单位和医务人员的物质利益被忽视或否定，导致了医务人员价值的贬低和历史主体性的丧失，影响了医务人员主动性、创造力的发挥和卫生事业的发展。社会主义商品经济及其衍生的一系列观念，冲击和否定了“正其谊（义）不谋其利、明其道不计其功”等旧观念，使人们的价值观念、行为规范、道德准则发生了巨大的变化。尽管商品经济对医德产生了某些负效应，但就整体上看，它相对于产品经济和供给制下的医德观念，无疑是一种历史的进步。

人们对物质利益的追求是社会进步的重要动力。离开物质利益的关系，无所谓道德可言。在商品经济大环境中，医疗卫生单位和医务人员处于多元经济利益的交错之中，他们的服务价值和物质利益应该得到承认和肯定。进行医德教育绝不是为了否定或限制医务人员的物质利益，而是要引导医务人员正确认识和实现自身的利益。我们还要继续提倡“大公无私、全心全意为人民服务”的高尚医德，并发挥它的导向作用，也要坚决反对自私自利、损人利己的行为，但是，对处于“应当”和“失当”之间的大量“正当”的医疗卫生服务—经济行为，则不仅要允许、肯定，而且要保护和发扬。医生不能为赚钱而行医，但行医必须有经济收入的保障。即使是以增加收入为目的，只要是通过有利于集体和他人的手段来实现，也是合乎道德的。医疗卫生单位和医务人员在“尽义”中“求利”、在“利他”中“利己”，以扩大服务增加收入，这不是医德滑坡，而是丰富和发展了医德的内涵，因为它唤醒了医务人员的主体意识，树立了商品、价值、效益、竞争等现代观念，调动了医务人员的积极性，提高了卫生资源的经济效益。在医疗卫生服务价格偏低的情况下，这种诚实劳动的收入愈多，说明对社会贡献愈大，对满足人民群众的医疗保健需求和卫生事业的发展也愈有利。

三、注重医德对医疗经济行为的自律作用

职业道德建设实践中的自律作用，是相对于“纪律、法律、舆论、社会监督、耻感”等“他律”因素而言的，它体现在人们根据自己的道德信念（包括道德情感、良心、责任等）自觉指导、调整、约束自己的行为，使之符合道德的要求。由于医疗卫生服务的特殊性，在处理“收入”和“效益”的关系上，更需要良好医德的自律作用。

在一般商品买卖和劳务服务中，消费者可根据自己的知识挑选所需要的货物和劳务，对质量也比较容易作出判断。医疗卫生服务的供需双方则不同，消费者中的绝大多数人，对医疗保健方面的知识，特别是对适合自身需要的各种诊疗服务组合

的知识，懂得较少甚至全无，因而对医疗保健服务项目的选择能力很不确定、比较低甚至没有。医疗卫生单位和医务人员则处于一种特殊地位，不仅有知识方面的优势，而且具有双重身份：既是病人的“顾问”（代理人），又是服务的提供者。当医疗卫生单位和医务人员的服务项目数量、质量与自身经济利益有关时，就有可能利用这种“顾问”的身份，创造不必要的额外需求。因此，在医疗卫生服务中，医德自律作用比他律作用更为直接和重要。良好的医德能使医务人员自觉地把自己的职业作为服务社会、温暖他人的岗位，自觉地履行保障人民健康的神圣职责，维护白衣战士的圣洁和光荣。注重经济收入，但绝不唯利是图、见利忘义，在不影响疗效的情况下以较少的费用使患者获得满意的服务，对急需救治而又无支付能力的病人绝不推诿拖延和见死不救。在竞争中，以“诚守信用、收费合理、优质服务”争取病人，绝不夸大欺骗、损害病人和同行的利益。在收入分配上，要保证事业的进一步发展以更好地造福民众。现在，也有少数医疗卫生单位和医务人员，重自身利益，轻患者利益；重经济指标，轻服务质量；重眼前利益，轻长远利益；重个人利益，轻集体利益。在服务中滥收费、做不必要的检查治疗，甚至乘人之危敲诈勒索，或视“钱”比“命”重，对无支付能力的病人见死不救等等。这种行为下得到的经济收入愈多，则经济效益和社会效益就愈差，医德水准就愈低，应在治理整顿和深化卫生改革中坚决纠正。

四、强化“医疗卫生服务是商品”的观念，防止医患关系“商品化”

“医疗卫生服务是商品”，是卫生改革中必须树立和强化的观念。同时，又要坚决防止医患关系“商品化”。商品经济下的医德教育，要把病人利益和医务人员利益结合起来，把物质利益和责任要求结合起来，才能取得明显而持久的效果。但是，医德观念某些方面的发展和更新，绝不是对其基本原则的否定和抛弃。医疗卫生服务关系到服务对象的生命安危和身心健康。所以，医德的功利观，自古以来就突破了一般的商品观念和价值观念。自古希腊的《希波克拉底誓言》、我国古代的

《内经》，到现代的《纽伦堡法典》《医学伦理学日内瓦协议法》《赫尔辛基宣言》，都贯穿和强调了“医者须以病人利益为根本”这一核心思想。祖国医学历来强调学医、业医须以救人疾苦为己任、以仁爱精神为准则，所以古称“医乃仁术”。资本主义社会的医德也很强调对付不起费用的贫困者同样要尽力救治。美国医院 10 条伦理守则明确指出“为病人服务是首要职责”。日本病院会会长诸桥芳夫以我国的“医乃仁术”为格言，主张“为人民健康献身”，他坚决反对乘人之危贪图钱财，认为这是对医师崇高职业的亵渎。作为社会主义卫生事业的工作者，更要继承发扬我国历代医疗实践中形成的“仁爱救人”的优良传统。不论商品经济怎么发展、观念怎么更新，“为人民服务”的根本宗旨不能变，“救死扶伤、防病治病、患者至上、人道主义”的医德基本原则不能丢，医务人员的精神、思想、道德不能商品化。在医疗卫生服务中应当取得相应的报酬和收入，但绝不等于可以根据病人的支付能力和个人能得到多少利益来决定责任心的高低，更不能“恃己所长、经略财物”。

总之，在深化卫生改革中，医疗卫生单位既要组织和争取合理收入以利事业发展，又要坚持不懈地改进和加强医德教育，不断强化医务人员的角色意识、社会责任感和职业神圣感，抵制金钱对医德的冲击，树立医疗卫生职业的性质所需要的奉献和牺牲精神。同时逐步完善内外部约束机制，以保证国家、集体、人民群众和医务人员的利益相互兼顾、合理实现，保证经济收入、经济效益、社会效益三者同步增长并相互促进。

（本文获全国卫生系统思想政治工作研究会第二届年会优秀论文一等奖，载于《卫生政工研究》1989 年第 4 期）

无影灯下赤子心

——记优秀留学回国人员傅震

到德国学习不到两个月，州政府就给他颁发了行医执照书

1988 年 4 月上旬的一天，在杜塞尔多夫大学医学院附属医院脑外科，西德神经科协会主席、世界著名的神经外科专家博克教授，指着一个患“转移性脑肿瘤”病人的脑袋，问一位中国进修医生：“肿瘤位置在哪？请你标出手术区。”“右额部前方，离脑表面 3 厘米。”傅震根据 CT 片和以往的经验，胸有成竹地回答，并在患者头部标出了手术区。

转移性脑肿瘤一般只有指甲般大小，要确定具体位置和深度是很困难的。“不，在右额后方！”博克以不容置疑的权威口气加以否定。“右额前方！”“不对，肯定在后方。”双方互不相让的大声争执吸引了许多医生、护士，一个来这里刚一个多月的中国进修生，竟敢和德国脑外科权威争辩，而且那么自信，人们要看看，究竟谁的判断正确。

博克教授叫护士长取来“扇形超声波”。这是一种类似雷达的探测仪，能准确地探测肿瘤位置。几次来回扫描，清楚地显示出傅震标出的位置十分准确。博克教授满意地笑了，医生、护士们流露出惊讶、钦佩的神色。实际上，这是博克有意考一考傅震。手术一结束，博克教授立即请他的秘书向德国卫生部和州政府报告，为傅震申请行医执照书。在西德，一名外国医生要取得行医执照是非常不容易的，可是，傅震从 1988 年 2 月 15 日踏上德国国土，不到两个月便收到了北莱茵州政府发给的行医执照书，而且是德国教授主动为他申办的。一个

月后，他又被德国医学会接纳为正式会员，先后参加了在科隆及荷兰、比利时召开的学术会议。

真诚的挽留、优裕的条件未能打动他的报国心

“傅，你的签证 2 月份就到期了。留下来吧，每个月奖学金 5000 马克。” 1989 年初，博克教授主动对傅震说，他打心眼里喜欢这个中国医生。教授的助手也多次试探地询问傅震，是否打算将妻子接到西德来。傅震谦虚刻苦，又不迷信盲从，给博克和其他医生、护士留下了深刻的印象。

傅震从事外科 20 年，有相当高的业务水平，可是当他刚到杜塞尔多夫医院时，所有手术室的人，包括工人和护士，都用一种瞧不起的眼光看他，甚至连穿手术衣、戴手套这样极简单的小事也在一旁指手画脚。傅震感到自尊心受到极大伤害，暗下决心要为中国人争口气。傅震第一次担任博克教授的第一助手时，博克对他结扎血管的方法很不满，大声指责他的打结法是错的。其实，博克用的是德国式的“双手打结法”，傅震用的是英美式的“单手打结法”。手术台上，他没和教授多争执。下了手术台，他拿一根手术线，做单手打结法的分解动作给教授看，心平气和地解释说，单手打结法不仅同样能达到止血效果，而且在现代外科手术中，还优于双手打结法。傅震的解释有理，总算得到了教授的赞同。

一天，病房里的意大利籍教授尼可拉，给一个 6 岁的男孩切除髓母细胞瘤，让他在旁观看。为显示手术速度，尼可拉不作止血，几分钟便进入颅内手术。颅内一片血肉模糊，在切除肿瘤过程中，患儿发生失血性休克，生命垂危。尼可拉大惊失色，顾不得傅震是个进修生，急问他怎么办。傅震迅速穿上手术衣，戴上手套，帮助止血，同时命麻醉师快速输血。抢救半个小时，患儿转危为安。手术结束时，尼可拉感佩地说：“真没想到，您的应急水平这么好。”渐渐地，那些原先看不起中国医生的护士和其他国家的医生，开始对他刮目相看，有的还成了他的好朋友。

自从选择了医生职业，傅震就立志要以自己的技术解除病人的痛苦。他 1968 年毕业于苏州医学院，1978 年作为“文革”

后第一批研究生，到南京医学院，在著名神经外科专家侯金镐教授指导下，学习脑外科专业。1981 年，在导师指导下，完成了我国第一例“大网膜颅内移植治疗缺血性脑血管瘤”手术。毕业后，一直在南京医学院第一附属医院（江苏省人民医院）脑外科工作。他工作出色，并先后在国内外发表论文 30 多篇。这次出国进修，是通过严格考试，以优异成绩被国家教委录取派遣的，他怎能不珍惜这宝贵的学习机会呢？杜塞尔多夫背靠原始森林，莱茵河绕城而过，风景优美，气候宜人。可傅震无暇游览这异国的美丽山水和旖旎风光。每到周末，人们都去游玩娱乐，只有他一人在灯下苦读。

博克教授劝他留下后的几天，他便收到西德医学会寄来的信件和表格，提醒他签证即将到期，只要在表格上签上自己的姓名，即可办理延期手续。紧接着，杜塞尔多夫大学人事部又给了他一张延长签证的通知。博克教授和其他一些朋友再三提醒他，千万别错过机会。是的，傅震不是不知道，留下来，工作条件、生活待遇要比国内优厚得多，即使不长久留下来，只是延长一年，自己行医，也完全可以挣 10 多万元。何况延长一年，也是政策允许的，国内不会不同意。可他还是拿定主意，将按期回国的打算如实告诉博克教授。教授非常吃惊，没想到他这么快就决定了去向。爱才的博克感到惋惜，但更多的是对他的敬重。无论何时何地，真正爱国的举动总会受到普遍的尊重。1989 年 2 月 15 日，博克教授开车将傅震一直送到 300 多千米外的法兰克福机场。许多朋友前来送行。一位朋友将一只鼓鼓的旅行包递到他手上说：“傅先生，我们知道您不愿接受我们的礼品，但请相信，这包里的东西一定是您所需要的，请务必收下。”博克教授紧紧握住他的手：“欢迎再来这里学习和工作！”上飞机后，傅震打开旅行包，原来全是他需要的资料和器械。

傅震回国不久，国内发生了严重的政治风波。7 月初，西德的一些朋友来信，询问他工作、生活情况。博克教授在信中说，1990 年 5 月将在西德召开世界神经外科会议，他可利用这个机会再去德国，一切费用由杜塞尔多夫医学院负责。他的好朋友霍尔和被他治愈的患者迪特曼来信说，已为他的女儿联系了就读的语言学校，还为她准备了一套带小花园的住房。这真是难得的机会。就在1989年，他的女儿傅甦没有考上大学，在家待业。可是他更清楚地知道，国外每一万人就有一名脑外科医生，而11亿人口的中国，仅有4000名左右。当初自己毅然按期回国，就是为了报效祖国，怎能在困难时离开呢？他把来信悄悄收起，不想让妻子、女儿因他拒邀而不高兴。他婉言谢绝了博克教授和其他朋友的好意。有些人说他傻，有的还特意到他家看看，以为他的条件一定很优越。可谁也没想到，一个在德国获得行医执照的大夫，竟和另一家合住一个单元，一大一小两间住房总共才24平方米。他的亲戚也大不理解："人家想出国出不去，你却放着现成的好条件不要，到底图个啥？"他只是说："这里的病人需要我。"

他实践了自己的诺言
把许多患者从死亡线上挽救过来

从德国学习回来，他如虎添翼，把许多脑病患者从死亡边缘挽救过来。

1989年5月的一天，手术台上静静地躺着一个脑动脉瘤患者。无影灯下，傅震轻轻切开头皮，锯开颅骨，划开脑膜，托起脑叶。他和同伴大吃一惊，暴露在手术视野下的颅底部，竟有3个脑动脉瘤！别看这瘤小似红豆，却如定时炸弹，一旦破裂，病人将迅速昏迷、死亡。一个就不得了，何况是3个！这样的病例，不仅在省医院，就是在国内也是少见的。只见他小心翼翼地拨开蛛网膜，将长有动脉瘤的血管仔细地分离出来，用动脉夹夹住瘤的根部。稍有差池，将导致危及生命的严重后果。他镇定、娴熟、准确、敏捷，整整5个小时，制服了一个个动脉瘤，手术一次成功！

一次，他接诊一位来自江宁县的小患者。患者年仅6岁，骨瘦如柴，奄奄一息。经查，患脑部肿瘤。孩子的爷爷奶奶知道病情严重，失望了，不打算治了。傅震心里非常难过，对孩子的爷爷说："老人家，不能让孩子等死，请相信我，我们一定尽全力抢救。"他和科里同志制订了周密的手术方案，成功地在病孩左侧大脑半球深部取出个拳头大的肿瘤。术后孩子出现偏瘫，生命仍在危险中。他白天上班，晚上守在病房，一连

7 个昼夜，孩子脱离了危险。

归国后一年里，傅震做了 50 多例脑动静脉畸形、颅内动脉瘤等难度大的手术，成功率为 100%。作为医学院讲师，他还带进修生、研究生，为国家培养高水平的医务人才。1990 年 3 月，南京医学院从 20 名各有专长的讲师、主治医师中筛选出 5 名，晋升为副教授、副主任医师。评审结果，傅震是唯一获得全票的人。

他破例收了一次“礼”
那一颗颗花生是病人诚挚的心

从事脑外科 10 多年来，傅震为近千名患者做过各种手术，从未发生医疗事故。他不但医术高明，医德也是令人敬佩的。

他从德国带回的椎骨造影剂和 50 多个脑动脉瘤夹（每个价值 200 元），都无偿地献给了患者，他还经常帮助经济困难的患者。当患者出于真心要报答时，他总是悄悄地把礼品、红包退回去。

然而，也有破例的时候。1989 年冬的一个夜晚，天气很冷，一个农民拎着鼓鼓囊囊的布袋，找上门来。“傅医生，我是苏北农村盱眙县的，姓刘。8 年前，是你救了我儿子的命。”他想起来了，8 年前这个农民的孩子患脑肿瘤，压迫视神经，双目失明，头痛呕吐，来南京看病时钱带得很少。傅震接诊后，立即帮助联系住院，及时做了手术。术后，他连续几天几夜守护在病人身边。这个农民无钱买营养品，竟拿讨来的东西给孩子吃。傅震发现后，立即拿出钱和粮票，硬要农民收下，还常从家里带吃的给病孩。孩子出院时，这位农民流着泪说：“这么好的医生，我总有一天要报答。”8 年了，这个农民还惦记着他。“傅医生，我现在日子好过了，孩子的眼睛好了，结了婚，还给我添了个小孙子。我们全家忘不了你。你的人品我知道，不敢带好东西，这是我自己种的花生，是全家人一颗一颗选出来的，你一定得收下！”面对这位朴实、真诚的农民，傅震的心震颤了，眼睛模糊了。他没法拒绝，也不能拒绝。这一颗颗饱满的花生，凝结着病人、亲属诚挚的爱，凝结着更多的患者对自己的期望。

回国两年中，傅震连续完成了“脊髓肿瘤病人脑脊液内氨基酸的测定”“严重颅脑外伤病人的营养供给”“大剂量激素对脑水肿治疗的实验研究”等课题研究，成功地完成了“胎脑移植治疗复发性胶质瘤”手术，这在国内还是首次。眼下，他正与神经外科权威、上海医科大学教授史玉泉合作，编著《神经外科手术图解》，这是国家“八五”规划重点出版书目之一。

1990 年，傅震获得国家教委和人事部授予的“优秀中青年留学回国人员”称号。1991 年 1 月，在人民大会堂主席台前，他从江泽民总书记手中接过了“全国有突出贡献的回国留学人员”奖状和证书。在傅震心目中，重要的不是荣誉，而是奉献。他说：“当每个病人经我治愈时，我已经得到了应有的报偿。我承受不了太多的荣誉，只希望能将毕生精力献给祖国和我所爱的医疗事业。”

（本文发表于《人物》1992 年第 6 期）

医疗卫生改革

刍议“医院企业化管理”

目前，对医院“企业化管理”议论较多，莫衷一是。笔者认为，讨论任何问题，对有关问题的概念及其内涵，必须首先要有一致而确切的理解。否则，便无法做出恰当的判断。就“医院企业化管理”来说，对其含义和在什么意义上使用，人们的理解就不那么一致。有的是指采取相似于企业管理的一些方法来进行医院管理，如经济核算、定额管理、盈亏分析、工资浮动、参与市场竞争、招标承包等；也有的是指像企业那样，作为经济实体，独立经营、自负盈亏，追求盈利。另一方面，“企业化管理”还有个“化”的程度和范围不同之分。因此，仅从名词上来说“医院企业化管理”的是与非，可能有失偏颇。应该首先弄清楚，怎样才算“企业化管理”。

由于医院和企业都有人、财、物的运转活动，在管理上就有许多似同之处。现阶段，我国的医疗服务有一定的商品交换性，理所当然要采取一些相应的经济管理方法，同时在改革医院管理的实践中探索新的路子，但对此不能贴上“企业化管理”的标签。医院和企业毕竟是有很大区别的。是否以盈利为目的，是医院与企业在经营管理上区别的焦点所在。如果医院是为纯利而开展医疗服务，在承包或经济技术责任制中突出的是经济指标，追求经济收入，这才能谓之“企业化管理”。不过，这有悖于医疗事业的社会福利性质，也不利于医德医风建设。当然，对医院内某些后勤服务部门实行企业化管理，是无可非议的。

医院是否要实行“企业化管理”，或者“化”到什么程度，主要的并不取决于卫生部门和医院自身，而是由社会大环境，首先是由政府对卫生事业是否给予补助以及补助额多少来决定的。假如国家不给予经费补助，甚至还要医院纳税或承担各种摊派，那么医院只能办成企业性质的机构；如果国家补助经费不足，或者医疗收费标准过低，导致医院入不敷出、难以为继，医院将被迫想方设法通过其他途径争取收入以弥补亏损，维持生存发展。当前，少数医疗单位滥收费、乱提价，或者不从病人诊治需要出发，什么能赚钱就检查什么项目，已经引起人们的非议。这里虽然有医德医风问题，但更主要的原因是医院经济补偿不足。倘若国家有适当合理的经费补助和收费标准，医院医疗服务的消耗能得到补偿，并有一定的自我发展能力，医院就应该考虑如何用好政府拨款和组织合理收入，加强经济管理，堵漏节支、提高效益，在确保和提高医疗质量的前提下，扩大医疗服务，使两个效益得到同步增长。

总之，笔者认为，医院加强和完善经济管理是必要的，实行“企业化管理”是不当的。发展医疗卫生事业，解决问题的根本办法在于政府调整政策（卫生事业投资政策和医疗价格政策），加强医德医风建设。

（本文发表于1988年12月19日《江苏健康报》）

走出迷宫天地宽

——谈卫生改革中的观念更新

医疗卫生单位一直在“低补助、低收费”的不合理政策环境下求生存、求发展，虽然几年来卫生改革取得一定的成效，但也出现少数单位片面追求经济收入等不正常现象。卫生改革难度大的根本原因是：在观念和政策上没有区分卫生事业、卫生服务和卫生单位的不同性质，在低补助的情况下，片面强调卫生事业的高福利性，否定或排斥了卫生服务的商品性。

当今世界各国，一般都将卫生事业作为社会福利事业，但提供福利的范围和程度，并不取决于主观愿望。它虽与一定的政治制度有关，但更取决于一定的经济文化条件。我国自新中国成立以来，始终坚持卫生事业的为人民服务的宗旨，取得了世界公认的巨大成就。但由于人口众多、经济落后、财力不足，卫生投入偏低，目前享受公费或劳保医疗的人数尚不到总人口的十分之一；财政对医院的补助仅占医院支出的四分之一左右；对作为全额补助单位的防疫部门，拨款多停留在上世纪70年代的水平，不能使其消耗得到全部补偿。由此可见，我国的卫生事业，除了部分无偿的防疫服务、公共卫生机构设施建设和医疗低收费方面的福利具有全民享受的普遍性外，在医疗保健方面提供福利的范围和程度是有限的，对不同的服务对象也是有差别的。

在国家补助偏低、医用商品价格大幅度上涨的情况下，要求医疗卫生单位以过低收费无偿为全社会提供福利性服务，既不现实、也不符合价值规律和社会再生产原理。在“高福利、低补助、低收费”的模式中寻找改革良方，如同在迷宫中探路。卫生改革要从根本上摆脱困境，必须从社会主义初级阶段的实际出发，更新观念，确定卫生改革的近期和中长期目标的基本思路。

深化卫生改革，必须正确认识和理解卫生事业、卫生服务和卫生单位的不同性质，并在政策上使三者有机结合起来。卫生事业是社会公益福利事业，其福利性只能由政府、企事业单位或慈善机构来提供。卫生事业是国民经济的一个部门，是社会公共事业的一个方面，对它的规划和管理是政府的职能之一。卫生服务是商品。凡是为交换而提供的劳动产品都是商品，医疗卫生服务作为一种社会分工，它的提供者必须有各自的经济利益，这种利益的获取要通过与社会交换劳动来实现。防病治病服务是以货币为媒介、与其他部门交换劳动、具有使用价值和交换价值的特殊商品，应按等价交换的原则补偿卫生服务的消耗。医疗卫生单位是相对独立的商品生产者，不是福利或慈善机构。医疗卫生单位有人、财、物的经营活动，国家补助和服务收费都是为了补偿卫生服务的消耗，其经济效益与服务数量、质量及经营管理有密切关系，理所当然是独立的经济实体。将事业单位概括为“不作独立核算的部门或单位，所需经费均由国库支出、收入也归国库，如学校、医院等”（《社会科学辞典》和《辞海》解释）。这显然与事实不符，有更新的必要。

医疗保健服务给消费者带来精神和物质财富的双重收益，远非限于服务期间，它的效益是长期的。因此，应把医疗保健服务看作是一种耐用消费品。国外学者对世界各国卫生保健和经济发展关系调查分析后指出，卫生事业投资的经济效益是投资本身的几倍到几十倍，卫生服务和社会保障是各种投资中最有效的投资，应该把卫生投资看作生产性投资。

一定的盈利是卫生单位生存发展的必要条件。医疗卫生单位不能以营利为目的，但又必须有一定的盈利才能更好发展。医疗卫生服务的价值也由 C、V、M 三部分组成，与企业不同的是，企业产品的价值通过等价交换实现，企业的 M 中包括税金和利润；卫生服务以低于价值的价格收费，其差额由政府补助，M 仅为微利且无税金。若补助加收费小于 C+V，则无法正常运行；正好补偿 C+V，只能维持简单再生产。在这两种情况下，医务人员为社会的劳动所创造的价值没有得到承认和实现。只有大于 C+V 即有一定盈利时，才能扩大再生产。国外医院有盈利、非盈利之分，区别不在于是否有盈利，而在于利润分配不同。明确我国卫生服务是商品、医疗卫生单位要有一定的盈利，并不悖于卫生事业的福利性质。政府的补助和管理，医务工作人员的医德医风建设，医疗卫生单位获得一定盈利以更好发展，正是实现卫生事业社会福利性的基础。

我国人口众多、卫生资源不足，必须十分注意卫生服务的效率和公平。在卫生行业管理和规划中，应以优化卫生资源的配置和效益为目标，面对不同层次的医疗保健需求，应以保证人民群众的基本医疗需要为前提。目前，卫生资源的不足与浪费、低效率并存，多数人医疗消费水平低和少数人浪费或超前消费的现象同时存在。因此，亟须对医疗机构及其服务加强统一规划管理，改革公费、劳保医疗，引导消费结构调整，增加个人健康投入，以保证满足广大群众的基本医疗保健需要。在补偿渠道上，卫生防疫和医学科研教育应以国家补助为主；在国家财力不足、不可能包下来的情况下，医疗服务以市场补偿为主，这也有利于促进医疗单位加强管理、提高效率、降低成本、挖掘潜力，有利于医疗市场的发育和竞争的形成，也有利于增强医疗消费者的费用意识，能更好地引导和调节医疗保健消费。同时，需相应建立医疗保险和医疗保险补助制度，以保证其社会主义福利性质。

（本文发表于1989年8月13日《江苏健康报》）

医疗市场的特点、现状和对策

建立社会主义市场经济体制是我国经济体制改革的总目标，任何部门、产业概莫能外，但又有各自的特殊性，属于第三产业的医疗事业也是如此。医疗服务作为直接为患者服务的行业，客观上存在供需关系。虽然医疗生产供给能力可以由计划预先安排，但供需的交换关系及其实现并不能靠计划来安排，而是在消费者有需要时，通过货币这个媒介取得医疗服务的供应并消费。即使是公费、劳保和合作医疗也要以货币结算，只是支付者不是患者本人，但同样存在供需和交换，而且不能靠计划和行政手段来实现。因此，医疗服务的市场是客观存在的。在计划经济体制下，市场机制对医疗服务的调节作用发挥受到很大制约，改革开放以来，医疗市场有了很大发展，出现了许多新情况。根据医疗事业的性质和医疗市场的特殊性，培育和完善医疗市场，才能使医疗事业适应社会主义市场经济的发展，更好地为经济社会发展服务。

一、医疗市场的特殊性

1. 消费者进入医疗市场的主动性和治疗过程中的依赖性

医疗供需关系中，一般情况下，是患者感到有就医的必要，主动去医院，才产生医疗供需交换关系，所以，在是否需要医疗供应上，患者处于主动选择的地位。但是，由于患者缺乏对自身疾病需何种治疗以及对医疗数量、质量缺乏事先判断的能力，即使是“久病成医”、有这方面知识或者本身就是医务人员的患者，也很难判断所提供的医疗过程对自己是否完全适合。因此，患者接受治疗时必须完全依赖医疗服务的提供者即医院和医务人员。同时，患者对医疗价格缺乏了解，不可能事先像选择其他商品那样进行比较后再决定，因而供需双方不存在平等的讨价还价的交换关系。

2. 生产和消费的同步性

医疗服务是特殊商品，不能提前生产，不能运送和库存，只能在满足需求的同时生产与供给，生产与消费不存在时间、地点上的间隔，因此，供需间不存在批发和零售的流通渠道。

3. 医疗供方开始的被动性和服务中创造需求的可能性

医疗服务既然不能提前生产，因此其供给典型地是由患者的需求引起的，供给方处于被动地位。然而，由于患者缺乏应有知识，医院和医生既是医疗的提供者，又是消费者的顾问，当这种服务与自身经济利益有关时，医院和医务人员就可能利用这种顾问的身份诱发和创造额外需求。

4. 需求的不确定性与不均衡性

虽然对社会群体的调查分析，对某些疾病可有一定预见性，但对个体进行预测则比较困难。个人往往是疾病已产生经检查才发现或主观感觉到的情况下，或者在意外伤害的情况下，才产生医疗需求。但是否及时进入医疗市场以及进入的程度，还和个人的其他诸因素有关，有的追求不必要的医疗而增加医疗需求，有的因没有及时救治致使病情加重反而增加需求。由于个体差异，使同样的治疗手段在患同样疾病的消费者身上效果差异很大，也是造成个人间医疗需求的不均衡性和不确定性因素。

5. 医疗供给组合方式多样性和可替代性

由于检查、化验手段的多样性和药物品种治疗手段的多样性，使对同一种疾病的诊断、治疗可有多种方案，每种方案中又有不同的组合方式。即使有些诊断和治疗方法没有多种选择，但在用药上仍有选择不同组合的可能。在化验、检查手段、药物治疗、理疗、手术、针灸、推拿、住院或家庭病床等等不同手段组合或替代中，对同一种疾病达到相近效果的诊治费用可能差异很大。

6. 基本医疗需求价格弹性较小，特殊医疗需求价格弹性较大

市场经济中，生活必需品和无其他可替代的商品需求价格弹性小，非生活必需品或有其他可替代的商品需求价格弹性

大。医疗需求同其他需求相比，从总体上看价格弹性比较小。但在疾病不同阶段和医疗不同层次上价格弹性有明显差异。某些危险性较大的疾病、某种疾病的凶险期，医疗需求价格弹性很小，而对一些威胁不大的慢性病或某种疾病的危险期过后，则弹性变大；在达到同样治疗和康复目的的情况下，一些基本的医疗手段（必要的检查、化验、住院、手术等）的需求价格弹性比较小，而对消费较高的医护（如高档病房、特别护理、大型仪器的使用等）的需求价格弹性则比较大。对医疗单位来说，整个社会的医疗的需求价格弹性不大，但是，如果允许价格可以在一定幅度内浮动，在存在竞争、特别是一个区域内有数家可相互替代、可供选择的医院的情况下，则对个别医院的服务需求在价格方面则可能有一定弹性。

二、我国医疗事业面临的新情况、新问题

改革开放以来，我国医疗事业有了巨大发展，商品经济的发展和市场经济体制的逐步建立，医疗事业和医疗市场面临和出现了一系列新的情况和问题，其中有些是管理上没有适应医疗市场的特殊性所致，有的则是计划经济体制下的某些机制不适应新的情况、又没有变革所致。

1. 医疗资源配置不均衡、不合理现象加重

由于地区之间、城乡之间经济文化发展不平衡，医疗资源配置不均衡在所难免，城市作为经济文化中心，医疗资源相对优于农村也有必要。问题是资源配置反差太大，明显不合理，而且有继续扩大的趋势。无论是医疗机构、医疗器械和财政拨款，城市都远高于农村，经济发达地区超过欠发达地区。由于竞争和一些欠合理的政策导向，一些城市医院竞相购置大型设备，如郑州市市区有 CT12 台、核磁共振 5 台，平均 6 万人就有一台 CT 或核磁共振，而在美国和英国也只是控制在 50 万—200 万人左右一台（《中国卫生经济》1995 年第 1 期，第 9 页）。相当一部分农村卫生院连最基本的小型 X 光机都没有，不少卫生院设备简陋、设施落后、病房破旧，即使是经济发达的江苏省 64 个县（市）中也还有 48 个县（市）的卫生院存在危房。据统计，我国 20% 的城市人口占用了 75% 的卫生资源，

而80%的农村人口只享受25%的卫生资源（《中国卫生经济》1995年第5期，第39页）。据江苏、浙江、四川、湖北等8个省的10个县调查，农村居民有1/3的门诊服务需求和近1/4的住院服务需求未能满足（《卫生经济研究》1995年第1期，第43页），全国农村约有1亿人口基本医疗需求尚未得到满足，特别是老、少、山、边、穷地区缺医少药更为严重（《卫生经济研究》1995年第5期，第10页）。

2. 医疗资源不足与低效益、浪费并存

按联合国卫生组织2000年人人享受初级卫生保健的目标，各国卫生事业投入应占GNP的7.5%，而我国一直在3%左右（《中国卫生经济》1995年第5期，第41页）。从总体上看，我国人均卫生资源明显不足，但在公费和劳保医疗制度下，医疗供给双方都缺乏费用意识，没有建立起科学有效的费用控制机制，导致公费、劳保医疗费用每年大幅度上涨，超出财政和企业的承受能力，其中正常合理因素和人为浪费并存，而浪费占很大比例，各种昂贵的检查、用药和住院天数，公费、劳保远超过自费病人。江西省1994年统计分析，公费医疗人均年支出231.29元，而城市自费病人人均24.60元，农村自费病人人均13.30元，公费医疗人均花费分别是他们的9.4倍和17倍（《卫生经济研究》1995年第4期，第25页）。公费、自费病人平均住院日分别为24.28天和13.56天。资源浪费也是分配使用不公平的表现，以致城市出现靠向私人收购药品再出售的怪现象。城市中已出现因大型设备重复购置、分布密集而出现利用率下降甚至闲置，因而出现以回扣吸引介绍病人作检查的怪事，这种局部的"效益"实际上是一种社会资源的低效益和浪费。

3. 医院合理补偿不足——市场经济和计划体制的矛盾

财政对医院补助占医院总收入的比例连年下降，如吉林省长春市10所市属医院的财政拨款只占医院业务支出的10%左右，而医疗价格又明显低于医疗成本，医院要按市场价格支付各种开支，又要按体现"福利"的价格提供服务。出现市场经济和计划机制的矛盾，政府拨款和医疗收费不能补偿医疗服务的总消耗，医院生存、发展面临巨大压力。如南京市医疗机构1993年年底的负债达5560万元（《卫生经济研究》1995年第5期，第33页），医院不得不千方百计搞创收，除拓宽服务领域和兴办三产合理增加收入外，靠大处方、滥检查、延长病人住院日等片面追求经济收入的现象仍较普遍。

4. 多形式、多渠道办医使医疗市场竞争激烈

多渠道、多形式办医，企业和部队医院向社会开放，既大大方便了群众，又通过竞争使医疗技术和服务质量得到提高，促进了人才流动。但也出现两个新问题：一是城镇医疗机构盲目增加，密度超过实际需要。如深圳市在两年中，5 个行政区内的社会医疗机构从 600 多个猛增到 1400 多个（《中国卫生事业管理》1995 年第 7 期，第 367 页）；更典型的如富锦市城区仅有 11 万人口，面积 13.6 平方公里，1994 年年底行医机构竟达 116 家，每平方公里就有 8.6 家（《中国卫生经济》1995 年第 5 期，第 20 页）。二是激烈竞争对群众产生误导。利益驱使各医疗机构千方百计争取吸引病人，各种医疗广告充斥报刊和大街小巷，甚至广泛邮寄，其中不乏夸大其词甚至虚假现象，一些非法行医者的广告更是害人匪浅。

5. 物质文化生活的提高使医疗需求日益多元化

经济文化的发展、医疗保健知识的逐步普及、人们收入的增加，使公众对医疗保健需求逐步增长，不同地区、不同人群、不同收入使人们对医疗需求呈现多元化。从最基本的医疗到预防保健，直至医疗整形美容，都有需求，即使对同一种疾病的治疗，因支付能力等因素，从诊断治疗手段及其组合到住院条件和服务内容等各方面，也产生了不同档次的需求。

三、逐步规范、完善符合我国国情的医疗市场

医疗事业的性质和医疗市场的特点，决定了市场机制对医疗服务调节作用的有限性和政府对医疗市场加强管理的必要性，也决定了医疗市场的主体——各医疗机构必须以社会效益为最高准则，还决定了必须逐步建立起兼顾公平和效益的医疗保险制度，才能使我国医疗市场达到完善的境地。

1. 充分发挥市场对医疗服务的积极作用

市场能及时灵敏地反映人民群众的医疗需求，医疗服务根据供需状况，由市场调节的部分比较灵活、适应性强，可以引导医疗生产和消费，以满足不同方面不同层次的医疗需求。在

这一过程中，市场机制通过价值规律和需求变化调节医疗服务提供的种类、数量和方式，从而相应地调整医疗投资结构及资源配置，提高资源利用效益。医疗市场竞争将促使医疗机构捕捉、分析市场信息，根据需求拓宽服务领域、调整服务结构、提高技术水平和服务质量、加强经营管理、提高两个效益。

2. 强化政府的两大职责——对医疗事业的投入和对医疗市场的管理

公民的基本医疗需求得到保障，既是每个公民的权利，也是政府对公民的责任，我国政府已承诺2000年实现人人享受初级卫生保障的目标。这个目标不能靠市场调节来达到。医疗事业特别是基本医疗服务具有社会公共产品的性质，是一种效益外溢的经济活动。国内外实践证明，仅靠市场不可能提供足够的公共产品，难以实现供需双方的利益均衡，难以保证社会公平，因而政府对医疗市场的调控和管理必须有一定力度。就我国目前医疗事业状况，政府必须在两个方面强化职责：一是对医疗事业的投入要增加，对国家办的医院和承担社区服务的集体性质的卫生院，财政补助占医院支出的比例，应有一个科学合理的标准，并且还应随物价因素而逐年有所提高，要从财力、物力上向农村和贫困地区倾斜。二是对医疗市场加强调控和管理要加强，重点是资源配置、医疗价格、医疗秩序三个方面。为使资源配置公平、合理，除财力物力投入上政策要倾斜外，还必须下大决心逐步打破部门所有制，对医疗机构实行行业管理，严格审批和控制大型医疗设备购置，根据各地区人口密度、经济、交通、当地疾病谱等情况，调整医疗机构布局使之趋于合理，按一定比例配备大型医疗设备以充分发挥效益，对一些效益低下、生存困难的医疗机构可撤、并、转、联。对医疗价格管理，主要是基本医疗服务价格，实现按成本扣除政府补助的收费价格，政府补助加市场补偿等于或大于C+V，使医院能补偿消耗、维持再生产并有所发展。价格导向上要控制大型设备的使用价格，提高医疗劳务价格，对其他特殊医疗服务则可放开由市场调节。为使医疗市场有序、竞争公平，必须坚决取消非法行医，整肃医疗欺诈行为，整顿比较混乱的社会办医，引导基本医疗服务和特殊服务保持合理比例，通过健全政策法规并督促实施以规范医疗行为，保护正当竞争。

3. 医院要转变经营机制，适应市场

不同等级、不同层次和类型的医院都要增强经营意识，加强管理、降低成本、充分利用现有的资源。大、中、小医院在专业人员结构、科室设置、服务项目、器械配置上尽量减少交叉重复，要创本院特色，形成各自的市场优势，适应各自的业务范围和工作任务。大医院要成为治疗疑难病症和科研教学指导中心；中等医院要发展适用性技术，向社会群众提供常见病、多发病的诊治服务，并要创专科特色；小型或基层医院开展社区医疗保健综合性服务。不同等级的医院都要拓宽各自服务领域，研究和满足群众不同层次的需求，在为社会提供更多更好的服务中提高本单位经济效益，在市场竞争中生存发展。

4. 加强医疗行风建设

医疗职业道德要高于一般社会道德和其他行业道德的标准，古今中外都是如此，市场经济中更要防止医患关系商品化、医疗行为市场化。不论是医疗单位的经营行为还是医务人员个人行为，都要以社会效益为最高准则，患者至上、救死扶伤、廉洁行医，杜绝金钱至上、见利忘义和贻误病人、见死不救等有悖医德准则的行为。卫生部门已有许多整风肃纪、建章立制、社会监督的有效做法和经验，要总结推广、真抓实行。

5. 逐步建立医疗保险制度，从根本上完善医疗市场和端正医德医风

现行医疗制度的一些缺陷日益突出，与社会主义市场经济越来越不相适应，建立医疗保险制度势在必行。医疗保险制度是社会保障的重要组成部分，建立医疗保险制度有利于多渠道筹集医疗资金，减轻政府和企业日益加重的经济负担；有利于建立对医院和病人的费用约束机制，控制医疗费用的不合理增长，在全社会内更合理、更公平地配置医疗资源并提高资源效益。医疗保险制度还将增强投保人对医院的选择性，促使医院从根本上转变经营机制，面向市场，公平竞争，建立起医疗供需双方的平等关系，达到医疗行风根本好转。总之，医疗保险制度的建立和完善，是医疗市场完善的重要条件。

（本文是中央党校1993级经济专业本科函授班毕业论文，并被评为优秀论文）

其 他

对省级机关选派干部赴苏北基层工作的几点建议

1987年6月—1988年5月，本人下派到宝应县西安丰乡任乡长助理，于1987年年底向省委办公厅写了几点建议。中共江苏省委办公厅以《情况摘报》（1988年1月6日，第3期）形式发省委常委、副省长和省委组织部。根据部长批示，组织部派了3个组到有关地区调研、座谈，提出了一些改进措施。《情况摘报》全文如下。

第二批赴苏北基层工作的省卫生厅干部张立明最近来信反映，苏北一些地方对下派干部不按专业对口的要求分配工作，使其长处无法发挥；有的下派干部虽担任了一定职务，但到目前为止还没有明确的分工和职责，干与不干全凭个人是否自觉、主动；有的地方对不是经济部门来的干部抱着可有可无的态度。这样，使下派干部工作很为难。为此，张立明同志建议：

一、在第三批干部下派之前，省委组织部和苏北有关的市、县、乡（镇）应认真总结一下两年来这方面工作的经验，形成几条成熟、完善的意见或制度。

二、有下派干部去的县，县委组织部最好事先征求有关乡镇或单位意见，把干部派到最需要的地方去，以便更好地发挥下派干部的作用。

三、仍要强调干部专业对口，以利于充分发挥其特长，也利于下派干部与原单位联系工作，得到帮助和支持。对拟作不对口安排的，应事先听取一下本人和接受单位的意见。

四、下派干部应担任一定实职，并有明确的分工和职责，以便他们在当地党委领导下独立负责地做好工作，也便于对他们的工作实绩进行考核、评价。

五、苏北贫困地区最迫切需要、最欢迎的是经济部门或大企业的干部、科技人员到基层工作。因此，能否在坚持省级机关干部下基层工作这一制度的同时，再辅以其他一些措施和方法，如由省里某部门牵头，组织苏南工业先进县与苏北工业薄弱县对口挂钩联系；从政策和制度上继续鼓励和促进科研机构、大型企业与苏北县、乡（镇）企业挂钩联系；从苏南乡村工业发达的地区挑选一批善于经营、有一定管理水平的乡镇负责人或企业干部，到苏北一些乡镇任书记、乡长和厂长，或进行招标、投标，承包乡镇企业；进一步鼓励和支持科研单位，大企业的干部、技术人员自愿到苏北乡村企业任职、承包或利用假日去作业余服务；有关部门和单位定期或不定期地到苏北一些县、乡（镇）开设技术市场、转让技术、项目或进行咨询服务，在收费上给予优惠；建立“开发苏北经济服务公司”，为苏北贫困地区开展经济信息、技术转让、横向联系、人才流动、劳务输出、管理咨询等多方面服务，并在收费上给予优惠。

话说“健康道德”

近几年来，一个新的伦理学概念——健康道德，正悄悄地被愈来愈多的人们所注意和接受。顾名思义，健康道德是关于保护和促进人类健康的道德，虽然尚未形成完整的体系，但明确提出这个概念并加以研究，反映了人们对健康问题认识的飞跃，体现了经济文化的发展对社会道德内容的丰富和升华。

自古以来，保持和提高健康水平，始终是人们的良好愿望和努力目标。古希腊著名哲学家赫拉克利特说过：“如无健康，智慧就不能表现，文化无从施展，力量不能战斗，财富变成废物，知识无法利用。”当代经济文化、科学技术和新兴工业的发展，使健康问题日益引起人们的关注，如“健康胜于财富”“健康是社会发展的目标”等。对健康及其影响因素的认识也愈来愈深刻：“健康不是没有疾病和虚弱，而是在身体上、精神上和社会上的完好状态。”（WHO 对健康的定义）“决定人们健康状况的因素，似乎不是医学手段，而主要取决于环境、经济、社会和生活方式等诸因素。”因此，“世界上绝大多数影响健康的问题和过早夭折，都是可以通过改变人们的行为来防止的，而且花费不多”（WHO 总干事中岛宏在 13 届世界健康教育大会开幕式上的讲话）。就是说，提高人民群众的健康水平，不仅需要生理、心理和社会的协调发展，而且需要建立人类和自然环境的和谐关系。

政府的决策、社会各部门的工作、企事业单位的行为、人们的生活习惯，对人民群众的健康都负有义不容辞的责任，这正是提出第二次卫生革命、医学模式转变和“大卫生观”的客观依据和重要意义之所在。然而，现实生活中，有悖于保护健康的行为却比比皆是，如：在公共场所抽烟、随地吐痰、乱扔垃圾、生产或销售伪劣药品和食品、出版和销售有损精神健康的黄色书刊音像、环境污染和生态平衡破坏使人类生存的环境日益恶化，等等。这些现象大量存在，固然和某些人缺乏卫生常识和卫生法规不健全、不落实有关，但更多的是一些个人只顾自己方便和需要、一些单位只图局部和眼前利益，毫不顾及甚至损害他人和群众的健康利益，明知故犯。有法不依、执法不严的现象还很严重。严峻的事实说明，保护人民群众的身心健康，不仅需要行政和法制手段的力量，而且需要道德的力量。因为道德调节的范围比行政、法律调节的范围更广泛、更普遍。在我国，一些传统伦理观念和现行社会公德中有维护他人健康的内容，爱国卫生运动、“五讲四美”活动和一些行业的职业道德规范、守则中也体现了保护健康的原则。但是，还没有把“人人都应对他人健康负责、全社会要对人民群众健康负责”这个准则上升到理性的高度，作为社会道德的重要内容加以认识、宣传和普及。在人的行为日益成为影响人类自身健康的重要因素的今日，提出并加强健康道德建设，有其历史的必然性。

健康道德是依靠知识、舆论和信念来调节的，为保护和发展人民群众身心健康的行为规范的总和。其基本原则是：（1）人人都必须尊重他人健康的权利；（2）政府和所有部门、企事业单位的决策和行为都必须保护人民的身心健康；（3）卫生资源的分配要公平合理。

把健康道德作为社会道德的一个重要内容，各行各业的职业道德规范要体现和强化健康道德的准则，并进行广泛的宣传教育，提高各级干部和广大人民群众的健康道德水准，对建设社会主义精神文明，实现“2000年人人享有卫生保健”目标，提高中华民族健康水平，有极为重要的意义。

现代科学技术和经济的发展，为人类改善生命质量、提高健康水平、延长寿命提供了现实的可能性，在实现这种可能性的进程中，健康道德将起到积极的催化作用。

（本文发表于1990年5月13日《江苏健康报》）

后　　记

1962年我上常州市第一中学时，正值全国开始兴起学习毛主席著作热潮，后来几年中宣传的雷锋、王杰、焦裕禄、刘英俊等英雄人物给自己很大影响。因此，进入高中后，对学习毛主席著作也渐感兴趣，而且递交了入党申请书。但“文革”改变了我原本上高中、读大学的计划和轨道，1968年起，先后上山下乡到茶场当工人、参军入伍当战士、复员退伍到纺织厂当工人。不论到哪里，我还是爱好学习一点马列、毛著。1972年部队进行思想路线教育，9月19日《解放军报》第二版发表题为《人人学路线，处处出成果——沈阳军区某炮团访问记》的报道，文中第一个标题“为革命认真读书”就是写的我（当时在指挥连任炊事班长）。当然，在“左”的年代，对马列主义、毛泽东思想的认识和理解，有许多偏颇、误解，甚至曲解。1978年，我从苏州医学院毕业到省卫生厅工作后，就曾对农村“包产到户”的改革有过“一夜回到解放前”的疑惑。

1981年的1、2月份，江苏省委党校实施一项重大改革：面向全省招录理论教员，而且把广告贴在大街上，凡25至40周岁的中共正式党员都可报考；更重要的是，经过笔试、面试合格者，可不经本人所在单位同意，由省委组织部直接调动。我抱着试试看的心情也报了名，竟然通过了全省的统一考试，之后又顺利通过了面试。省委党校要从中选几个人到省级机关党委创办省级机关党校，征求我意见，我当即表示同意，于是1981年8月我调到了省级机关党委，和其他几位同志一起开办机关党校。当时参加省级机关党校轮训班的主要是科级干部和少量处级干部。在实际工作中，我深感自己离“党校理论教员”的标准还有相当差距，这也是本人后来要求回卫生部门工作的原因。虽然在机关党校才两年多时间，但还是为自己今后在工作中继续学习和提高文字能力打下了一定基础。1985 年 10 月我的一篇文章在《新华日报》发表，是个很大鼓舞，对自己在工作的同时学点知识、想点问题、写点东西起了促进作用。

1992 年 9 月，省卫生厅领导动员我到省红十字会工作，让我自己拿主意。我考虑了几个月，对有些同志讲：看来，不论有没有责任心，红十字会都是好地方。因为红十字会工作没有硬指标，主要靠自觉，没有责任心会很轻松；但红十字会人道工作领域很广泛，有责任心就有做不完的工作。于是 1993 年 3 月，我决定投身于这个无限广阔的人道事业。事后有许多人问："要比在厅直属机关党委轻松多了吧?"我只能说："你们不了解红十字会，我比以前忙得多了。"的确，在很多年中，许多节假日和夜晚是在加班做事。当时省红十字会才十来个人，每年事业经费才 10 余万元，真是个"弱势机构"，但从会长到全体人员却在千方百计协助政府救助弱势群体，这正是红十字人道主义使然。

我赶上了红十字事业大发展的时代，有幸参加全国红十字会"六大""七大""八大""九大"（这一次是应邀参加开幕式）。1993 年 10 月《中华人民共和国红十字会法》颁布实施，党和政府把红十字事业摆上了更重要的位置。从"六大"起，党和国家最高领导人出席每次代表大会开幕式、讲话、与代表合影、出任名誉会长（"六大""七大"是江泽民，"八大""九大"是胡锦涛），国家领导人任会长（"六大"是钱正英，"七大""八大"是彭珮云，"九大"是华建敏）。有些兼任红十字会副会长的卫生部门负责人（特别是市、县级的）说，如不是参加红十字会代表大会，哪有机会见到党和国家最高领导？可见红十字事业多么光荣重要。而我省由省级领导任会长则早在 1985 年就开始了。听参加过 1985 年省红十字会"四大"的同志讲，那次大会前没有推荐省级领导任会长的安排，但在酝酿过程中，大多数代表要求由分管副省长杨詠沂出任会长。此情况汇报到省委书记沈达人那里，他说“民意不可违”，于是大会选举杨詠沂为会长。1994 年省红十字会“六大”起省委主要领导出任名誉会长后，红十字会的重要活动，如代表大会、博爱送万家、社会募捐、表彰先进等，省委、省人大、省政府、省政协、省军区主要领导和有关部门领导都会出席，分管或联系红十字会工作的省领导更是经常参加省红十字会有关活动和会议、听取汇报、帮助解决实际问题。梁保华同志在省委秘书长、常务副省长、省长、省委书记的不同岗位上，对省红十字会博爱送万家、办公用房、骨髓库建设、扩大人道救助基金、理顺县级红十字会管理体制等许多重大问题，都给予了重视、支持，并做出重要指示。现任省政协主席张连珍同志在多年前分管和联系红十字会工作时，每年春节后上班第一天，都要到省红十字会看望全体同志，勉励大家做好工作，她还带头参加无偿献血和为支持建立骨髓库捐款。

2002 年，省政府在全国率先批转了《进一步加强红十字工作的意见》，对建立中华骨髓库江苏分库在财政上给予充分保证。虽然我省红十字会理顺体制工作和制定《实施〈红十字会法〉办法》工作的启动时间在全国排在 20 余位，但省红十字会理顺体制后省委很快就决定成立省红十字会党组，当时令许多省红十字会羡慕；而我省制定的《实施〈红十字会法〉办法》则更具有鲜明的特色，“含金量”很高、前瞻性和可操作性强，也为一些兄弟省市所借鉴。在两任吴会长（吴锡军、吴瑞林）的努力下，将红十字事业列入社会事业专项规划、支持红十字会建立人道救助基金、从彩票公益金中安排一定资金支持红十字事业、理顺所有县级红十字会体制等重大问题得到了很好的解决和落实。特别是在 2012 年 7 月国务院下发《关于促进红十字事业发展的意见》后，江苏省委、省政府下发《关于进一步促进红十字事业发展的意见》，结合江苏实际，不仅更加具体、量化，加大了党委、政府和有关部门的支持力度，而且省委、省政府办公厅还将落实每条意见的责任分解到各有关部门，为《意见》的贯彻提供了有力保障。所以，在这一时期投身红十字事业可以说是“正逢其时”。虽然2011年6月以来，由于网络事件的影响，中国红十字会受到许多批评、误解，甚至造谣诽谤和咒骂，但是，批评可帮助红会改错、苛责能促使红会自警，其他一切不实之词究竟会有多少人长久地相信呢？至于极少数人把红十字会与党和政府捆绑在一起谩骂，本来就是别有用心的，绝不能代表大多数民心。

总之，我还是相信自己在2011年7月引用过的话：“要知松高洁，待到雪化时！”

2013年夏于玄武湖畔

图书在版编目(CIP)数据

红十字人道事业：改革与发展管见 / 张立明著 .—合肥：合肥工业大学出版社，2013.9

ISBN 978-7-5650-1537-3

Ⅰ.①红…　Ⅱ.①张…　Ⅲ.①红十字会—中国—文集　Ⅳ.①D632.1-53

中国版本图书馆 CIP 数据核字（2013）第 225582 号

红十字人道事业：改革与发展管见

张立明　著

责任编辑　章　建
出版发行　合肥工业大学出版社
地　　址　（230009）合肥市屯溪路 193 号
网　　址　www.hfutpress.com.cn
电　　话　总　编　室：0551—62903038
　　　　　　市场营销部：0551—62903198
开　　本　710 毫米×1010 毫米　1/16
印　　张　22
字　　数　325 千字
版　　次　2013 年 9 月第 1 版
印　　次　2013 年 10 月第 1 次印刷
印　　刷　合肥星光印务有限责任公司
书　　号　ISBN 978-7-5650-1537-3
定　　价　50.00 元

如果有影响阅读的印装质量问题，请与出版社市场营销部联系调换。